中国文化四季

马新　主编

大匠良造

中国传统匠作文化

郭浩　著

山东大学出版社

山东省中华优秀传统文化传承发展工程重点项目
中华优秀传统文化传承书系

课题组负责人

马　新

课题组成员
（以姓氏笔画为序）

马丽娅	王文清	王玉喜	王红莲
王思萍	巩宝平	刘娅萍	齐廉允
李仲信	李沈阳	吴　欣	宋述林
陈树淑	陈新岗	张　森	金洪霞
赵建民	贾艳红	徐思民	郭　浩
郭海燕	董莉莉	韩仲秋	谭景玉

總序

中国传统文化是中国历史发展中物质文化与精神文化的结晶，也是人类文明史上唯一没有中断的独具特色的文化体系，是中国历史带给当今中国与世界的文化遗产。

早在遥远的旧石器时代，我们的先民为了生存，打制着各式各样的石器，也击打出最初的文化的火花。随着新石器时代的到来，以农业生产为前提的农业文明发生了，我们的先民筚路蓝缕，耕耘着文明的处女地，孕育着中国文化的萌芽，绚烂多姿的彩陶文化与精致绝伦的玉石文化是这一时代的文化地标，原始宗教与信仰、语言、审美及创世神话也纷纷出现。

进入文明的门槛后，先民们开始了艰辛的文化积淀。商周时代的礼乐文明与青铜文化代表了这一时代的杰出成就，甲骨文与金文则成为这一时代的文化符号。至春秋战国，中国文化史上的“寒武纪大爆发”开始了，无论是物质文化，还是精神文化，都进入一个创造和迸发的时代：这一时代，出现了“百家争鸣”，从孔子、老子、墨子到孙子、孟子、庄子等贤哲，无一不在纵横捭阖，挥斥方遒，发散出理性的光芒。这一时代，出现了《诗经》《楚辞》，还出现了《左传》与《国语》以及不可胜数的人文经典。这一时代，又是科学与技术的辉煌时代，铁器与牛耕技术的出现，奠定了此后2000多年中国农耕文明的基础；扁鹊的医术与《黄帝内经》的理论，成为中医药文化的基石；墨子、鲁班、甘德 、石申，启迪了我们的科学探索，民间无数的工匠们在纺织织造、建筑交通以及各种手工工艺上都进行了卓越的创造。春秋战国时代既是中国文化的启蒙时代，也是中国文化的奠基时代。

随着秦汉时代的到来，海内为一，中国文化进入凝炼时代，形成了大一统的文化特色。这一时代，不仅有了大规模的驰道、长城以及宫殿的兴建，还有了统一的度量衡与文字；这一时代，不仅牛耕技术继续向全国推进，还有了精耕细作技术，使其成为中国农耕文化的首要特征;这一时代，不仅有“独尊儒术”与经学的繁荣，也有汉大赋的飞扬与汉乐府的古朴；这一时代，商品贸易“周流天下”，工商政策与商业理论富有特色，全社会在衣、食、住、行方面的水平明显提高。生活的精致化与生活水平的不断提高，使得20世纪的权威史学家汤因比也动了想去中国汉代生活的念头。

魏晋南北朝与隋唐时代，是中国文化史上的交融与繁荣时代，周边游牧民族文化的涌入，西部世界的宗教文化及其他各种文化的东来，使这一时代形成了空前的中西文化碰撞与冲击。在此后到隋唐时代的融合发展中，实现了文化的大繁荣。道教虽产生于汉代，但其发展与传播则是在魏晋南北朝与隋唐时代；佛教也是在汉代传入，它的发展与繁荣同样是在魏晋南北朝与隋唐时代。这一时代，玄学与禅宗是思想史上的两大硕果，书法、绘画、雕塑以及音乐、舞蹈方面，更是群星闪耀，唐诗的地位在文学史上是无可替代的，唐三彩的艺术魅力同样穿越千古。这一时期的农耕文化、工商文化以及其他各文化形态也都取得了长足的发展，特别是中外文化交流之活跃、之丰富，使中国文化与外部世界的文化产生了有力互动，隋唐长安城是当时世界文明的中心所在。

宋元明清时代是中国文化的扩展时代。随着文明的进步与文化手段的变化，随着市民社会的兴起与社会结构的变化，面向民间、面向市民与普通民众的文化形态迅速扩展。宋明理学的主旨是给民众套上牢牢的精神枷锁，但是与汉代经学相比，它也是儒学民间化的一种体现。从宋词到元曲，从“三言二拍”到话本小说，再到戏剧的兴起和四大文学名著的问世，无不体现着这一特色。这一时代，既有明末清初试图开启民智的三大启蒙思想家，又有直接面向社会生产与社会生活的《天工开物》《本草纲目》以及《农政全书》。这一时代，中国文化在积淀着中国文明丰厚底蕴的同时，也在准备着自己的转身，准备着与新文化的拥抱。

从中国文化的发展可以看出，其历史之悠久、内容之丰富、价值之巨大，可谓蔚为大观，令人叹服。在新的历史时期，把握与了解这些渐行渐远的文化宝藏，并将其传承给青年一代，是摆在我们面前的世纪难题。

自 20 世纪 80 年代以来，学术界与文化界一直在孜孜不倦地去破解与完成这一难题，为此付出了艰辛的努力，推出了一批又一批面向青少年群体的“中国传统文化”类读物或教材，可谓琳琅满目，数目繁多。毋庸置疑，文化学者们的这些努力，对于研究与普及中国传统文化发挥了重要作用。但是，若作为当今面向青少年群体的普及性著作还有若干不适应之处。比如，有的著作篇幅过大，往往动辄四五十万字甚至上百万字；有的著作理论性偏强，在理论性与知识性的结合上还不够；还有的著作对有关知识点的叙述不够均衡，轻重不一。更为重要的是，随着社会主义核心价值体系建设的推进，尤其是习近平总书记所提出的对中国传统文化的“四个讲清楚”，对中国传统文化的研究和普及提出了更高的要求。为此，我们组织了 10 余所高校的相关研究人员，共同编写了这套适合当代青少年阅读的中国传统文化读物——《中国文化四季》，旨在为青少年提供一套富有时代特色的中国传统文化专题知识图书。

在编写过程中，我们深刻地感受到中国传统文化源远流长、博大精深，是中国文明 5000 年进程的辉煌结晶——既有筚路蓝缕的春耕，又有勤勤恳恳的夏耘；既有金色灿然的秋获，又有条理升华的冬藏。所以，我们以“中国文化四季”

作为总领，旨在体现 5000 年文明进展中最具代表性的精华篇章。在专题确定与内容安排上，也着重体现中国文化在春耕、夏耘、秋获、冬藏各个演进环节上的标志性成就。整套丛书由 16 册组成，包括：

《精耕细作：中国传统农耕文化》

《货殖列传：中国传统商贸文化》

《大匠良造：中国传统匠作文化》

《巧夺天工：中国传统工艺文化》

《衣冠楚楚：中国传统服饰文化》

《五味杂陈：中国传统饮食文化》

《雕梁画栋：中国传统建筑文化》

《周流天下：中国传统交通文化》

《人文荟萃：中国传统文学》

《神逸妙能：中国传统艺术》

《南腔北调：中国传统戏曲》

《兼容并包：中国传统信仰》

《天人之际：中国传统思想》

《格物致知：中国传统科技》

《传道授业：中国传统教育》

《止戈为武：中国传统兵学》

我们希望通过各专题的介绍，使读者既可以有选择地了解中国传统文化的有关知识，又可以全面地把握传统文化的基本构成。

为适应青少年的阅读需求，我们吸取了以往此类图书的优点，尽量避免其缺陷与不足。在全书的内容设计上，打破了传统的章节子目式的编排方式，每章之下设置专题，以分类叙述各门类知识；在写作时，尽量避免以往一些读物的“高深”与“生冷”现象，以叙述性文字为主，做到通俗、易懂、生动；另外，各册都精心配备了一些与各章内容相对应的中国传统文化图片等，做到了图文并茂。

需要说明的是，这套丛书作为“中华优秀传统文化传承书系”被纳入山东省“中华优秀传统文化传承发展工程”重点项目，得到中共山东省委宣传部和有关专家的大力支持与指导 。为不负重托，我和20余位中青年学者共同合作，以对中国传统文化的挚爱为基点，精心施工，孜孜不倦，以打造一套中国传统文化的精品作为出发点和最终目的。全书首先由我提出编写主旨、编写体例与专题划分；各专题作者拟出编写大纲后，我对各册大纲进行修订、调整，把握各专题相关内容的平衡与交叉，以更好地体现中国传统文化的四季风情；然后交给各专题作者分头撰写初稿；初稿提交后，由我统一审稿、统稿、定稿，并补充与调整书内插图。这套丛书若能蒙读者朋友错爱，起到应有的作用，功在各位作者；若有缺失与不足之处，我当然不辞其咎。

我们由衷地希望通过全体作者的努力，使本书不再只是枯燥乏味的知识叙述，而是青少年真正的学习伙伴，让中国优秀传统文化能够浸润到每一个青少年的心灵深处。

马　新

2017年3月于山大高阁书斋

目錄

概　述

第一章　三百六十行

第二章　冶铸业

第三章　陶瓷业

第四章　纺织与印染业

第五章　造纸、印刷业与文房四宝

第六章　漆器制造业

第七章　车船制造业

第八章　制盐业

第九章　农产品加工业

第十章　机械技术

概述

中国传统匠作文化由来已久，源远流长，与中国传统手工业的发展具有直接关联的共生性。中国古代工匠作为一个特殊的专业技术群体，也始终根植于传统手工业部门之中。换言之，中国传统手工业的发展、嬗变，一直是传统匠作文化生生不息的滋生土壤与演化平台。

作为中国古代重要的经济部门，传统手工业肇始于原始手工业。随着原始先民对生产工具、生活用具等需求的扩大，原始手工业便开始萌芽了。在长期的劳动实践过程中，人们的生产加工技术逐渐提高，一些制陶、骨角器制作等技术要求较高的产品，逐渐由氏族内部积累一定生产经验的成员专门生产，出现了专业化的分工趋势。这种社会分工又反过来进一步促进了生产的规模化和标准化，使得手工业呈现出行业性的结构倾向。

夏商周时期，为满足统治阶级的自身需求以及国家的职能需要，政府必须控制极度稀缺的手工业资源，实行“工商食官”的制度。各类手工业者被统称为“百工”，完全隶属于官府。当时的铸铜、制车、纺织等官府作坊生产的青铜器、车辆、服饰等，完全被以周天子为代表的宗法贵族控制和享有。其中，商周时期的青铜器冶铸业达到一个较高的水平。

春秋战国时期是中国私营手工业勃兴的一个重要时期。随着铁器的普遍使用，生产工具发生质的飞跃，使得冶铸业、木器制造业、纺织业等都取得了较大的进步。当时，王室式微，诸侯林立，形成一个个分散的利益实体，彼此竞争，相互制约。各国内部公卿争权夺利，相互倾轧，出现了一些权力真空。这便为私营手工业的发展创造了良好的内部、外部环境。随着原有“工商食官”的格局被打破，各国不但涌现出独立的小手工业者，而且出现了大型私营工矿业，如盐、铁、丹砂的开采等。

作为中央专制集权的发轫阶段，秦汉时期的官府手工业的规模比以往要大得多。其手工业门类有冶铁业、铸铜业、制盐业、酿酒业、建筑业、纺织业、舟车制造业、漆器业以及新兴的造纸业等。至汉武帝实行盐铁官营时，官营手

工业的规模达到前所未有的程度。东汉以后，随着大地主田庄经济的形成，集官僚、富豪、地主身份为一体的大土地所有者，常常经营私人手工业。他们的手工业作坊，或设在自己的田庄内，或设在原料的产地。作坊中的劳动力有奴婢、佣工、依附民、个体手工业者。这是中国传统手工业发展中的一个阶段性变化。

魏晋南北朝时，由于长期战乱对峙，军事成为第一要务，故手工业一直是政府严格管控的对象。如诸葛亮设置锦官，极力发展官办织锦业。蜀锦驰名华夏，远销吴、魏，成为补充蜀汉军费开支的重要来源。这一时期的手工业在总体上虽然不及两汉，但是在造船、造纸、制瓷以及兵器制造等行业上还是超过了汉代，为此后隋唐手工业的繁荣奠定了基础。

隋唐时期的手工业技术精良，分工细致，种类众多，有采矿、冶炼、铸造、造船、织染、刺绣、漆器、瓷器、制盐、制茶、制糖、酿酒、印刷、文具纸张等。其中，制茶、制糖、印刷为新兴的行业。在首都长安的市坊中，也出现了手工业行会的雏形。它是工商业发展到一定阶段的产物，也是政府控制民间手工业与手工业者寻求自保两个方面合力推动的一个必然结果。

唐代中叶以后，随着商品经济的不断发展，工匠的人身依附关系开始松动，和雇工匠的制度逐渐普及开来。在全国经济重心向南转移的同时，南方的手工业扮演着越来越重要的角色。

五代十国时期，王朝兴替频繁，政局动荡不安。虽然手工业曾经一度衰落，但在纺织、制茶、陶瓷等方面还是有所进步。各国混战割据，财政捉襟见肘。为搜刮民财，弥补开支，政府实行严格的盐、酒等专卖制度。

宋代是中国传统手工业迅猛发展的时期，在制作技术，产品的数量、品种、质量等方面都比前代有明显的进步。瓷器在民间普遍使用，印刷技术十分普及，官府、民间都大量印制书籍。手工业的专业化分工更加细密，按不同工种划分的“行”多达数百个。“行”也成为官府控制工商业者，强行征调人力、物力的有效工具。

与唐代不同的是，宋代城市的经济职能大大增强，不仅成为服务于市民日常生活的场所，还是商品货物往来的集散地。城市规模的扩大和城内平民的激增，导致了城市私营手工业的繁荣。宋代的私营手工业完全面向市场，以服务普通百姓为主，达官贵人的奢侈需求退居其次，生产原料也多从市场上购置。

元代的手工业生产极为广泛，包括棉织、丝织、矿冶、制瓷、造纸、印刷、制盐等众多行业。其中，棉纺织业为新兴的行业。松江人黄道婆从海南黎族那里学会了运用制棉工具织布的技术，后来她传授给家乡人民，并做了进一步的技术改进。随着棉纺织技术逐渐推广，棉纺织业成为农民家庭副业手工业的新成员。

至明清时，中国进入了手工业全面发展的井喷时代，表现为生产规模的扩大和产品种类的繁多。其中，以江南苏州、松江、杭州、嘉兴、湖州五府为中心的丝织业和棉纺织业最为发达，盛极一时。

明清匠籍制度的逐渐废除，增加了工匠的经营自主权，调动了其生产的积极性，促进了全社会私营手工业的蓬勃发展。在盐、铁、纺织、陶瓷、造船等行业，民营比重不断扩大，而相形见绌的官手工业逐渐走向衰落。

随着私营作坊规模的扩大，雇工劳动不断增长，在江南地区出现了新型生产关系的手工工场。其中，以“机户出资，机工出力”的私营丝织业最为典型。江南地区丝织业、棉纺织业的兴盛，导致了新型商业市镇的大量涌现。它们充分发挥手工产品集散中心的作用，促进了地区间的经济分工与合作，加强了地方市场与全国市场的联系。

下面我们选取崭新的视角，简要对中国传统手工业文化进行重新解读。

一、资源稀缺视角下的工匠制度的演变

作为中国传统社会一个特殊的群体，工匠属于一种相对稀缺的资源。一般来说，

他们拥有世代传袭且对外保密的技术，具有一定的封闭性和不可替代性。为满足统治者自身的生活享受和政府的军事、财政、公共建设等职能需要，历代王朝必然要极力控制这一资源，将能工巧匠尽数罗致在官府手工业各个部门之中。

（一）工匠资源极其稀缺的阶段，主要为夏、商、周三代至魏晋南北朝时期。典型表现为“工商食官”制度与官府工匠中大量使用奴婢。

由于工匠资源的极为匮乏，西周实行“工商食官”制度，完全占有手工业者，进行垄断性生产。春秋战国时，群雄争霸，长期混战。虽然在诸侯割据所产生的权力真空下，私营手工业开始成长、发展，但是工匠资源的稀缺性并没有较大缓解。在原有的“工商食官”模式被打破后，政府改用户籍制度来控制工匠。他们被编入特殊的匠籍，不准随意变更职业，要世代为官府服务。这种匠籍制度成为束缚工匠人身自由的无形枷锁。同时，为了弥补工匠人数的不足，政府又将大量的官奴婢投入到工匠群体之中。

秦汉时期，随着商品经济的发展，社会分工的扩大，一些手工业者脱离农业而独立出来，工匠的数量有所增加。但是，随着大一统的中央集权国家的建立，皇帝的个人欲望急剧膨胀，政府的公共开支大幅攀升。相比之下，工匠资源仍然处在一个供不应求的匮乏状态。为保证官营手工业人力的供应，汉政府除了征用在籍的工匠外，还大量使用官奴婢、罪犯以及普通的服役者。

到魏晋南北朝时，长期战乱，工匠逃散。因而，拥有技术的工匠愈发变得稀缺，成为各个政权哄抢、占有的对象。如孙策率兵袭击皖城，抢得“百工”等人，迁往江南。不仅政权之间互相争夺工匠，在国内也严格禁止私藏工匠。

由上来看，中国的传统手工业文化就形成了一个悖论：一方面，工匠资源是极其稀缺的，政府不得不需要工匠；另一方面，在中国传统农业社会，统治者一直秉承“重本抑末”的主体思想，工匠与商贾被视为“末业”，很难得到政府甚至普通民众的认可。于是，这种不对称的工匠身份的界定，势必导致一种恶性循环的产生。由于工匠待遇、地位低下，不免怠工、逃亡，使

得工匠资源更加匮乏。为此，政府又不得不加重其人身控制，更加贬损其地位。因而，在古代的文献中，常把工匠与家内奴隶“臣妾”相提并论，地位排在庶人之下。

（二）工匠资源相对稀缺的阶段，主要为隋唐宋元时期。隋唐帝国经济实力雄厚，对外贸易频繁，商品经济有较大发展。随着民间手工业的迅速发展，工匠群体不断壮大，劳力匮乏的局面有所改善。唐中叶以后，在官营手工业中，出现了用钱募雇的“和雇匠”，基本上不再使用官奴婢。宋代时，和雇匠是由民间的手工业者轮流承担。官府支付一定的雇值和食钱，招雇的难度并不算大。

不过，这一时期工匠资源的稀缺并没有得到根本改变，政府仍要强力控制，频繁征调。如南宋政府频频征用纺织工匠，迫使一些机户暗地改从他业，导致一些有特色的纺织品渐趋消失。元代政府实行匠户制度，工匠长期服役，职业世袭，不准改行，甚至婚配也不能自主。

（三）工匠资源相对充足的阶段，主要为明清时期。明代以降，中国进入一个私营手工业发展的黄金时期。随着商品经济的蓬勃发展，许多手工业者不断从农村中分化出来，向城市集中，使得工匠资源相对充足起来。然而，明初仍沿袭元代僵化的匠户制度，导致了工匠的大规模逃亡。对此，明政府被迫顺应时势，允许工匠纳银代役。而工匠身份的松动，又反过来促进了私营手工业的迅猛发展，工匠群体又得到进一步扩张。

入清以后，全国各大小城市和市镇之中，大多存在着磨坊、油坊、机坊、纸坊、酱坊、弹棉花坊、糖坊、木作、铜作、漆作、铁作等大小手工作坊，工匠资源已经不再稀缺了，也就导致了匠籍制度的最终废除。

从表面上看，匠籍制度废除的原因是制度成本太高，管理环节弊端太多，工匠生产积极性不高，效率低下。其根本原因应是随着明清商品经济的迅猛发展，手工业技术的逐渐普及，工匠群体不再是一种稀缺的资源，政府也就没有必要维持高昂成本的匠籍制度了。

二、成本收益视角下官营、私营手工业的路径演进

官营、私营手工业是中国传统手工业的两个基本形式。官营手工业直接满足统治阶级的寄生性消费以及维护统治的政治、军事、财政需要，一般占据着主导地位。而私营手工业随着君主集权的强弱不同，一直在波动中缓慢增长。如战国时期，君主无暇束缚私营手工业，它就会蓬勃发展；汉武帝利用强权压制私营手工业，它就会裹足不前。2000 年来，私营手工业一直在君权的限制下艰难生长，却始终没有被完全废止过。其原因为：从市场需求的角度来看，私营手工业凭借其灵活、高效的经营模式，生产出物美价廉的产品，是百姓的日常生产、生活所不可或缺的。

（一）垄断成本与征税收益的比较。早在周厉王之时，就曾试图控制山林川泽等自然资源，谋求垄断利润。但是，相对于当时孱弱的政治、经济实力而言，垄断成本极高，不太现实，只能收取租税而已。至战国时，诸侯各国也只是控制一些地理位置较好的盐业、矿产等资源，进行垄断性生产。而其余地区仍是征收租税，如一些盐、铁、丹砂等私营工矿业大多由豪民雇工经营，只需向政府缴税即可。

即便到了汉代初年，由于国力不足，物资匮乏，政府不得不开放山泽的禁令，允许百姓铸钱、冶铁、煮盐。如蜀地的卓氏、程郑就是富甲一方的私营冶铁主。

由上来看，当时政府没有大规模推行官营手工业生产的原因是其垄断的成本要远远大于征税所带来的收益。

（二）垄断收益与经营成本的比较。西汉武帝时，君主权威日趋集中，国力日渐雄厚，官吏制度日益严密，具备大规模推行官营化的条件。为确保巨额的军费开支，满足皇室的奢侈需求，武帝利用手中的强权，在全国范围内出台了一系列的盐、铁、酒等官营政策。

虽然盐铁官营政策确实为汉王朝带来了巨额的财政收入，但只是一时之效，难以持久盈利。因为这种完全僵化的官营模式的经营成本太高。以技术要求较高的官营铁器生产为例：当时铁官的官僚作风严重，管理不善，生产效率低下，成本高昂，与市场完全脱节。其生产的铁器不但价格昂贵，而且粗制滥造，无法使用。由于百姓常常拒绝购买这些价格昂贵而质量低劣的官营铁器，垄断收益无法得到保证，后世便逐渐废除了。

鉴于西汉盐铁官营的经验和教训，后续王朝主要拣选合适的行业作为垄断对象。如盐业生产的技术不高，成品具有单一性，故盐业专卖一直延续下来。同时，政府采取灵活多样的方式，将一些垄断产品的生产环节委派给民营生产，而专门控制一些重要环节，以降低经营成本，获得垄断收益。譬如，宋代政府实行钞盐法，按盐场产量发行盐钞，从而垄断了盐课的高额利润。政府还设立了都曲院，专造酒曲，民间酒户所用酒曲都必须向其购买。宋代的酒利极为可观，成为仅次于盐利的第二大垄断收入。

（三）垄断成本与私营成本的比较。到明、清两代，随着商品经济的加速发展，私营手工业的产量、质量大幅提升，品种也有显著增加，官营手工业开始走向衰落。由于政府所需的各种物资多能从市场上廉价购买，故开始着手放弃亏本的冶铁官营，直接下令压缩官办作坊的织机数量，关闭一些入不敷出的官营织局。

由于私营手工业管理高效，成本低廉，因而政府便利用其为官府加工生产，形成了科派与加工的双重关系。如织造局的“领机给帖”，陶瓷业的“官搭民烧”，铜矿业的“放本收铜”。在实行盐课折银以后，官方也退出了盐业的生产领域。这些政策的调整不但解决了垄断成本居高不下的弊端，而且促进了私营手工业崛起，给政府带来了源源不断的租税收入。

三、手工业技术先进与科技理论无法突破的悖论

中国古代手工业技术先进，一直到明代时，仍处于世界领先地位。当然，这是几千年来中国工匠勤于思索、勇于实践的历史沉淀与智慧结晶。

如果从制度的角度分析，中国古代官府手工业凭借雄厚的资金、人力、物力，不惜成本，不求利润，对于手工业技术的提高起到了重要的示范、推动作用。尤其是统治阶级对高级手工产品的奢侈需求，促使工匠们在不计成本的一次次试错过程中，最终研制出一些至今让人匪夷所思的艺术珍品。然而，当我们惊叹于古代工艺品技艺精湛的同时，不禁心生困惑：与西方近代的技术革命相比，中国的先进技艺并没有在科技理论上得到提升而广泛应用，大多停留在感性的经验认识水平上，甚至一些先进工艺已经失传、消失。这是什么原因造成的呢？

首先，中国传统社会一直秉承重本抑末、伦理至上的理念，手工业技术一直被视为末流、雕虫小技，甚至被看作腐蚀农业社会的潜在威胁。除了农业技术的有限推广外，政府在手工业技术的研发、创新方面，动力明显不足，没有建立起有效的激励机制。

其次，古代手工业者的地位低下，待遇不高，始终得不到社会的认可和尊重。再加上自隋唐以来，以儒家经典为主体的科举考试，是古代普通民众步入上层社会的唯一途径。在这种固有制度的安排下，绝大多数知识分子以习读诗书为终生要务，根本不愿涉足手工业领域。这就造成了古代手工业群体文化水平普遍不高，其技艺多为感性的经验认识，缺乏技术理论的进一步提升和突破。

最后，古代手工业技术的传授常常局限在一个较小的群体之内，主要为家庭内部的世代传授以及师徒之间的技术传承。为维护自己的生路，一些特殊的技艺秘方是严格保密的，不向外人传授。这既影响到手工业技术的传播与普及，也直接导致了一些先进工艺的失传。当然，在没有技术专利制度的保障下，这也是一些高级工匠的无奈之举。

四、工场手工业的出现与资本主义难以“孵化破壳”的困境

明代中叶以后，在江南地区出现了一些带有资本主义色彩的私营手工业工场，以纺织、制瓷、矿冶业为代表。这种手工业工场使用较为复杂的生产设备，分工更加细致，雇工人数明显增多。手工工场内不再是原有的师徒关系，而是一种雇佣、被雇佣的新型关系。但是，资本主义萌芽一直在缓慢增长，最终没能通过技术革命、制度变革自发地进入资本主义社会。造成这一困境的原因主要有以下几个方面：

首先，明清的手工工场虽然有所发展，但一直处于政府的管制、束缚之下，得不到任何的优惠、扶持政策。无论是工场主，还是雇工仍然受到封建保甲制的人身约束。与当时西方国家奉行重商主义，扶持本国工业不同，明清统治者仍推行重农抑工的政策，始终将手工业置于农业经济的从属地位，压缩了其进一步发展的空间。此外，公所一类的行会组织，盲目排挤行外人员，限制手工业的内部分工，排斥手工业的技术进步，在一定程度上阻碍了工场手工业的发展。

其次，几千年来，手工业者地位持续低下，知识分子终日游走于经学之中。尤其整个社会自然科学的文化底蕴深度不够。倒不是中国人天生缺乏对自然世界的理性思维，而是在长期的制度安排、文化熏陶下，中国的知识分子极少想过自然科学的经世致用之道。因而，手工业技术的人力资源配备极为欠缺，技术变革陷入瓶颈状态。

再次，手工业内部的动力不足。鉴于重农抑工政策的影响，一些工场手工业主的所获利润常常用来置办土地、房产，而不是扩大再生产，限制了手工业

工场的继续扩大和升级。一些手工行业者出于生产成本的考量，宁愿雇佣廉价的人力劳动，也不愿使用新式机械，这必然会影响到手工业技术的推广与革新。

最后，从西方资本主义的产生历程来看，西班牙是地理大发现的最大受益者，它攫取了美洲数不清的金银财富，却最终带来了通货膨胀，很长时期内没有进入资本主义社会。而最早出现资本主义萌芽的意大利、尼德兰地区，也因为阶级矛盾的激化而衰落下去。历史最终选择了具备多种要素的后进国家——英国。也就是说，并不是资本主义萌芽的产生，就意味着一定能自发地进入资本主义社会。

总的来说，虽然明清时期出现了工场手工业，但是由于政治、经济、文化等固有的惯性，在没有外力作用的推动下，中国可能很难通过技术革命、制度变革，内生蜕变为资本主义社会。因为东方是东方，西方是西方，本身就是两种迥然不同的文明。

第一章 三百六十行

人类的历史是从制作生产工具开始的。从生产工具扩大到日常生活用具的制作，原始手工业就开始萌芽了。随着生产力的进一步发展，手工业产品的种类越来越多，技术要求也越来越高，开始出现专业化的趋势。尤其一些技术门槛较高的产品，逐渐由氏族内部长期从事手工业生产，积累一定生产经验的氏族成员专门生产。这是手工业生产发展到一定阶段的必然结果。

以原始制陶业为例。距今 5000 年前，中国处于原始社会的新石器时代晚期。山东龙山文化的轮制陶业逐渐兴起，以制作精美的蛋壳陶（见图 1–1）最为著名。龙山黑陶的制作在设计、选料、封窑、渗碳、烧制、加工等各个环节都有较高的技术要求，没有一定数量的专门从事制陶工作的氏族成员是无法完成的。这势必要改变过去氏族内部分散的生产模式，要长期依托固定的专业人员，并经过内部细致的分工来完成。由此，原来氏族中以妇女与老人为主的制陶劳动，逐渐被氏族内部一些拥有制陶技术的家族所完全垄断。同时，这种制陶分工的出现，又反过来促进了陶器质量的提高和批量的生产，从而提升了先民的生活水平，增加了社会的财富。考古中大批陶器所呈现的成批加工的类似性，也可以说明这一点。

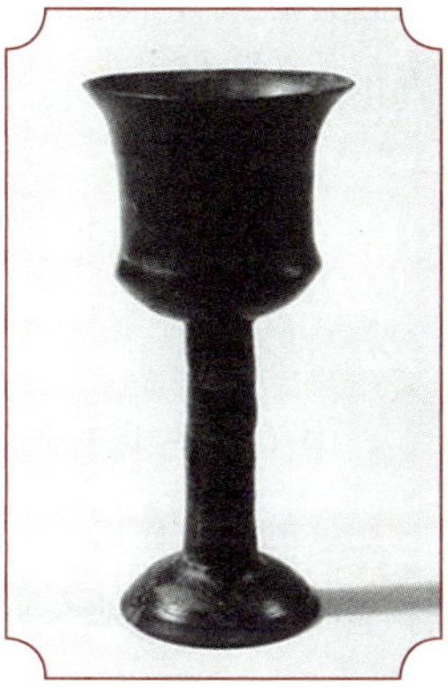

图 1–1　蛋壳陶（山东龙山文化遗址出土）

中国的原始手工业主要有制石、制陶、木工、制骨、制革、纺织、编织等种类。随着社会分工的进一步扩大，一些专业性较强的手工业开始与农业分离。尤其在手工业内部，诸如制陶、玉石器制作、骨角器制作等都出现了专业分工，手工业生产开始出现了行业性的结构倾向。

这种社会分工带动了生产的多样化和专门化，使社会产品丰富起来，促进了彼此交换的发展。那些掌握生产技术的家族通过各种手段扩大生产，将大批剩余产品占为己有。然后，他们利用这些产品与其他家族甚至其他氏族、部落进行交换。这一部分交换产品便具有了商品的属性。

原始社会后期，不同地区之间的产品交换与文化交流，更进一步推进了手工业生产技术的交流与改进。在部落之间的战争中，有些战俘沦为奴隶后，也极有可能带来原来地区、部落的手工业技术，相互进行交流，带动当地手工业生产的发展。当时，由于每个地区的自然资源、地理环境以及人力资源的禀赋不同，地区分工也开始出现，专门从事某种手工业的氏族可能已经存在。但是，真正意义上的中国传统手工业部门是在人类进入阶级社会，国家出现之后。

一、行业分类

中国传统手工业的行业有许多门类，每个门类中又可划分若干子门类。更为复杂的是，在每个历史阶段，受制于生产技术、自然资源、文化、宗教等因素，手工业的部门分类经常推陈出新，有衰落也有新兴。

夏商周时期，手工业有陶器制造、青铜器冶铸、丝麻纺织、骨角器制作、玉石雕琢、木器加工、漆器生产、造车等等，其中青铜冶铸业达到较高的水平。春秋战国时，随着铁器的普遍使用，生产工具出现质的飞跃，在冶铁业、青铜业、木器制造、漆器业、纺织业、陶瓷业等方面，都出现了较大的进步。（见图 1–2）秦汉时期的手

图 1–2 夏商周时期青铜器（中国国家博物馆藏）

工业门类更多，有冶铁业、铸铜业、制盐业、酿酒业、建筑业、纺织业、舟车制造业、漆器业以及新兴的造纸业等，其中具有代表性的是冶铁业、丝织业和漆器业。三国时，魏国的水力冶铁、蜀国的织锦业、吴国的青瓷业以及造船业都比较有特色。虽然魏晋南北朝时期的手工业在总体上还不及两汉，但在造船、造纸、制瓷以及兵器制造等一些行业上也都超过了汉代，为隋唐手工业的繁荣奠定了基础。隋唐的手工业种类众多，有采矿、冶炼、铸造、造船、兵工、织染、刺绣、皮革、木器、雕刻、漆器、瓷器、制盐、制茶、制糖、酿酒、制药、印刷、文具纸张等行业，其中制茶、制糖、印刷为新兴行业。五代十国时期，诸国割据混战，虽然手工业一度衰落，但在纺织、制茶、制盐、冶炼、陶瓷等手工业上也有很大进步。宋代是中国传统手工业迅猛发展的时期，在产品的数量、品种、质量等方面都比前代有明显的进步，突出表现在瓷器业、造船业、矿冶业、纺织业、造纸业、印刷业、火器制造等行业的发展上。其中，瓷器已经走入寻常百姓家，在民间普遍使用；印刷技术十分普及，官府和民间都大量印制书籍。元代的手工业生产极为广泛，包括棉织、丝织、矿冶、制瓷、造纸、印刷、制盐等众多行业，其中棉纺织业为新兴行业，青花瓷为这一时期的制瓷业的代表。明清时期，中国进入了手工业全面发展的井喷时代，表现为生产规模的扩大和产品种类的繁多。譬如，以江南苏州、松江、杭州、嘉兴、湖州五府为中心的丝织业和棉纺织业，以南京、福建、广东沿海地区为主导的造船业，分布于两淮、两浙、长芦、山东、福建、河东、陕西、广东、四川、云南等地的制盐业，福建、浙江、陕西、云南诸省的银矿业，江西、湖广、山东、广东、陕西、山西、河南、四川的铁冶业以及江西景德镇的制瓷业，都已具有相当规模，盛极一时。

面对灿若繁星、琳琅满目的众多手工业部门，我们根据其内部性质的不同，将其分为官府手工业、私营手工业、家庭副业手工业三大类。

（一）官府手工业

官府手工业主要是服务于国家经济、军事等职能需要以及统治阶级自身的消费需求。它的规模较大，资本雄厚，技术先进，分工细致，左右着民间手工业发展的潮流和导向。其产品一般不进入市场流通，不计成本，不求利润。尤其它所生产的高级奢侈品，耗费社会的大量人力、物力，在一定程度上阻碍了商品经济的发展，成为束缚民营手工业的枷锁，使得中国传统社会长期沿着以农业为主体的自然经济道路缓慢前进。

夏商周时期，手工业生产相对落后，商品经济不发达。为满足国家的职能需求，政府必须控制稀缺的手工业资源，实行“工商食官”的制度。“工”字在商代的甲骨文中就已经出现，统治者将各类手工业统称为“百工”。当时官府手工业是手工业的主体形式，私营工商业尚处在萌芽状态。作为贵族统治的中心，城市是手工业作坊集中生产的主要场所。在商代都城殷墟的考古发掘中，就发现许多的手工作坊遗址。西周的铸铜业、制陶业、纺织品、玉石器、骨角器等手工作坊都完全隶属于官府。它们生产的武器、车辆、服装、皮革制品、玉器、装饰品等，大都被以周天子为代表的宗法贵族控制和享有。为了满足日益增长的奢侈需求，周厉王就曾委派官吏来管控森林、矿山等自然资源，专门由官府手工业来开发生产。

春秋战国时期是中国传统手工业勃兴的一个重要时期，官府手工业部门明显增多。各个诸侯国都制定了一套管理官府手工业的制度。当时负责官府工业的官吏主要有“工师”。据考古发现的战国手工业品铭文，工师不但有右工师、右军工师等划分，而且下设丞、佐等属官。官营手工业还专门设置仓库，以贮藏铜、铁、皮革、筋、角、齿、羽、脂胶、丹砂、漆等重要物资。当时的官府手工业仍然延续“百工居肆”的传统，在城市专门设有官营手工业作坊的生产区域。如考古发现的曲阜鲁国故城，在宫殿的东、西、北三面，环绕着铸铜、冶铁、制陶、制骨等手工业作坊遗址。

作为中国第一个中央专制集权的大一统王朝，秦朝的官府手工业的规模比以往要大得多。在秦代咸阳宫殿遗址附近发现的一处官府冶铜作坊，占地南北

长 150 米，东西宽 60 米，规模相当可观。[①]

秦汉时期，在中央少府一职下，设有考工室、东织、西织、尚方、东园匠等，专门负责皇室器物、服饰等生产。中尉下设武库、都船，负责兵器、战船的管理和制造。还有将作大匠一职，专门负责皇帝宗庙、宫室、陵寝等大型土木工程的建设。此外，地方设有工官、铁官、三服官等具体生产机构。官府手工业产品主要满足国家、皇室、官府的需求，一般不允许投入市场。

至汉武帝时，崇尚武功，对内铺张浪费，对外四处用兵，用度日渐不足。为广辟财源，汉武帝采纳大盐铁商人东郭咸阳、孔仅的建议，实行盐铁官营。实际上，早在战国时，秦国、齐国就曾设置铁官进行垄断经营，但只是限于一部分地理位置好的富矿。而武帝的盐铁官营则是在全国范围之内统一实施，官营手工业的规模达到前所未有的程度。具体方案如下：在产盐区设立盐官，募人煮盐，由国家提供煮盐工具“牢盆”，产品归官府收购，并负责转运出售。在产铁区设立铁官，负责采冶矿石，铸造铁器，并运往各地销售。政府严禁私自铸铁、煮盐的行为。一经发现，便要没收器物，处以“钛左趾”的严刑。据《汉书·地理志》统计，西汉先后设有盐官 35 处，铁官 48 处，都由中央的大司农统一管理。此后，武帝又下令“榷酒酤”，将酒的生产和销售纳入国家的垄断经营之中。

汉武帝的盐铁官营政策，确实为王朝带来了巨额的财政收入。但是，它也充分暴露了垄断官营的弊端。以铁器生产为例：（1）垄断官营滋生了官僚作风，导致管理不善，劳动效率低下，成本高昂，势必会推高铁器的价格。（2）官营铁器生产一味完成上级制定的指标，与市场完全脱节，不考虑人民的实际需求。其生产的铁制农具不仅笨重，而且粗制滥造，“割草不痛”，农民根本无法使用。（3）铁官依仗官方的特权，没有丝毫的服务意识。铁器实行官卖之前，商人直接将铁器送到田间地头，任由农民随意挑选。官营之后，百姓要到偏远的铁官处购买所需铁器。

---

① 参见刘庆柱：《秦都咸阳几个问题的初探》，《文物》1976 年第 11 期。

如官吏不在，还无法购置。当百姓不愿购买时，铁官又强制摊派。当铁官人力不足时，政府还要征调百姓服役劳作。铁器的官营政策，实为扰民之举，后世便逐渐废除，以至于销声匿迹了。同样，官营盐业也导致了盐价的攀升，影响到人们的饮食生活。不过，由于食盐生产的技术要求没有铁器高，且成品具有单一性，因而官营盐业问题倒不是很严重。这也是后世盐业专卖经久不衰的一个重要原因。

当然，武帝的官营手工业政策也并不是一无是处。例如，汉武帝将铸币权收归中央，由上林三官全权负责。其中，钟官令主钱币铸造，技巧令掌钱范技术，辨铜令管铸钱原料。此举有效遏制了私人盗铸钱币之风，稳定了正常的社会经济秩序。

东汉时期，管理手工业的中央机构略作调整。考工由少府属官转归太仆管辖，仍负责兵器、弓弩、刀铠等兵器制造。少府下设尚方令，专作御用兵器以及生活器具。御府令下设织室丞，掌管皇室衣物的织造。同时，光武帝把大司农所属的盐官和铁官放权给郡县经营。汉和帝时，正式废除盐铁官营，允许百姓煮盐、铸铁，政府仅收取租税而已。

三国鼎立之际，战争为第一要务，国家基本处于军事管制的状态。为保证武器、食粮等战略物资的供应，政府竭力筹集钱财，开辟财源。曹魏政权实行盐铁专营，利用盐铁之利，来赡足军国之费。作为兵器、农具的原材料，铁器与国民生计息息相关。政府专门设置司金中郎将，专管冶铁事务。在韩暨担任监冶谒者期间，利用水排冶铁，功效数倍，器用充足。官府除开发海盐外，还有河东、武威、酒泉的池盐。丰厚的盐铁收入，不仅能解决战争急需的武器，还能换取农业生产必需的耕牛、农具。

蜀汉政权利用富有的井盐、铁矿资源，实行盐铁专卖。设置司盐校尉，管理盐业生产。专设司金中郎将，负责农具和武器的制造。此外，诸葛亮设置锦官，大力发展官办织锦业。蜀锦驰名华夏，远销吴、魏，成为补充军费开支的一大来源。

吴国的官府手工业有海盐业、冶铸业、丝织业、造船业和青瓷业。食盐的

生产和销售由司盐校尉专门负责。造船业最为发达，建安郡的侯官（今福建福州）、临海（今浙江临海东）、番禺（今广东广州）为吴国三大造船中心，设有典船都尉，管理造船事务。

两晋南朝时期，除了沿袭前代的尚方、御府等中央手工业机构外，又改设平准令掌染署，细作署专门制作金银、绫罗锦绣，作部掌管兵器制造，甄官掌造砖瓦、玉石，炭库负责烧炭和储存，纸官负责造纸等。地方的州郡政府也设立作部，在产盐和发现矿藏的郡县设置盐官和冶令，分别管理盐、铁事宜。

北魏的官府手工业主要为纺织、矿冶和煮盐等。中央在太府寺、将作寺下，分设署、局，如尚方、司染、细作、左校、诸冶等，负责冶炼、纺织、兵器、农具制造等。北魏前期，为保证官营手工业的人力、物力的供应，严格禁止兴办私营手工业。而官营丝织业的规模巨大，除了京城内的官办作坊外，在泾州、雍州、定州等地设立丝局，专门生产丝织品。冶铁业最为发达。政府都设立铁官，组织采矿、冶炼和铸造。以相州的牵口冶最为著名。相州刀冠盖中国，全部交付大内武库保管。

北魏政府设置盐池都将，管理盐业事务。东魏时，政府又在沧、瀛、幽、青四州（今河北、山东地区）的沿海地区设盐官，大大增加了政府的财政收入。

隋朝官府手工业的最高机构是尚书省的工部，下设太府寺、将作寺。其中，太府寺统领左藏、左尚方、内尚方、右尚方、司染、右藏、黄藏、掌冶、甄官等署，分管纺织、染色、兵器、金银器等官营手工业。后来，隋炀帝又从太府寺分置少府监，由其专管左尚、右尚、内尚、司尚、司染、铠甲、弓弩、掌冶等署。将作寺主要负责土木工程的兴建。

唐朝基本沿袭隋代，工部下设少府监和将作监。少府监分管中尚、左尚、右尚、织染、掌冶五署，主要是负责制造皇室的器用服饰。最初少府监的右尚署掌管兵器制作，后又改置军器监，下设弩坊、甲坊二署专管其事。

唐代官营手工业规模大，分工细，技术精良。例如，刘晏在扬子县（今江苏仪征）兴办10个大规模的造船工场，所造大船每只能承重1000石（约合125吨）。

官府手工业凭借雄厚资金、人力、物力，推动当时手工业水平的提高，起到了一定的示范、推广作用。但是，由于它完全为官府服务、掌握，抢占大量的人力、物力资源，基本上与市场脱钩，也排挤和压制了私人手工业的发展。

唐代的冶矿业主要由政府直接控制，也允许民间私采。制盐业方面，唐中叶以后，中央设盐铁使，专管盐的生产和买卖。各地则设巡院、场、监等。当时产量较大的有蒲州的解县、安邑盐池，泸州的富义盐井以及湖州、越州、杭州等地区的海盐。

五代时期，政局混乱，全国处于割据状态。为搜刮民财，弥补开支，政府多实行严格的盐、酒等专卖。如规定禁止私人酿酒或走私转运，发现一点一滴也要处以死罪。至后周时，专卖政策有所调整放开。此前，地方州、府控制大量手工业者，留存优品，上缴劣品。为此，后周中央政府重新将地方的能工巧匠尽数调配到京城，开办手工作坊，发展官营手工业。

宋代是中国古代手工业迅速发展的一个重要时期。中央机构的少府监专管皇帝用品的生产，将作监专管土木建筑，军器监专管军需用品的生产。北宋官营作坊规模较大。汴京的东、西作坊生产军用物资，按不同的工种分为 51 作，有工匠 7900 多人。文思院负责生产宫廷日用品，绫锦院专工织造，也有工匠千人以上。南宋建康府都作院在两年多时间里就生产火器近 4 万件。

地方上设有许多的官营手工业作坊。造船务在地方州、军设置造船作坊，修建战船、漕船等。官营造纸作坊主要供给政府纸张和生产纸币，还有从事印染业的官营染院。官营作坊大量印制书籍。国子监刻印的书籍，后世称为“监本”。

宋代政府对一些生活必需品，如盐、酒、茶、矾、香、醋等，实行征榷制度，由政府专卖经营。北宋初期对食盐实行官运官卖，由各地官府出售。至仁宗庆历年间，实行钞盐法，按盐场产量发行盐钞，商人购钞取盐贩卖，并在汴京设置盐库平准盐价。政府垄断了盐课的高额利润，其金额有时甚至超过商税的收入。政府在汴京设立都曲院，专造酒曲，民间酒户所用酒曲都必须向其购买。

各地普遍设置酒务、酒场、酒坊，专门从事酿酒、卖酒。宋代的酒利极为丰厚，通常高于茶利，是仅次于盐利的第二大专卖收入。

辽代设有官营绫锦院，织工以汉人为主。西夏设立文思院、工艺院、绢织院、金工司、铁工院、木工院、砖瓦院、造纸院等，管理各类官营手工业。金朝政府在真定、平阳、太原、河间、怀州等地设有官营绫锦院。

元代的官府手工业的规模巨大，分工细密。它们隶属于工部、将作院、大都留守司、武备寺、储政院等机构。如武备寺所属寿武库制作衣甲，利器库制造兵械，胜广库掌管外路的兵器局。地方局院数量众多，遍及各地，如河西的织毛缎匠提举司专门织造皇家毛织品。

明代的官府手工业分为中央与地方两个系统。中央有隶属工部、内府各监局、户部的各类官营作坊。地方有都司卫所、布政司等所辖的官营作坊。例如，官营丝织作坊设于京师的有针工局、织染厂、文思院和王恭厂等，归工部管辖。京师之外，东南地区的南京、苏州、杭州等地是官府丝织业的中心，政府派驻宦官督管织造。

明代中期以后，随着商品经济的快速发展，官营手工业开始走向衰落。例如，政府放弃了冶铁业的官营，完全关闭了官营织局。在盐课折银以后，灶户获得部分生产自由，也就意味着官方退出了盐业的生产领域。

清代官方手工业的范围继续呈减少的态势，取而代之的是民营手工业的崛起。盐与铁、铜等矿山，完全放开民营。即便保留的官府手工业，规模也在缩小。例如，官办的纺织业分为织染局和织造局。织染局即京内织染局。织造局有江宁、苏州、杭州三局，专门承做御用礼服、四时衣服，皇太子、公主及各官朝服等。为避免影响民营纺织业的发展，清政府还一度下令压缩官办作坊的织机数量。

（二）私营手工业

私营手工业者自我生产，自负盈亏，以营利为主要目的，产品进入市场销售，基本脱离了农业生产。按照生产规模大小可分为：（1）个体工匠。他

们以家庭成员为劳动力，生产规模小，常常流动于乡镇，走村串户，售卖自己的产品。（2）私营手工业作坊。它们具有一定的生产规模，雇佣一定数量的工人，生产场所较为固定。多数私营作坊采用前店后坊的方式，集生产与销售为一体。此类作坊虽然与经营者雄厚的经济实力有关，但也是由行业自身的性质决定的。例如，陶瓷、造纸、造船、冶铁等行业，分工细致，专业化程度高，个人家庭是无法独立完成的，也只能采取手工业作坊的生产形式。

中国私营手工业的第一个活跃期是春秋战国时期。周天子东迁之后，权威已日薄西山，风光不再，而诸侯势力不断做大，纵横捭阖，相互掣肘。同时，伴随着礼崩乐坏，诸侯国内部公卿忙于争斗，以下克上的现象司空见惯。然而，就是在这个缺乏中央威权制约的特殊时代，私营手工业却在国与国、国中封邑之间的权利真空中，悄悄地破土、蔓延开来。春秋后期，随着生产力的进步，经济关系发生重大变革，刺激了商品经济的发展，原有的“工商食官”的格局被打破，社会分工进一步扩大，出现了一些独立小手工业者。一些国家的当政者对私有手工业管控较松，甚至不加以束缚。据《吕氏春秋·召类》记载，宋国司空子罕与制鞋作坊毗邻，无法扩建其居室，故令其搬家。而坊主坚称三代一直制鞋于此，如果迁走的话，国人买鞋就一时找不到地方了。最后司空竟然妥协。

战国的墨家学派的队伍中，就有许多独立的小手工业者。《墨子·节用中》云：“凡天下群百工，轮、车、鞼、匏、陶、冶、梓、匠，使各从事其所能。”说明私营手工业者已经作为一个独立的社会阶层而广泛存在。

不仅如此，各国还出现了大型私营工矿业，如盐、铁、丹砂（汞）的开采等。这些民营大型工矿业完全由豪民雇工经营，官府只收取租税而已。这些豪民大多富可敌国，礼抗万乘。盐业有鲁国的猗顿，冶铁业有赵国的郭纵，丹砂业有秦国的巴寡妇清。当时铁器已经开始使用，农业、手工业对铁的需求十分旺盛，冶铁业成为一个新兴的行业。1972 年，河北邯郸区古赵王城附近发现了 2 处战国炼铁遗址，出土铁铤多捆，每捆 150 枚。

由上来看，私营手工业的发展直接取决于政府的手工业政策。如果政府放松对其限制、管制，它就会蓬勃发展。反之，就会裹足不前。西汉就是典型的例子。建国初期，国力不足，物资匮乏，百废待兴，休养生息。政府不得不开放山泽的禁令，允许百姓铸钱、冶铁、煮盐。于是，全国逐渐呈现了私营手工业繁荣发展的景象。当时富甲一方的私营冶铁业代表有蜀地的卓氏、程郑，南阳的宛孔氏，鲁国的曹邴氏等。

不过，好景不长。汉武帝时，随着国力日益昌盛，君主权威如日中天，政府权力日趋集中。为维护巨额的军费开支和皇室的奢侈需求，政府利用手中的强权，向暴富的工商业者开刀，严厉打击富商大贾。武帝采取“以毒攻毒”的方法，任用大盐商出身的人为官，制定盐铁等官营政策，对私营手工业实施“精准”而沉重的打击。尤其在杨可实行相互检举、告发的“告缗”政策之后，大批私营手工业者倾家荡产，大量财富尽数落入皇帝手中。总的来说，中国古代私营手工业一直在君主集权的压制下艰难生存。一方面，从市场需求的角度，他们凭借灵活、高效的经营模式，生产出物美价廉的手工业产品，是百姓甚至上层社会生产、生活所不可或缺的。另一方面，在重农抑商、黜奢崇俭的传统社会，他们生活优越，僭越名分，甚至控制流亡人口，始终得不到社会舆论的认可，政治地位一直不高。尤其对于他们的暴利资财，统治阶级往往垂涎三尺，常常借故强行盘剥、豪夺侵占。

东汉以后，逐渐形成大地主的田庄经济。这些大土地所有者的身份集官僚、富豪、地主三位一体，常常经营私人手工业。这是中国传统手工业发展的一个阶段性变化。他们的手工业作坊，或设在自己的田庄内，或设在原料的产地。作坊中的劳动力主要有奴婢、佣工、依附民、个体手工业者。据东晋王嘉《拾遗记》记载，光武皇后的弟弟郭况，官至大鸿胪，私下经营黄金制作业。京师号称其家为“金穴”。

唐宋时期是中国私营手工业发展的第二个活跃期。唐代前期，经济发展，国力强盛。农业的稳步发展，为手工业部门提供了原材料，刺激了社会各阶层

的手工产品的消费需求，带动了私营手工业的发展。唐代的私营手工作坊，大多分布在城市。手工作坊的数量很大，种类众多，有纸坊、毡坊、绸坊、染坊、织坊、金银匠坊等等。它们生产的手工业品主要供统治阶级和富户、巨贾享用，有时也供给普通的消费者。手工作坊的主人，有的是官僚、地主和富商，也有一些使用简单工具，自食其力的个体手工业者。

唐代中期以后，随着和雇工匠的普及以及经济重心的转移，南方的私营手工业扮演越来越重要的角色。例如，南方的私营造船业非常发达，所造舟船载重可达几百吨。据李肇《唐国史补》记载，大历、贞元年间，长江一带以俞大娘的航船最为巨大。唐朝后期，南方的私人制茶业逐渐兴起，种茶、制茶已经开始专业化。

宋代的私营手工业迅猛发展，在生产的数量、品种、质量、技术、经营方式等方面，都比前代有着明显的进步。行业内部专业化分工更加细密，按不同的工种划分的“行”多达数百个。这种专业化的分工反过来又促进了生产技术的提高。与唐代不同的是，宋代私营手工业作坊的生产完全面向市场，以服务普通百姓为主，达官贵人的奢侈需求退居次席，生产原料也大多从市场上购置。它们的存在和发展都依赖市场，成为自然经济的重要补充部分，也为商业的繁荣提供了物质基础。

宋代城市规模的扩大和城内居民数量的增长，导致私营手工业十分繁荣。城市的经济职能大为增强，不仅成为服务市民日常生活的场所，还是商品货物往来的集散地。（见图 1–3）不少城市利用周围农村提供的原料和独特的技术工艺发展了带有本地特色的手工业。如汴京、福建建阳是印刷业中心；新兴的景德镇以及河北曲阳、河南临汝是主要陶瓷产地；邢台、彭城是著名的冶铁中心。有些农村地区，由于特殊的物产与发达的手工业，也逐步升格为手工业市镇。

当时，私营手工业的产品都要运到市场去销售，只有少数国家专卖的产品，如部分茶、盐、酒等由国家来收购。大茶园或租佃给茶农经营，或由茶园主自己雇工经营。普通茶农的小茶园一般年产茶数百斤，大的茶园多为官僚士大夫或寺院拥有，年产茶多至数万斤。规模较大的私营作坊多集中在制盐、矿

冶、制瓷等行业，工匠多达上百人。例如，生产井盐的井户，一家有多达一二十井的，每井雇佣工匠四五人，总计百人左右。当时的一些铜、铁、铅矿，大多由实力雄厚的坑户向官府交纳定额的税钱，进行承佃经营。这些坑户取得采炼权后，便雇用大量工匠生产。此类私营作坊的业主多为地主、富商，依据行业又称为“井户”“亭户”“坑户”“窑户”等。

图 1-3　宋·张择端《清明上河图》（局部）

明清时期是中国私营手工业发展的第三个活跃期。随着明清工匠身份逐渐松动，直至最后废除，极大地促进私营手工业的全面发展，而相形见绌的官营手工业开始走向衰落。以矿冶业为例，明英宗初年，政府解除民间交易用银的禁令，并停罢金、银、铜、铁等官矿，听任民间自由开采，从此矿冶业进入了私营占主导地位的阶段。随着私营矿业的发展，明代后期出现了许多规模较大的冶铁手工工场。

在丝织业上，江南地区还出现新型生产关系的手工工场。明朝初期，政府大力鼓励农民广种棉花、桑、麻等经济作物，为手工业生产的发展提供原料保障。随着桑蚕业日益扩大，农业经济日趋商品化，明代后期丝织业获得长足进展。在江南的一些地区，“机户出资，机工出力”的私营丝织业普遍存在。机户不仅存在于城市，也存在于乡村，促使商业性市镇的大量涌现。

江南地区的商业性市镇不仅专业性强，而且在地域上十分密集。明代正德年间《姑苏志》所载该府市镇竟达 73 个之多，万历《湖州府志》所载该府市镇也有 20 多个。这些市镇充分发挥了手工业品集散中心的作用，大大促进了地区间的经济分工与合作，加强了地方市场与全国市场的联系，推动了区域经济一体化的进程，为资本主义萌芽的成长奠定了基础。

清代私营手工业持续发展，表现在生产规模的扩大和产品种类的繁多。不仅政府废除了匠籍制度，而且取消了许多对私营手工业的限制。如康熙年间，政府承认百姓自由开凿的盐井为其私产，取消了机户的织机不得超过百张的限制，革除了陶瓷业“当官科派”的弊政。

民营手工业的兴起，使官营手工业逐渐丧失在整个手工业部门的统治地位。在盐、铁、纺织、陶瓷、造船等行业中，民营比重不断扩大。据光绪《大清会典事例》中《内务府库藏织造》所载，乾隆十年（1745 年），官营丝织业共有织机 1863 张，分布在苏州、南京、杭州三地，比康熙时的 2140 张有所减少，而当时民营织机仅南京一地就有 3 万张。

民间棉纺织业的发展促进了染坊业、踹坊业、纺车业、锭车业、布机业等一批相关手工业部门的兴旺。如私营染坊业的兴旺，分工也更加专业化。康熙五十九年（1720 年），苏州有 64 家染坊，仅程益美号一家每年销布就达百万匹。在采矿业上，出现许多规模很大的私营手工业。他们拥有巨额资本，雇佣着大批手工业者。

（三）家庭副业手工业

家庭手工业脱胎于自给自足的自然经济。它无法完全脱离农业生产，只是作为农业的副业来维持农民必要的生活。一家一户的农业生产与手工业劳作相结合，便形成了中国传统社会的基本生产单位，也是数量最多的手工业的生产主体。

古语云：“一夫不耕，或受之饥；一女不织，或受之寒。”为了解决衣食需求，传统社会的个体农民必然要耕作、纺织相结合。因而，纺织业是家庭副业手工业中的主要部分。它可以用来满足农民的自我消费，缴纳赋税以及通过市场出售来贴补家用。早在原始社会，我们的先民就掌握了种麻织布、养蚕纺织的技

术。自从家庭作为农业生产单位开始，男耕女织就成为农业家庭中最基本的分工，纺织劳动也作为家庭副业而长期存在。《诗经·卫风·氓》中就有男子“抱布贸丝”的记载。《孟子·梁惠王上》也提出：如果在 5 亩大的宅院四周种上桑树，进行养蚕纺织，那么 50 岁以上的老人也会有衣可穿。

先秦时期，高级丝织品成为诸侯之间朝见礼聘的必备礼物。秦国法律规定，一定规格的布匹可以执行货币的流通职能。此类现象在后世朝代依然能见到。这在某种程度上，也促进了民间家庭纺织业的发展。随着纺织技术的交流和传播，家庭纺织业逐步在各地扩展开来。《尚书·禹贡》大致成书于战国时期，其中所载九州的特产中，纺织品的比重为数不少。如兖州（今山东西北和河北东、南部）的丝织品，青州（今山东东北部）出产的丝、麻织物，徐州（今山东南部和江苏、安徽北部）出产黑缯、白缯等丝织品，扬州（今江苏、安徽南部、浙江、江西、福建）出产苎麻织成的布等，荆州（今湖南、湖北、四川南部）出产玄纁色的丝织品等，豫州（今山东西部、河南、湖北北部）出产细葛、苎麻等织品。

当时，布帛不单单是农民生活所必需的，也是整个社会上至皇室贵族，下至士农工商所共同需要的。因而，历代皇帝都不遗余力地鼓励百姓种桑养蚕，纺线织布。为了解决巨大的布帛缺口，政府除了兴办官营纺织作坊外，还经常将赋税折变成布帛来征调。《孟子·尽心下》记载当时就有“布缕之征”的征收方式。

布帛正式成为赋税内容肇始于曹魏的租调制。嗣后，丝、绵、麻、布、绢等纺织品，成为农民每年缴纳的常规项目。在赋税制度变革的促动下，作为农户家庭副业的纺织业，更加普及起来，遍布全国各地。大量绢布以户调的方式，收入官府库藏之中。南朝宋时，少府库存征调的绢与绵达“钜万匹”。齐武帝时，政府命中央和各州共出钱 10060 万，向农民购买米谷、布帛、纹绢、丝绵等，说明当时家庭纺织业的繁盛。

唐代实行租庸调制，每丁需定期向政府缴纳一定数量的绢、绵、麻等。这便进一步促进了家庭纺织业的发展。民间的织品产量与花色品种明显增多，织

染技术也有所突破。

至两宋时，由于政府不立田制，不抑兼并，加之国土狭小，人烟稠密，导致人地矛盾极为突出。许多农户必须依靠家庭纺织业来维持基本的生活（见图1-5）。同时，丝织品作为当时向外输出的大宗商品，也加深了家庭纺织业的商品化程度，促使一些家庭开始将重心从农业生产向专业的纺织生产转移。

元代时，家庭副业手工业的结构又有重大变化。松江乌泥泾（上海旧城西南）

图 1-5　宋・王居正《纺车图》

人黄道婆年轻时流落海南岛，从当地黎族人民那里学会了运用制棉工具织布的技术，后回到家乡传授、改进技术。由此，棉纺织技术逐步推广开来，棉纺织业又成为农民家庭副业手工业的新成员。

明代时，棉花种植面积迅速扩大，棉纺织业、棉布加工业迅猛发展。松江府、苏州府和嘉兴府的一些地区的棉花种植甚至超过水稻的面积。明代棉纺织业成为自然经济的重要组成部分。宋应星《天工开物》记载当时“凡棉布寸土皆有”，“织机十室必有”。明代后期，在家庭棉纺织业进一步发展的基础上，某些地区的棉纺织业已发展成为专业性的商品生产。例如，松江的棉布“衣被天下”，家纺户织，远近流通；苏州一些地区挨家挨户纺纱织布，机声轧轧，日夜不休。明代棉纺织业的发达促进新型商业市镇的出现，以松江府华亭县的朱泾镇为代表。不过，

当时大多数棉布生产仍然停留在家庭副业手工业阶段，只是个别行业出现了资本主义性质的经营，如松江的棉布袜制造业。

丝织业也不甘落后。蚕桑和丝织业中心也集中在江南一带，且分布较广，太湖流域和浙西杭州、嘉兴、湖州等地都出现了丝织业市镇。如苏州府吴江县的盛泽镇。

清初，政府积极倡导、支持民间纺织业的复兴。江南地区，尤其是在苏、松、杭、嘉、湖五府地区，以丝织业和棉织业发达著称。康熙年间，上海县民间生产的青蓝布，每年达到30万匹。在江南地区商品经济的带动下，新兴市镇大量涌现。如浙江桐乡县的濮院镇、苏州的震泽镇、嘉兴的王江泾镇、湖州的双林镇和南浔镇，属于丝织业的名镇。松江的枫泾、朱泾、朱家角、新泾、安亭、硖石等镇，属于棉布业的名镇。

随着江南市镇的兴起，这一地区的家庭纺织业逐渐脱胎换骨，发展成为市镇中的私营纺织业。纺织收入也成为他们的主要生活来源，一部分人最终脱离了农业生产。嗣后，随着西方列强的入侵，中国的门户被彻底打开，大量的机器生产洋纱、洋布倾销入中国市场，土纱、土布等遭受巨大冲击，导致自然经济的家庭纺织业最终解体。

二、工匠制度

工匠作为一个特殊的群体，一般来说，他们拥有世代传袭的技术，且对外保密，具有一定的封闭性和不可替代性。他们可以铸造军事器械来武装军队，又能兴建土木工程来营造宫殿楼阁，还能制作巧夺天工的奢侈品来满足皇室贵族的特殊需求。在中国传统社会，工匠群体一直是一种相对稀缺的资源。历代王朝必然要进行强力控制，将能工巧匠尽数罗致在官府手工业的各个部门。（见图1-6）

从广义的角度来看，中国古代的官府工匠大致有三个来源：（1）政府强制

图 1-6　工匠图（清·光绪《钦定书经图说》）

征发服役的工匠。（2）政府给予一定报酬的雇佣工匠。（3）奴隶、刑徒、奴婢等。少数技术高超的工匠从事一些高级设计工作，而大量的普通工匠要在生产的第一线辛勤劳作，而奴隶、罪犯则没日没夜地从事繁重甚至高危的体力劳动。如在开采矿山资源和冶铸手工业中，主要劳动者是奴隶、刑徒、奴婢。如洛阳北窑的西周铸铜遗址的附近，发掘出一批小型土坑墓。其形制表现出殷代遗民的埋葬习俗，表明作坊中极有可能包含一定数量的殷人奴隶。

总的来说，中国古代的工匠的地位较为低下，一直受到政府的严密控制。由于重本抑末的思想一直贯穿中国传统社会，工匠与商贾一直视为“末业”，很难得到政府甚至普通民众的认可。这就形成了一个悖论：政府一方面极其需要工匠，一方面又轻视其地位。于是，恶性循环就出现了，由于待遇低下，工匠不免怠工、逃亡，而政府不得不加重对其人身控制，更加贬损其地位。在先秦的文献中，常把工匠与家内奴隶“臣妾”相提并论，次序排在庶人之下，或许就是这个原因。

西周时期实行“工商食官”制度，即工匠完全由政府控制。据《礼记·王制》，具有特殊技艺的百工“不贰事，不移官”，即不能改变职业，不能脱离官府，要世代服役。

春秋时期，管仲主张士、农、工、商要分业而居，“处工必就官府”。当时，有些奴婢出身的工匠甚至成为诸侯之间相互赠送的物品。公元前 589 年，楚令尹子重率领蔡、许两国进攻鲁国。鲁国招架不住，以执斫、执针、织纴工匠各百人贿赂楚国，求和成功。公元前 562 年，晋悼公伐郑，郑国献女工妾 30 人，女乐 16 人，与晋国结盟成功。由上来看，当时工匠的地位比较低下，有些甚至没有人身自由。但同时，当时工匠手握特殊的技术，为别国所无有。与珠玉金马一样，属于比较稀缺的资源。

如果政府驱使工匠，超过他们身体所能承受的极限，势必就会激起他们的反抗。据《左传》记载，公元前 478 年、前 469 年，卫国爆发了两次手工业者反对国君的暴动。起义的工匠手持兵器、斧子，向压迫者发起进攻。暴动的原因都是“公使匠久”，即国君差役工匠时间过久。

战国时，随着户籍制度的出现，工匠们被编入特殊的匠籍，来确保世世为官府服务，不能随意变更职业。这种专门的户籍成为束缚古代工匠人身自由的无形枷锁。

秦汉时期是大一统的中央集权的发轫时期。各项浩大的公共工程刺激了对工匠们的更多需求。如秦始皇修建骊山陵墓、阿房宫耗用劳力达 70 多万人。政府征发的手工业工匠以及服徭役的更卒仍然远远不能满足工程需求，只能大量使用廉价而易驱使的官奴婢、刑徒罪犯。在这些官府手工工场，具体负责管理的有令、丞、佐、工师等，从事生产的工人大多是官奴婢、刑徒。

汉代官府手工作坊里面大量使用刑徒也是不争的事实。在东汉都城洛阳南郊遗址，考古发掘出 500 多座刑徒墓地，这仅仅是墓地的一部分。死者躯体上、下放置名传，刻有狱名、刑名、姓名、死日等内容。这些刑徒多被判处四五年徒刑，绝大多数是青壮年，且戴有刑具。其中一刑徒墓砖铭文（见图 1–7）为“右部无

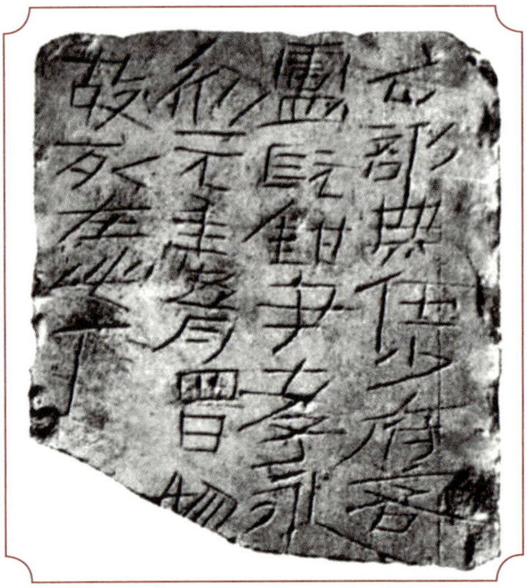

图 1–7　刑徒墓砖（河南洛阳东汉都城南郊遗址出土）

任少府若卢髡钳尹孝永初元年五月四日物故死在此下”[①]。他们生前应是在官府手工作坊里，如同牛马一般，被迫日夜劳作。

魏晋南北朝时期，长期战乱，经济凋零，人烟稀少，工匠逃散。当时，拥有技术的工匠愈发稀缺，成为各个政权争相抢夺、占有的对象。如孙策与周瑜率兵袭击袁术的皖城，抢得“百工”等人，迁往江南。晋朝灭吴后，宣布吴国“百工”等人愿意北迁的，免徭役 20 年。道武帝破燕以后，迁“百工伎巧”于京师。刘裕灭掉后秦，又迁移“百工”于建康，设置织锦署，从此江南才有了正式的织锦机构。不仅各政权之间互相争夺工匠，而且在国内也严格禁止私藏工匠。北魏初期，政府规定凡民间私养、私藏工匠，一经发现，要诛灭整个家族。宋朝廷讨伐刘诞叛乱时，将“私藏名工巧匠”列为其罪状之一。

在工匠群体沦为各国争夺的牺牲品的过程中，其地位却越来越卑微，要低于平民，只高于奴婢、衣食客。如北魏政府曾规定工匠不得与自由民通婚，不准穿着锦绣，并将工匠户籍按照行业划分为绫罗户、细茧罗縠户、金户、银户等。东晋南朝的工匠一部分是从民间征发而来。如吴国的交趾太守曾征发 1000 多名工匠到建业的官营手工作坊劳作。民间工匠因受到过分的役使，室如悬磬，

① 中国科学院考古研究所洛阳工作队：《东汉洛阳城南郊的刑徒墓地》，《考古》1972 年第 4 期。

家徒四壁。他们从事私营手工业，要受到严格限制，必须向主管官吏申报备案，才能制作出售产品。如《晋令》规定：做漆器出卖者，须先向主管官吏报名，才能制作。漆器做好后，必须用红漆写明制作年月以及工匠姓名。南朝后期，随着工匠不断地逃亡和斗争，他们的地位才略有改善。个别部门的工匠可以享受休假，给予雇值。

此外，罪犯仍是官营手工业的一个主要劳力来源。东晋王羲之曾建议：将减死罪及判 5 年徒刑的人充作“百工”。刘宋政府规定凡是反叛、淫盗等罪人要补充“冶士”，即从事冶炼铸造劳役。

隋代时，工匠制度有所调整。除了官奴婢、刑徒以外，还有长期服役的工匠、短期番上的地方工匠。短番匠每年六番，每番两月，轮流到京师或地方州县服役。工匠的自由仍受到较大的限制。如营建东都洛阳时，隋炀帝下令河北诸郡送工艺户 3000 余家到东都，并规定这些工艺户在建阳门东道、北临洛水的地方集中居住。随着手工业的发展，专门从事手工业的劳动者逐渐增多。大业三年(607 年)，政府曾在河北一地招募“工艺户”3000 多家。

唐代的工匠按照服役的长短和待遇的差别，分为长上匠、短番匠、和雇匠。其中，长上匠来自奴婢和刑徒，长年服役，地位低下，待遇恶劣。短番匠来自番户、杂户和州县应征的一般工匠。番户一年三番，杂户二年五番，每番服役 1 月，一般工匠岁役 20 日，服役期间不给任何报酬。和雇匠为临时雇用的工匠。报酬没有一定的标准，大体每日合绢 3 尺。此外，明资匠、巧儿匠也都属于和雇匠一类，他们的技艺水平较高。武则天时期，少府监有绫锦坊巧儿 365 人，内作使绫匠 83 人，掖庭绫匠 150 人，内作巧儿 42 人，他们都是和雇的。和雇工匠身份虽较为自由，但他们在补为正式工匠后，便被束缚在官府之中。如织锦巧儿大多为青年女性，多从民间私营作坊选来，一旦选入宫中，便终身为宫廷服务，直到老死。就是散在民间未被选入宫中的巧匠，若被官家选定为“贡绫户”，也往往终身不得出嫁。

唐代在中央、地方都设有各种作坊，使用着大量的手工工匠。其规模很大，分工细密。据《唐六典 · 尚书工部》载，少府监役使的技能工匠达 19850 人，将作监所属工匠也有 15000 人。

唐朝中期以后，随着商品经济的迅速发展，工匠的人身依附关系开始放松，和雇的工匠制度逐渐普及开来。

北宋官营手工业的工匠主要有两种：一是从民间和雇来的，称“民匠”。和雇带有一定的强制性，民间的手工业者必须轮流承担，由官府支付雇值和食钱，倒不难招雇。民匠多数具有熟练的技艺，亦称“高强匠人”。按技艺水平的高低划分等级，雇值各有不同。二是从厢军中调遣来的，称“兵匠”或“军匠”。兵匠数量较多，但不掌握专门的技艺，只从事一般的体力劳动。兵匠只得食钱，不得雇值。

南宋的工匠也分民匠和军匠两种。民匠由各地按户籍轮流差派，每 40 天一轮换，雇值较低。宋孝宗备战时，曾役使工匠 5700 多人。政府还时常征调机户到官营锦院织锦，或织造盐袋等。由于官府的征调过于频繁，使得一些机户被迫改从他业，导致某些有特色的纺织品逐渐消失。军匠主要是由各州军调拨的兵士。

元代政府按职业分工编定户籍，对手工业者实行匠户制度。匠户长期服役，职业世袭，不准改行。匠户大致分为两种：系官工匠和民匠。前者编隶于官府的各种手工业局院。他们从官库支领物料和物料钱、口粮、衣装以及盐钞，为有关局院完成定额产品。完成任务后，可以自行制造。他们的田地，1 顷以内免征税粮，他们不负担杂役。而民匠则根据需要进入官办手工业局院造作。劳作期内与官匠的待遇等同，有的制成产品后还另附工价。此外，元代的窑冶户、盐户虽然没有编入匠户之中，但实际上他们也属于手工业工匠一类。窑冶户由国家提供生产工具，无科差负担，并能得到工本钞。盐户有盐田和产柴薪的荡地，并得工本，但要负担税粮、科差，待遇相对低些。

明初对元代的匠户制度进行调整，分匠户为住坐匠和轮班匠。轮班匠定期服役，属工部；住坐匠集中于京师附近，属内官监。其中，住坐匠 1 个月上工

20天，拥有一定的空闲时间，人身依附关系有所松动。

明代中期，政府大兴土木，匠役繁重。再加之官府私役工匠，克扣工钱，有时还需工匠自己垫付作工原料，最终导致了匠户陆续逃亡。如明英宗天顺四年（1460年），逃亡匠户达到38400余名。

面对匠户的纷纷逃亡，明政府开始改革匠户制度。成化二十一年（1485年），实行班匠银制度，规定轮班匠可以出银代役，无钱的仍可轮班服役。嘉靖八年（1529年），班匠银制度在全国强制实行，不许工匠私自赴工部服役。到万历四十三年（1615年），全国住匠户只剩下15000人，仅占应服役官府工匠的1/10。由此，政府可以用收缴的匠银来雇佣工匠生产，从而雇工制迅速发展起来。同时，实施纳银代役使工匠获得了充足的时间，调动了生产的积极性，增加了经营的自主权，促进了全社会私营手工业的迅猛发展。

清代顺治二年（1645年），政府宣布废除匠籍，命令各省除匠为民，免征京城匠班银。康熙三十六年（1697年）以后，各省的匠班银陆续并入地丁银中，匠籍制度也就完全废除了。匠籍的废除有利于减轻手工业者的沉重负担，刺激民间手工业的蓬勃发展。此后，官府手工业的工匠都采取雇募形式，官府作坊的生产规模逐渐缩小。

从表面上看，清代最终废除几千年的匠籍制度，是明代纳银代役制度继续发展的结果。实际上，其内部原因为：（1）匠籍制度的成本太高，管理环节弊端太多，工匠生产积极性不高，生产效率低下，且大量逃亡。（2）随着明清时期生产力的提高和商品经济的大为发展，手工业技术逐渐普及，工匠不再是一种稀缺的资源，也就没有必要保持成本高昂的匠籍制度了。

三、作坊制度

作坊制度可以按性质划分为官营手工作坊与私营手工作坊。一般来说，前者分工缜密，专业化程度高，资金雄厚，工艺技术先进，但管理死板僵化，效率低下。后者规模较小，生产技术相对落后，资金不足，但经营灵活多样，生产高效。

（一）官营手工作坊制度

官营手工作坊主要生产朝廷和皇室消费的日用品、奢侈品以及军需品。其中以兵器等军需品的需求量最大。政府专门设有机构来管理官营手工作坊。如《管子·立政》说："论百工，审时事，辨功苦，上完利，监一五乡，以时钧修焉，使刻镂文采，毋敢造于乡，工师之事也。"规定工师的职责是定期考核百工，审查四时的生产任务，检查产品质量的优劣，交付完好坚固的产品，监督所属五乡的手工业，按时节调节生产，禁止制作华而不实的无用产品。

官营手工作坊内部建立了产品质量责任制。《吕氏春秋·孟冬纪》载："物勒工名，以考其诚；工有不当，必行其罪，以穷其情。"就是要求将工匠的名字刻在自己所制作的器物上，以备考核工匠是否诚实做工。如果发现工匠有不当的行为，必须要核定罪行，穷尽实情。考古发现的官营手工业产品的铭文，完全可以证明这一点。如山西高平出土的秦国"卅八年上郡戈"的铭文中就记有郡守、丞、工匠的名字[①]（见图 1-8）。湖南长沙出土的楚国漆奁的铭文中也有丞、右工师、工的名字。从上述器物铭文来看，产品上不仅仅刻有

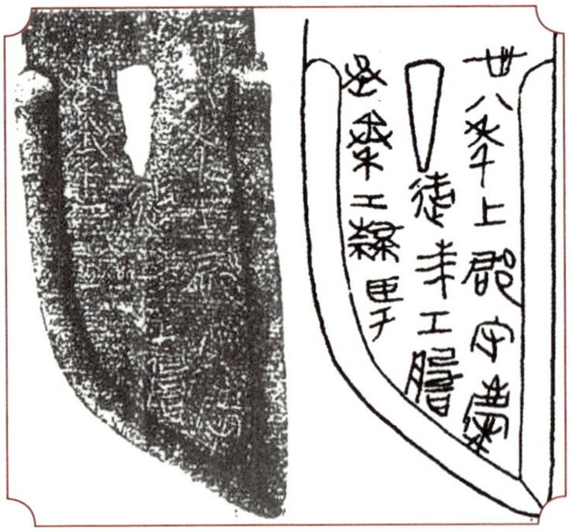

图 1-8　秦上郡戈的铭文拓片与摹文
（山西高平出土）

① 郎保利：《长平古战场出土三十八年上郡戈及相关问题》，《文物》1998 年第 10 期。

制造工匠的名字，还包括各级官吏负责人的名字，责任划分相当明确。如上郡戈铭文中有郡一级的郡守，负责管理手工制造的工师、丞以及具体作戈的工匠。也就是说，如果戈的质量发生问题，不仅制作工匠负有直接责任，而且相关官吏也要承担责任。一般来说，由于有较为严格的管理制度，官营作坊产品不仅质量优良，而且在技术、式样上也对民间作坊起到一定的示范作用。

由于官府手工业的规模较大，人数众多，必须实行彼此分工、相互协作的制度。如《韩非子·解老》云："工人数变业则失其功，作者数摇徙则亡其功。"就是说工人频繁变换工种，就会丧失效率；劳作之人经常变换人选，就会失去效率。在官营作坊内，只有合理安排各工种的分工、协作，才能保证效率的提升和质量的提高。如汉代在蜀郡、广汉等地设有官营漆器作坊。漆器的生产工艺极为复杂。《盐铁论·散不足》说道："一杯棬用百人之力，一屏风就万人之功。"漆器的具体工种分为素工、雕工、髹工、上工、铜扣黄涂工、画工、清工、造工、供工等。如此众多的工艺程序，光靠一个工匠从头到尾劳作，不仅仅是效率低下的问题，更重要的是他穷尽一生，也很难精通各个程序的漆器工艺。这便是分工协作制度的妙处所在。

唐代官营手工作坊的分工也很细。据《唐六典·少府监》记载，少府监下的织染署，是专门生产"天子、太子、群臣之冠冕"的机构。其下设作坊共 25 个："凡织纴之作有十：一曰布，二曰绢，三曰絁，四曰纱，五日绫，六曰罗，七曰锦，八曰绮，九曰絅，十曰褐。组授之作有五：一曰组，二曰绶，三曰绦，四曰绳，五曰缨。䌷线之作有四：一曰䌷，二曰线，三曰弦，四曰网。炼染之作有六：一曰青，二曰绛，三曰黄，四曰白，五曰皂，六曰紫。"

明代的官办纺织作坊分工细密，专业程度也很高。如苏州织造局内就有总高手、高手、管工、管经纬、管圆经、管扁全、管段数、管花木、催料、拣绣匠、挑花匠、倒花匠、折段匠、结综匠、烘焙匠、画匠、花素机匠等众多工种。

清代时，随着匠籍制度的废除，官营手工业的工匠多以雇工的形式。各官营作坊都制定了工资标准，分为计时工资和计件工资。其标准也不低于当时劳动力的市场价格，且按技术的高低难易，给予相应的报酬。如苏州织染局的机匠工资，锻纱花机每日工银一钱五分，锻素机每日工银一钱三分五厘。挑花匠和画匠每月各为工银二两,而倒花匠每月给工银五钱。这些都是计时工资的形式。而车匠、染匠等工种则采用计件工资的形式。

（二）私营手工作坊制度

私营手工作坊内一般实行学徒制度。师傅大多与家属、学徒同吃同住，一起劳动。学徒在学习期间，要承担繁重的体力劳动，除供给饭食外，无劳动报酬。但是，学成之后一般可单独经营。根据现存清代的一些《投师文约》来看，当时的学徒制度还是比较严格的。先要举行拜师仪式，送交见面礼。然后，还要签立文约,厘清责任。学徒的年限为 3 年。如果学徒中途退出,要交还师傅饭食钱。如果师傅未教满 3 年，要支付学徒工钱。最后，学徒结业后，还要宴请师傅，送礼感谢。此外，每个行业都有各自的学徒制度。行会为了维护本行业的利益，对学徒的人数、劳动就业以及人身自由等都有一定的限制。

春秋战国时期，随着“工商食官”的逐渐打破，在私营手工业中，师傅带徒弟的现象就较为普遍了。《庄子・人间世》就记载匠师向其弟子就某社树的材质进行耐心教导的故事。师傅向弟子传授生产技术、经验是中国古代手工业技术传承的一个重要途径。如《管子・小匡》云：“其父兄之教，不肃而成；其子弟之学，不劳而能。”其中“父兄之教”是指家庭内部生产技术的世代传授；“子弟之教”就是师傅、徒弟之间的技术传承。

当然，为维护自己的生路，师傅对于一些特殊的技艺秘方是严格保密的，不向外人传授,只在家庭成员中世代相传,以父子相承为主。据陆游《老学庵笔记》记载，当时亳州地区出产轻纱，只有两家人掌握其生产的核心技艺。为了确保世代垄断这一技术，两家子弟竟然世世缔结婚约，以防止技术外泄。特殊情况下，核心技艺也传给女儿，而女儿需要嫁给相应的专业匠户或终身不嫁。如唐代元

稹《织女词》所云:“东家白头双女儿,为解挑纹嫁不得。”如果没有子女继承的话,有时也传给自己嫡系弟子。这种技术保密在一定程度上阻碍了手工业技术的传播、普及，古代一些工艺的失传与此不无关系。不过，在当时没有建立技术专利制度的条件下，这也是穷尽毕生来创新工艺的高级工匠的无奈之举。

至宋代，随着商品经济的发展，坊市制度的彻底打破，许多城市的私营作坊沿街经营，亦工亦商，采用前店后坊的形式进行生产、批发、零售。城市的私营作坊数量比前代大为增多。许多工匠是从农村的中下阶层中分离出来的，凭借所掌握的技艺到城市中来谋生、打拼。当时，私营作坊也具备了一定的品牌意识。宋代的手工业品上面大多刻着店号或制作者的名字，以独特、优质的产品来建立自己的品牌。

明清时期，随着匠籍制度的逐渐废除，私营手工业开始超越官营手工业，进入了一个迅猛发展的黄金期。随着私营作坊规模的扩大，雇工劳动在作坊中所占比重也不断增长，最终在南方一些地区出现带有资本主义色彩的手工业工场。例如冯梦龙的《醒世恒言》中记载苏州盛泽镇丝织业主施复的发家历程。嘉靖年间，施复夫妇在家中开了一张织机，种树养蚕，妻络夫织。由于他们的织品光彩润泽，质量上乘，投入市场后，便销售一空。不到十年，他们利用积累的千金家产，继续扩大再生产，买了两所大房子，开设三四十张织机，雇佣大量机工,成为大规模的丝织作坊。由此,原本“妻络夫织”的家庭作坊演变成为“机户出资，机工出力”的雇佣手工工场。在此类手工工场内部，一方是拥有织机、房舍等生产资料的机户，通过购买劳动力来增殖资本;另一方是一无所有的机工，需要出卖劳动力维持生存。两者之间是雇佣与被雇佣的关系，没有超经济的人身依附关系,更不是传统手工作坊的师徒关系。这种手工工场分工很细,有络工、拽工、织工、牵经工、刷边、运经、紮扣、接头等工，甚至采用流水作业的操作方法，大大提高了生产效率。

明代，云南的铜矿开采业中也出现了新型的雇佣关系。“硐头”获得官方的

铜矿开采权后，投资兴场，雇佣“义夫”。硐头是指矿场经理，义夫是指矿工。最终的铜矿收入分为四部分：一为缴纳官课；一为报销“硐头”支出的公私经费；一为硐头所有；一为义夫按人头分红。由上来看，硐头与义夫之间是一种雇佣与被雇佣的新型生产关系。

清代时，随着手工业中资本主义萌芽的增长，一些手工业工场规模巨大，拥有巨额资本，雇用大量劳力，甚至形成了几个独立生产阶段相联合的综合性工场。

据屈大均《广东新语》记载，在清初广东的矿冶工场中，一个炉场就有 300 家居住。其中，司炉者 200 人，掘矿者 300 多，汲者、烧炭者 200 多，用来运输的牛 200 头，船 50 余艘。从开矿、烧炭、冶炼到运输，形成了完整的生产线，并且带有综合经营的特点。

陕西、川北的秦岭大巴山的冶铁手工工场，包括采木烧炭、开山采煤、矿石冶炼、器具铸造、运输等生产环节，是由多个生产阶段所形成的联合组织。炼铁炉高达 5 米，每炉匠人 1 名，辅助工人数十人，再加上运输、开石、挖矿的工人，一座高炉用工上百人。有的工场拥有高炉六七座，雇工不下千人。铁板炼成后，还要就近制造锅、农器，又需要工匠、搬运工千余人。

不过，明清的新型手工工场还是一直处于封建政府的管制之下。雍正时，在棉纺织业发达的苏州地区，在阊门一带就有专门开设踹坊的包头 340 多人，设踹坊 450 多座，踹匠总数在 1 万人以上。包头拥有生产资料，招集踹匠，由包头向客店领布，交给踹匠研光。踹坊内部关系是客店业主、包头共同剥削踹匠，属于雇佣与被雇佣的新型生产方式。同时，踹匠又被编制在封建的保甲制下，由作头稽查，其人身受到保甲制和把头制的双重约束。

四、行会制度

行会是古代手工业者与商人的社会组织。中国的手工业行会在唐代就已经

出现了。行会的产生应是政府与工商者两方面合力的结果。对于政府来说，要管理、摊派工商行业，需要有个中间代理人。对于工商业者来讲，随着商品经济的发展，同行业内部竞争日益加剧。为避免恶性竞争，维护自身利益，也需要一个共同的组织来调解、管理。行会的产生是城市工商业发展的产物，对当时工商业的发展也起了一定的积极作用。

唐代实行坊市制。据宋代宋敏求《长安志》记载，东市（在今西安城墙外的东南方位）有商铺7万多家，有220个行，包括绢行、织锦行、大衣行、秤行、金银行等。当时的行会组织较为松散。每一行业有各自的行规，设有行首或行头。行首对内主管行务，对外充当该行的代表。为避免同业内部之间的恶性竞争，行会对业内的产品价格、学徒待遇等有统一的规定。手工业行会和商业行会多半是同时出现。它们属于一种享有独占特权的团体，依靠官府的保护进行活动，逐渐成为政府控制城市工商业的有效工具。（见图1–9）

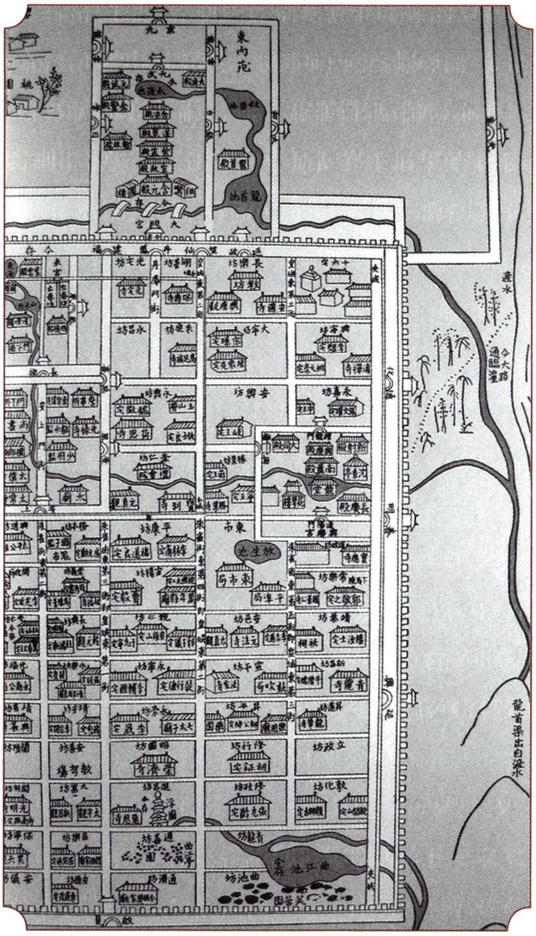

图1–9　唐长安城东部示意图（清·王森文）

宋时，随着手工业的分工扩大，按不同工种划分的“行”多达几百个。如临安的市场上，工商业的行多达440个。由于坊市制度的打破，行会组织不得不较唐代更严密。新来的工匠必须先赴官投行，否则被视为有罪。同一类的生产作坊聚集在一起，组成行或团。每个行都有官府指定的行头或行老。行头是由财力丰实的上户轮流担任，有权制定行内产品的价格。行的主要作用是协调行内的各种关系，避免同行过度竞争，安排行内工匠到官府应役。许多行还划定自己的经营区域，严格限制行外同业工匠进入经营。此外，各行都有自己的宗师、社日、娱乐活动等。

行也是宋代官府控制工商业者，强行征调人力、物力的工具。其中，科索是政府向行户摊派的临时性赋税；和买是指政府向行户强制采购货物。虽然表面上政府与行首议定价格，但官方总是压低价格，实际上成为变相的科索。

明清时期，随着私营手工业的突飞猛进，手工业和商业行会有分离的趋势。当时行会的形式为会馆、公所。其中，会馆多是外地同乡商人的组织，侧重于商业；公所大多是手工业的同业行会，侧重于手工业。会馆、公所的组织更为严密，设有行规、业规、帮规等制度，逐渐成为本行业的一种垄断势力。

清代的行会日趋成熟，在生产经营和劳动管理等方面已形成一套完善的制度。行会的性质既是社会性的，又是互助性的。康乾时期，会馆、公所的建立进入全盛时期。例如，明清时期，苏州共建工商会馆47所，其中建于康熙、乾隆年间的达到29所，嘉庆之后只建有12所。①

清朝后期，行会进一步摆脱了官府的约束，显现出民间组织的性质，开始发挥自己应有的职能作用。清代每个手工行业都制定了自己的行规。主要包括以下四个方面：

① 参见吕作燮：《试论明清时期会馆的性质和作用》，南京大学历史系明清史研究室编：《中国资本主义萌芽问题论文集》，江苏人民出版社1983年版，第189页。

（1）对本行的原料和产品价格的统一制定，避免恶性竞争。如广东佛山花盆行详细列出了 340 余种不同产品的名称和价格，并规定了各种产品的尺寸大小和工艺标准。湖南安化的石、木、锯、泥各行工匠组建的鲁班会，在 1907 年就因成本增加，统一决定提高工价，即加价 10 文。同时，行会对本行产品的质量上也有规定，以维护本行业的社会信誉。如上海珠玉业新汇市公所严格禁止销售珠宝、翡翠赝品的不法行为。如有发现，要立案究办，决不宽贷。

（2）规定学徒、帮工等工人的劳动时间和工职待遇，以调和劳资关系。如苏州浙绍公所的同治九年章程规定：徒弟第一年的工钱为每月 500 文。行会有时也履行一定的慈善救济职能。如上海乌木公所规定：如行内之人死后无钱埋葬的，其亲族可去公所领取棺殓费。

（3）制定学徒制度，限制同业人数，规定生产规模，避免行业内部的过度竞争。如苏州金箔作严禁其成员多招学徒，只允许招收学徒一名。湖南邵阳铜货店的条规规定：每店只能开炉两座，不准多置。湖北汉口铜匠行对铜水烟袋制作过程规定：每一只烟袋只能一人制造，不能实行内部分工。

（4）祭祀信仰等集体活动的相关规定。如 1849 年，北京猪行公议条规规定：如果有新开猪店，必须在财神圣前献戏一天，设筵请客，方可上市。

总的来讲，会馆、公所一类行会组织，对于保护手工业者自身利益，调整手工生产的正常秩序，化解行业内部矛盾，起到了一定的历史积极作用。但是，作为一种封建组织，行会对于行外人员进行盲目限制、排挤，具有较强的保守性。行会纷纷订立行规，严禁小作坊的师傅、帮工实行内部分工，也影响了手工业技术的提升。因而，随着商品生产的发展及地区市场的扩大，行会在一定时期又反过来阻碍了经济的进一步发展。

第二章 冶铸业

青铜在一般意义上是铜与锡的合金，又称为“锡青铜”。中国古代青铜的采冶是将铜矿石、锡矿石分别冶炼成纯铜、锡，然后把铜和锡按不同的比例炼制成青铜锭。在湖北大冶铜绿山、湖南麻阳九曲湾、内蒙古赤峰林西、江西瑞昌铜岭及安徽南陵、铜陵等地都发现了古代采冶铜矿遗址。中国古代青铜文化所呈现的独特性和统一性，说明青铜冶铸技术在中国具有独立的起源。它在世界物质文明史上占有重要的历史地位。

我国许多地区都有丰富的铁矿藏。在古代中原地区，发达的青铜技术使其成为中国古代冶铁工艺的摇篮。在公元前6世纪前后，中国就发明了生铁冶炼技术。而在欧洲，虽然很早就掌握了块炼铁技术，但直到14世纪才学会利用生铁。中国还是世界上最早生产钢的国家之一。我国经过块炼法、百炼钢、炒钢法的发展历程，至魏晋南北朝时期发明了先进的灌钢法。它是早期炼钢技术一项最为突出的成就。在世界钢铁发展史中，至少在明代以前中国一直走在前列。

金银器是以金银贵重金属为材料，具有较高的经济、文化价值。中国古代金银器不仅技艺精湛，集装饰性与实用性于一身，而且注重科学性与艺术性相结合，生动表现了中国古人追求富贵、吉祥的美好愿望，显示出别具一格的民族文化韵味。

中国货币历史悠久，种类繁多，形成了独具一格的货币文化。先秦时期，各诸侯国实行不同的货币制度，出现了刀币、布币、圜钱、蚁鼻钱四大货币体系。秦统一中国后，圆形方孔钱成为中国货币的主要形制。到北宋时，四川地区出现了世界上最早的纸币——交子。明代后期，中国进入白银时代，白银也成为人们日常的流通货币。

商代开始使用青铜铸造刀、枪、钺等兵器。战国时代，人们开始利用铁来铸造兵器。到了两汉魏晋时期，随着冶金业的进一步发展，政府普遍使用铁、钢铸造刀、枪、剑等，兵器的品种也逐渐增多。南北朝以后，原有铜制的兵器基本被铁和钢代替。宋代与明代是中国火器生产的两个高潮时期。到了明代，十八般兵器基本上已完备定型。

一、青铜冶铸业

中国古人最初是使用自然铜。商代早期，人们已能用火法炼制铜锡合金的青铜。冶炼青铜的过程较复杂，大概是先把选好的矿石加入熔剂，再放在炼炉内，燃烧木炭熔炼。等火候成熟，提取精炼铜液，弃去炼渣，即得初铜。初铜仍比较粗糙，需再经提炼才能获得纯净的红铜。红铜加锡、铅熔成合金，即是青铜。

商代后期，青铜冶铸业臻于鼎盛，能熟练地使用多种分铸法，铸型工艺也趋于规范化。青铜器物种类繁多，有礼器、生活用器、兵器、生产工具、车马器和乐器等。大型铸件用竖炉熔铜，由槽道浇注。器物的合金配比也初步形成规范。《考工记》一书分别记载了六种青铜器物中不同合金成分的比例，称之为“六齐”，体现了古人对青铜器硬度与韧度的准确认识。商代出土青铜器以司母戊鼎（又称“后母戊鼎”）最为著名（见图 2-1）。它出土于河南安阳，是商王为祭祀其母戊所铸造。鼎呈长方形，口长 112 厘米，口宽 79.2 厘米，壁厚 6 厘米，连耳高 133 厘米，重达 832.84 公斤。鼎身雷纹为地，四周浮雕刻出盘龙及饕餮纹样，反映了中国青铜铸造的超高工艺和艺术水平。据估计，铸造司母戊鼎至少需要 1000 公斤以上的原料，且要在二三百名工匠的密切配合下才能完成。经测定，鼎含铜 84.77%、锡 11.64%、铅 2.79%，与《考

图 2-1　司母戊鼎（河南安阳殷墟出土）

工记》所载制鼎的铜锡比例基本相符。[①] 司母戊鼎是迄今中国出土最大、最重的青铜礼器。

西周时期，陶范铸造得到进一步推广，出现了新的器形、纹饰，形成了独特的风格。如有些青铜器内铸有长篇的铭文。当时青铜器的技术进步表现在铜质芯撑的普遍使用，铜器足部从原来与内腔相通改变为封闭式等。考古学家通过对安徽贵池东周矿冶遗址出土的铜锭和炼渣的检验和研究，证明了至少在西周时期，匠人们已经掌握了硫化矿炼铜技术。[②]

春秋中期以后，青铜铸造的技术进步突出表现在超薄壁铸件的铸造。随着失蜡法和低熔点合金铸焊技术的发明，青铜器铸造工艺有了显著的改进，从先前较为单一的范铸技术转变为浑铸、分铸、蜡铸、软焊、硬焊、锻造等多种金属工艺的综合运用。例如，1965年，越王勾践剑于出土于湖北江陵望山1号楚墓中，剑出鞘时，寒光逼人，锋利无比（见图2–2）。它采用了先进的复合金属铸造工艺。其工艺过程大致是先浇铸含铜量高的剑脊，然后再浇铸含锡量高的剑刃。剑脊含铜较多，能使青铜剑韧性良好，不易折断。而刃部含锡量高，硬度大，则会使青铜剑更为锋利。此外，它还采用一种特殊而精湛的表面合金化技术，使得青铜剑表面既产生装饰效果，又具备防腐蚀的功能。[③]

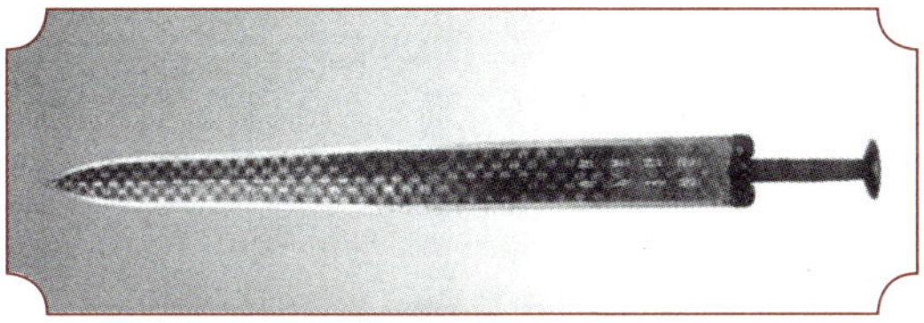

图2–2 越王勾践剑（湖北江陵望山楚墓出土）

① 参见杨根、丁家盈：《司母戊大鼎的合金成分及其铸造技术的初步研究》，《文物》1959年第12期。

② 参见张敬国、李仲达、华觉明：《贵池东周铜锭的分析研究——中国始用硫化矿炼铜的一个线索》，《自然科学史研究》1985年第2期。

③ 参见乔爱梅：《从越王勾践剑铸造工艺看春秋时期青铜冶炼技术》，《文物鉴定与鉴赏》2015年第2期。

战国时期，随着商品交换的发展，许多青铜器物趋于素朴，讲求实用。货币、带钩等小器件的大批量生产，也促进了一型多用、叠铸工艺的发展。

秦汉的青铜冶铸技术继续发展，主要表现在叠铸法的技术成熟以及钱币、铜镜、铜鼓、鎏金器物的铸造。汉代钱币采用铜范或陶范浇注，合金成分相当稳定，铜镜的合金配比更为严格，能够利用铸造的残余应力和铸后错磨制作出堪称一绝的透光镜。

到秦汉时，随着铸铁技术的发明和铁器的推广使用，在兵器、工具等方面，铁器逐渐占据了主导地位，而陶瓷器皿在生活用品中占据了主要地位，于是青铜器开始淡出了历史的舞台。

（一）青铜器的铸造工艺

中国古代青铜器的铸造一般要分为四道程序：

制模　模，也称为“母范”。其原料主要是陶、木、竹、骨、石等，而已经铸好的青铜器也可以用作模型。具体选用何种质料要依铸件的几何形状而定，且要考虑花纹雕刻与拨塑的方便。一般来说，形状细长扁平的刀、削的模，可以用竹、木削制而成；较小的鸟兽动物形体可以用骨、石雕刻为模；对于形状厚重，比较大的鼎、尊等，可以选用陶土为模，以便拨塑。

制范　制范要选用适当的泥料，其主要成分是泥土和沙。用泥料敷在模型外面，脱出用来形成铸件外廓的部分，在铸造工艺上称为“外范”。外范要分割成数块，以便从模上脱下。除了外范，还要用泥料制成一个与容器内腔体积相当的范，通常称为“芯”，也称为“内范”。然后使内、外范套合，中间的空隙叫作“型腔”，其间隔距离就是所铸器物的厚度。

制范的过程中，在调配泥料含水量的同时，还必须混有草木屑、草料、烧土粉、炭末等。此举既可大大减少陶范收缩率来保持器物的原形，又能增强透气性，避免在塑成后因干燥、焙烧而开裂。

商周时期制作陶范的泥料，都用黏土和砂配制而成，经挖取、破碎、筛选、

混合、揉制等多道工序，使泥料具有良好的塑性。一些陶范火候较高，质硬发青，接近半陶质或陶质。（见图 2–3）

图 2–3　商代陶镞范（河南郑州二里岗出土）

浇注　在临浇注前，先要进行范的预热。预热温度以摄氏 400 ～ 500 度为佳。预热时要将范芯装配成套，捆紧后用以泥沙或草拌泥糊严实，再入窑高温焙烧。为了防止铜液压力将范涨开或高温引起的范崩，所以焙烧好的型范需埋置于沙坑中并外加木条箍紧。

范预热准备好后，将熔化的铜液（1100 ～ 1200 度为宜）注入浇口。器物要倒着浇，是为了将气孔与铜液中的杂质集中于器底，使器物中上部致密，花纹清晰。浇入铜液时应该掌握好速度，以快而平为宜，直到浇口气孔（范上留有的通气孔）皆充满铜液为止。待铜液凝固冷却后，即可去除范、芯，取出铸件。

青铜工匠们在长期劳动实践中创造了分铸法。分铸法是先将器物的小件如提梁、把手等浇铸成，再将小的铸件嵌放在器的主体范上加以固定，与待铸青铜器固定或活动部件的空腔套嵌在一起，中间再用范料隔开。这样，先铸的部件和器体就能固定或套铸在一起了。与此相反，有的器物是先铸器体，再合铸附件或附饰。这种将分铸好的器身和耳、足等附件连接起来的方法就称为“焊接法”。它是分铸法中极其重要的一环。

在商代，出现了最早的分铸法。不过，它只在铸造形制较为复杂的青铜器时才使用。例如，1938 年湖南宁乡出土的商朝晚期青铜礼器四羊方尊（见图 2–4），其每边边长为 52.4 厘米，高 58.3 厘米，重量 34.5 公斤，长颈，高圈足，颈部高耸，四边上装饰有蕉叶纹、三角夔纹和兽面纹。尊四角各塑一羊，肩部四角是 4 个卷角羊头，羊头与羊颈伸出于器外，羊身与羊腿附着于尊的腹部及圈足上。同时，方尊肩饰为高浮雕的龙纹，尊四面正中即两羊比邻处，各一双角龙首探出器表，

图 2-4　四羊方尊（中国国家博物馆藏）

从方尊每边右肩蜿蜒于前居的中间。四羊方尊是用两次分铸技术铸造的，即先将羊角与龙头单个铸好，然后将其分别配置在外范内，再进行整体浇铸。整个器物用块范法浇铸，显示了高超的铸造水平。①

到了西周，绝大部分青铜器的附件都采用了分铸法。不过，在制范时，仍是将器身和附件合在一起做一个整模，再从整模上翻出分范。这种分铸法还是相对落后。

到了春秋中晚期，不但器身和附件分别单独做模，而且器身也按着形制的弧度做出许多模，因而青铜器型变得精美细致。这个时期的焊接技术延续了商、西周以来的嵌入法，将预先铸好的附件嵌入器身范上，进行一次浑铸，且使用较前代更为普遍。此外，还出现了使用方块印模法来印铸花纹。

修整　铸件在去掉陶范后，还要经过锤击、锯锉、錾凿等多道工序来进行修整，以消去多余的铜块、毛刺、飞边。只有当一件光亮整齐的青铜制品呈现时，才算最终完工。

（二）青铜器的装饰工艺

金银错工艺是指在青铜器上刻画金银纹饰的方法。中国古代金银错的装饰题材主要有铭文、几何纹图案、动物纹、狩猎纹等。考古资料证明，金银错工艺在春秋中晚期就已经出现，是中国古代科学技术发展到一定阶段的产物。

① 参见文述、黎鑫：《失而复得的四羊方尊》，《中国文化报》2010 年 11 月 3 日。

春秋后期，青铜兵器上也广泛使用了金银错工艺，主要是金错铭文，以鸟篆文最为多见。战国、两汉时期，金银错青铜器已被广泛应用于人们生活的各个领域。目前发现的金银错青铜器已数以千计。古代青铜器的金银错工艺主要有镶嵌法和涂画法两种。

镶嵌法　中国古代金银错青铜器，有相当一部分采用镶嵌的装饰方法。镶嵌法又叫“镂金装饰法”，其制作过程分四步：（1）制作刻好凹槽的母范。先刻好凹槽的目的是便于器物铸成后，在其内镶嵌金银。（2）錾槽。在整个的铜器铸成之后，还需要在凹槽上加工錾凿出精致的纹饰。这种做法也叫作“镂金”，即青铜工匠们在器物表面用墨笔绘成纹样图案后，再进行錾刻浅槽。（3）镶嵌，即把金丝或金片镶嵌在刻镂好的凹槽中。（4）磨错。镶嵌后的青铜器表面还不够光洁、平整。如果要使金丝或金片与铜器表面自然平滑，就必须用错石打磨，以便外表呈现自然合缝的美观效果。

涂画法　汉人将“错”字解释为“金涂也”，就是指涂画法。事实上，不止在汉代，早在战国和秦朝的金银错铜器中已经使用此种方法。不少考古发现的精美金银错青铜器，在金银错纹饰脱落的地方，没有任何凹痕，应该是涂画上去的，不是镶嵌上的。如 1987 年河北平山中山王墓出土的金银错虎吞鹿器座，其器物上虎尾部分的金错纹饰脱落了一小块，而脱落处没有丝毫凹痕，应该是用涂画法制作的。

二、钢铁冶铸业

原始先民最早使用的是天然铁。目前中国发现最早的铁器是 1972 年在河北藁城台西村商代中期遗址中出土的一件铜钺，其上镶有铁刃。经检测，它是一种含镍较高的陨铁。我国许多地区都有丰富的铁矿藏。尤其是青铜冶炼技术高度发展的中原地区，成为中国古代冶铁工艺的发源地。春秋战国之交，中国就已进入铁器时代。我国的块炼铁和生铁冶炼两种工艺几乎是同时产生的。

块炼铁　块炼铁的方法即固体还原法。在古代，炼铁的原料主要是富铁矿石（赤铁矿）。当时炼铁使用木炭作燃料，热量少，加上炉体小，鼓风设备差，导致炉温比较低，不能达到铁的熔炼温度，所以炼出的铁是海绵状的固体块。因此还需要趁热反复锻打，挤出杂质，得到块炼铁。其缺点是费工多，劳动强度大，生产效率低。优点是含炭极低，接近于纯铁，熔点较高，质地柔韧，易于锻造加工。如在江苏六合程桥就出土了春秋晚期的块炼铁铁条。春秋晚期，人们在反复锻打块炼铁的实践中，逐渐掌握了块炼铁的渗碳成钢的技术。例如长沙杨家山 65 号春秋晚期的楚墓中曾出土一把铜格钢剑。在河北易县战国时期的燕下都遗址也出土过钢剑，有的还经过淬火。起初工匠们为了使锻成的刀剑冷却得快些，就趁热把它浸到冷水中，后来发现这样可使钢变得坚硬，于是便逐步形成了一项专门的淬火工艺。

生铁冶炼　生铁冶炼技术在春秋时期就已经出现。《左传》记载，春秋时晋国赵鞅用生铁铸造了一个刑鼎。其基本工艺为：利用竖炉鼓风冶炼铁矿石，燃烧强度加大，炉内温度升高。此时，铁中渗入的炭量会增加，矿石中的硅、硫、磷经过还原后也会渗入铁中，导致熔点降低，就能得到液化的生铁。其优点是液体的铁水与炉渣可以较好分离，十分便于铸造，且质地坚硬耐磨。其缺点是质地较脆，无法锻造。

战国早期，生铁的品种为断口呈银白色的白口铁，铸造性能较好。它的优点是耐磨，适合制作犁铧之类的农具。但是，它所含的碳是以化合碳的形式存在，导致生铁脆硬，不耐碰击。当时的人们便创造了白口铁柔化术，即通过长时间加热、保温，至缓慢冷却时，将白口铁中的碳化铁分解为铁和石墨，消除大块的渗碳体，形成韧性铸铁。这对提高生铁的柔性起了良好作用。这种过程现在叫“退火”，古时称为“柔化”。这是冶金史上的一项重大发明。战国中期以后，铁器已取代铜器成为主要的生产工具。

由于上述冶铁工艺具有各自的优缺点，就决定了在其后相当长的时间里，二者是共存的。块炼铁是古代炼钢的重要原料，用于锻制兵器、工具等。生铁主要用于铸造各种农具、车具等。如中山靖王刘胜墓中出土的2859个甲片缀成的铠甲，属于块炼铁制品，而其墓的夹墙又是用浇灌的生铁水来充实加固。

百炼钢 汉时，在块炼渗碳的基础上兴起了百炼钢技术。人们在打制器物的时候，有意识地增加折叠、锻打次数。一块钢往往需要打打烧烧，重复很多次，甚至上百次，所以称之为“百炼钢”。百炼钢碳分比较多，组织更加细密，成分更加均匀，所以钢的品质提高，主要用于制作宝刀、宝剑。例如，满城汉墓中的刘胜佩剑，就是百炼钢制品。其刃部经过局部淬火，形成背部柔韧而刃部坚硬，可谓刚柔相济。在西汉时，淬火工艺也已达到成熟阶段。在冶炼技术方面，人们开始用煤作燃料，用石灰石作熔剂，炼铁的炉型有了扩大，风口也从一个发展到了多个，并且创造了水力鼓风冶炼的水排。

炒钢 西汉后期，在中国炼钢史上出现了一次重大的技术革新，创造了以生铁炼钢的新工艺——炒钢。其基本方法是把生铁加热到熔化或基本熔化以后，然后加入铁矿粉，放在陶质熔池中继续加热并不断搅拌，借助铁矿粉和空气中的氧把生铁中的碳及硫、磷等部分地氧化掉而成为熟铁，即含碳较少的炒钢。这一技术处于当时世界领先水平，欧洲人直到18世纪才得以掌握。这项技术的发明，使得冶炼业能向社会提供大量廉价、优质的熟铁或钢，满足了生产和战争的需要。其缺点是炒钢工艺较为复杂，不容易掌握。

东汉以后，随着炒钢工艺的出现，有些百炼钢就转而改用熟铁为原料了。在山东兰陵出土过一把东汉永初六年（112年）造的三十炼大刀，是以炒钢为原料的百炼钢制品。这种百炼钢质量极高，需要千锤百炼，十分艰辛（见图2–5）。据说，曹操请工匠炼制五把宝刀，花费了三年时间才完成。

灌钢法 魏晋南北朝时，新的灌钢技术出现。南朝齐、梁时的陶弘景首先记载了灌钢法。他当时称之为“杂炼生鍒”。由于生铁含碳过高，质硬而脆，熟铁

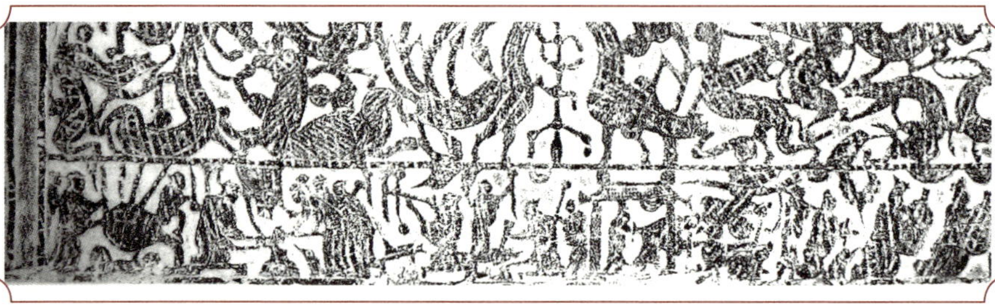

图 2-5　汉冶铁画像石（山东滕州宏道院出土）

含碳又过低，质柔不坚。于是将生铁炒成熟铁，然后同生铁一起加热。由于生铁的熔点低，易于熔化，待生铁熔化后，它便灌入熟铁中，使熟铁增碳而得到钢。这种方法不仅提高了钢的产量和质量，而且比炒钢法更容易掌握。要得到不同含碳量的钢，只需把生铁和熟铁按一定比例调配，加以熔炼，就可获得。灌钢法使钢铁技术更加完备，成为后世冶炼的主要方法。灌钢法是中国冶金史上的一项杰出成就和伟大创新，在世界炼钢史上占有重要的地位。

东魏、北齐间的綦毋怀文曾用灌钢法锻造出“宿铁刀”。他把生铁和熟铁炼成钢，做成刃口，然后以熟铁为刀脊。这样既满足了刀刃硬度与刀脊韧性的不同要求，又能节约大量的珍贵钢材。他还采用双液淬火法，就是用动物尿、动物油进行两次淬火，大大提高了刀的品质。据说宿铁刀极为锋利，能够一次斩断铁甲 30 札。

唐代时，原来的生铁炒炼熟铁技术进一步发展成生、熟铁合炼成钢的技术，即把炼铁炉里的铁水直接流进炒铁炉里炒成熟铁，从而减少了再熔化的过程。人们还懂得了炼焦，并用焦炭进行了冶炼。农具从原来的铸造改为锻造也是一个重大意义的历史性转变。

到了北宋，灌钢工艺更趋成熟。沈括的《梦溪笔谈》有详细介绍，具体是把熟铁条屈绕成盘，把生铁块嵌陷在盘条间，用泥封固起来，入炉烧炼，炼成后取出锻锤成钢。这种钢也叫“团钢”。当时，用煤冶铁已相当普遍。它提升了

图 2–6 灌钢法

冶铁炉的温度，加速了冶炼进程，提高了冶铁效率。

此工艺至明代又有所改进。当时是把生铁片盖在捆紧的若干熟铁薄片上，使生铁液可以均匀地渗入熟铁之中。同时，不用泥封而用涂泥的草鞋遮盖炉口，使生铁可从空气中得到氧气而更易熔化，从而提高冶炼的效率。明代宋应星的《天工开物》中就有翔实的记载（见图 2–6）。

苏钢法 明代中期以后，灌钢法进一步发展为苏钢法。这种方法因在苏州首先使用而得名。以熟铁为料铁，置于炉中，将生铁板放在炉口。当炉温升高到 1300 度左右，生铁板开始熔化时，用火钳夹住生铁板左右移动，并不断翻动料铁，使料铁均匀地接到生铁液。这样，既可产生很好的渗碳作用，又可产生剧烈的氧化作用，使铁和渣分离，生产出含渣少而成分均匀的钢材。

明代中叶到清末，传统钢铁技术继续缓慢发展，炼铁竖炉高达 9 米，生铁年产量达数十万吨。广东佛山的炼铁厂还采用机械装料设备来代替人力加料。

总之，我国冶铁技术虽然兴起较晚，但生铁冶炼和炼钢技术后来居上，进步很快，不断革新。在 17 世纪以前，中国的炼钢技术长期居于世界领先地位，受到世界各国的普遍赞誉。公元 1 世纪时，罗马博物学家普林尼在《自然史》一书中说道：“虽然铁的种类很多，但没有一种能和中国来的钢相媲美。”

三、金银器制造业

金银属于贵重金属，硬度适中，具有延展性，易锤打成形，又有亮丽的天然色泽，不易氧化变色，是制作工艺品的良好材料。自从人类发现金银的特性之后，就将其加工成为各种金银制品。一件精美绝伦的金银器，从开始至完工，往往需要使用多种工艺，将大自然的创造与人类的智慧完美结合。古代金银器工艺复杂精细，科技含量高，是中国传统文化艺术的重要载体。

中国古代金银器不仅工艺复杂，技巧高超，而且造型精巧，装饰精致，注重科学性与艺术性的完美结合。无论是以几何形为主的平面造型，还是以写生动物、植物为主的立体造型，都体现着古代工匠细腻的生活观察与准确的比例把握。大件器型往往显得稳固、刚劲，而小件者凸显纤巧灵动，优雅大方。这些栩栩如生的造型，配以璀璨的金黄色彩，银白庄重的底质，给人以强烈的视觉效果与心理冲击。中国古代金银器的布局安排凸显出两大特点:（1）讲求对称。花纹图案的装饰，极为注重整体效果。以器物中轴线为中心，左右相向地布置相同的纹样，使整个器物带来一种均衡、饱满的感觉。（2）讲究对比。以大小、高低、动静、颜色的对比，形成各种变化，造成节奏感，从而突出表达主题，彰显文化内涵。

古代金银器所装饰的题材内容，可谓丰富多彩。有以写实或图案化的动植物，有以反映时代生活的人物故事，有表现流云、飞瀑、晨曦的自然景象，也有表现菩萨、罗汉、金刚的宗教人物，还有高度抽象化、概括化的几何纹样图案。最代表着人们亘古不变美好愿景的，是以各种吉祥图案、文字为内容的金银器物。如以龙象征神圣，以凤象征高贵，以牡丹象征富贵，以鹊闹枝头象征吉庆，以鸿雁衔胜象征平安，以石榴、鱼子象征多子多孙。还有谐声寓意的纹样，吉祥文字的表达方式。常见的吉祥图案有蝙蝠、如意、鱼、松、竹、梅等，文字有

“福”“寿”“吉庆万年”“祝延万寿”等。这些带有浓郁中国特色的象征组合方式，与金银器物巧妙结合，既满足了人们追逐财富，渴望成功的心理，又能折射出人们祈福纳祥的美好寄托。

中国古代金银器类型多样，范围广泛。从其用途划分，包括生活器皿、服饰、宗教用具、殡葬用具、医药用具、钱币、工具以及祭器、兵器、模型等等，几乎遍及社会生活的各个方面。

考古中发现最早的黄金制品是商代的，距今已有 3000 余年的历史。商代金器的分布范围主要是以商文化为中心的中原地区以及一些少数民族地区。一般来说，这一时期金器形制、工艺较为简单，器形小巧，纹饰少见，大多为装饰品。最常见的金箔，多是用于其他器物上的饰件，以与其他器物相结合的形式来增强器物的美感。

青铜工艺的繁荣和发展，为金银器的发展奠定了雄厚的物质、技术基础。同时，玉雕、漆器等工艺的发展，也促进了金银工艺的发展。最迟在西周时期，金银平脱工艺就出现了。

春秋战国时期，社会的巨大变革带来了生产、生活领域中的重大变化。大量错金银器的出现，成为这一时期工艺水平高度发展的一个标志。从出土地点看，这一时期的金银器分布区域明显扩大，在南、北方都有发现。例如，北方匈奴墓出土的大量金银器，其金细工艺的高度发展，令人称奇。金银器的形制种类增多，尤其众多银器的出现，十分引人注目。从金银器艺术特色和制作工艺看，南北方差异较大，风格迥异。

秦代金银器迄今为止较为少见。曾在山东淄博窝托村西汉齐王刘襄陪葬器物中，发现一件秦始皇三十三年（前 214 年）造的鎏金刻花银盘。其制作精细，装饰讲究。这种在银器花纹处鎏金的做法，在唐代以后十分盛行。根据对这一金银器的研究，说明秦金银器制作已综合使用了铸造、焊接、掐丝、嵌铸、锉磨、抛光等工艺技术，达到很高的水平。

魏晋南北朝时期，朝代更替频繁，社会动乱不安，经济遭到破坏。然而，各民族在长期共存的生活中，逐渐相互融合，对外交流进一步扩大，加之佛教外来艺术的传播，使这个时期的文化艺术向多元化发展。这些在金银器的形制纹样方面，都深深打上了的时代烙印。

唐代是金银器制作的重大发展时期。直到这一时代，具有日常使用价值的金银器皿才大量出现。近几十年的重大考古发现，熠熠闪光的金银器成为彰显唐王朝富丽堂皇、璀璨夺目的历史见证，无论是器形还是纹样都丰富多彩，具有强烈的时代特点和风格，成为一代盛世的标志。目前所出唐代前期的部分金银器皿的造型、纹饰多带有萨珊王朝金银器的异域风格，说明曾受到波斯金银器文化的影响。唐代金银器的纹饰以花鸟为多，工艺极为精湛。当时已广泛使用了锤击、浇铸、焊接、切削、抛光、铆、镀、錾刻、镂空等技术工艺。

宋代商品经济发展和城市高度繁荣，金银器制作业也十分兴盛。尤其带有铭款的金银器显著增多，成为宋代金银器的一大特点。它对元明清时期的金银器制作产生重要影响。

宋代金银器是在唐代基础上不断创新，形成了具有鲜明时代特色的崭新格调。虽然它不及唐代金银器丰满富丽，却具有典雅秀美、新颖雅致的独特风格。在装饰上，引入了绘画艺术，更加充满诗情画意，愈发显得清秀典雅。在造型上，玲珑奇巧，别具一格，并出现了金银与漆、木器合璧的制品。

辽代的金银工艺继承了盛唐遗风，又受到波斯以及地中海等外来文化的影响，并融合本民族的风俗习惯而创造了独具特色的金属工艺。辽代金银器中大多富有契丹民族特色，以马具、带饰居多，金银器皿较少。其种类可分为饮食器、妆洗器、装饰品、鞍马具、殡葬器、宗教用具和日杂器等七大类。在考古发掘的实物中有真实而形象的表现。例如，内蒙古奈曼旗的陈国公主驸马合葬墓出土的金银器最为精致丰富，有金面具、鎏金银冠、金蹀躞带、金花银靴等组成的殡葬服饰，錾花金戒指、缠枝花纹金镯、八曲连弧形金盒（见图 2-7）、镂雕

金荷包、金花银枕、錾花金针筒等生活用具。①

明清时期，金银器造型、制作讲究美观与精细，甚至过于繁琐。它既没有唐代的丰满富丽、大气华贵，也不见宋代的清秀典雅、意趣恬淡，而是越来越趋于华丽浓艳，宫廷气息愈加浓厚。金银工艺特别注重镶嵌珠宝，并与漆艺、木艺、玉器工艺等较好地结合在一起。皇家金银器外表的雍容华丽，宝石镶嵌的色彩斑斓，尤其满目皆是的龙凤图案，象征着至高无上的高贵和权力。如定陵所出土的编金丝嵌珠宝龙凤冠。这种宫廷装饰艺术的总体风格，与宋元金银器的贴进世俗有着截然不同。

图 2-7　八曲连弧形金盒（内蒙古陈国公主驸马合葬墓出土）

如果将明、清两代的金银器相比较的话，在工艺风格上，明代金银器仍未脱尽生动古朴，而清代金银器却极为工整华丽；在工艺技巧上，清代金银器的细腻精致却是明代所不可及的。故宫博物院收藏的大量金银器中，以清代皇室御用的金银器最为丰富。主要有礼乐器、生活用具、陈设器，以及宗教相关的佛像、龛塔、供器、法器等。这些器物采用了铸造、锤鍱、錾刻等多种工艺技术。许多金银器还镶嵌着珍贵的宝石、美玉、翡翠、碧玉等。它们造型别致，纹饰精美，富有宫廷特色，具有极高的艺术价值和文化价值。

四、铸币业

中国是世界上最早使用货币的国家之一，历史长达 5000 年之久。在中国

① 内蒙古文物考古研究所:《辽陈国公主驸马合葬墓发掘简报》，《文物》1987 年第 11 期。

古代货币的发展过程中，经历了几次重大的演变：自然货币向人工货币的演变、由杂乱形制向统一形制的演变、由地方铸币向中央铸币的演变、由纪重向通宝、元宝的演变。

（一）中国的货币发展历程

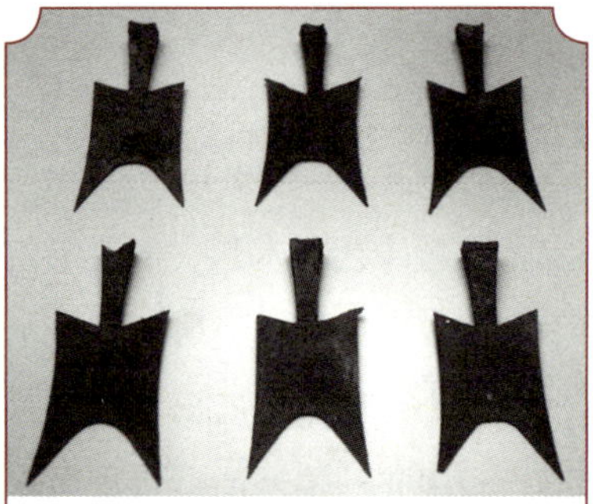

春秋晋国青铜尖足空首布

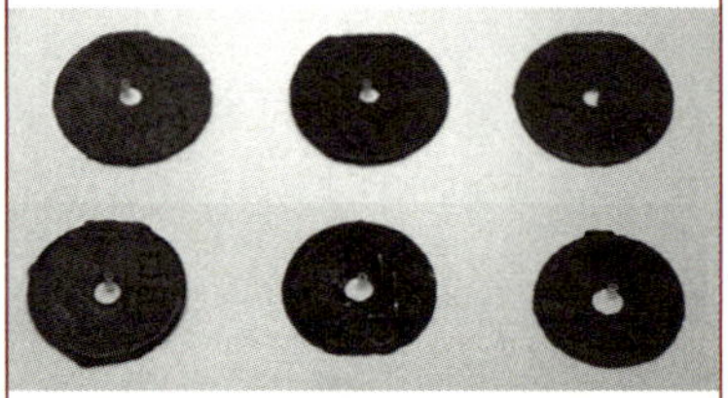

东周时期的圜钱

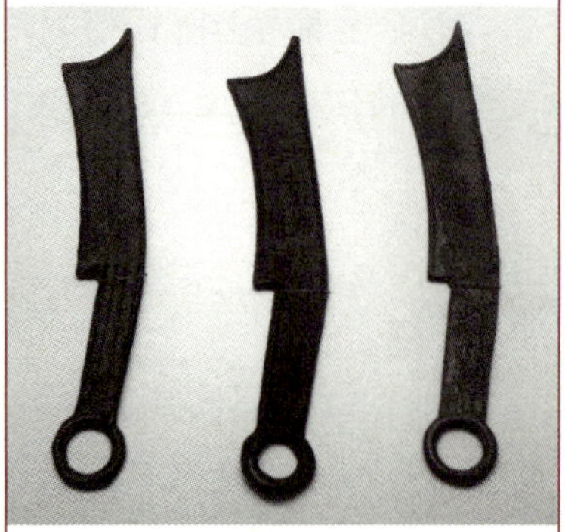

战国齐刀币

图 2–8　春秋战国货币（中国国家博物馆藏）

商代时，人们已经开始以贝壳作为货币使用了。随着商品经济的发展以及天然贝壳不再稀有之后，到了商代晚期又出现了铜质的金属贝币。

春秋战国时期，贝币则完全退出了历史舞台。各地区因社会条件和自身文化的差异而形成了不同的货币。主要有楚国地区的蚁鼻钱、三晋地区的布币、齐燕地区的刀币和秦国、东周地区的圜钱。（见图 2–8）

秦灭六国后，废除各国的布币、刀币等旧币，将秦国的圆形方孔的半两钱作为法定货币。从此，中国古代货币的形制固定下来，一直沿用到清末。

汉承秦制，仍沿用半两，并允许民间自铸。结果，钱币越铸越小，质量越来越差，市场上劣币驱除良币，严重影响了正常的社会经济秩序。后来，政府禁止私人铸币，但盗铸之风仍然猖獗。武帝上台后，开始着手币制改革。建元元年（前 140 年）铸行三铢钱，重如其文，仍没有取得理想的效果。元狩五年（前 118 年），废三铢钱，改铸五铢

钱。由于五铢钱轻重适中，因而使用便利。嗣后，历朝历代一直铸造、流通五铢钱长达 700 余年，是中国历史上铸造数量最多，流通时间最久的钱币。为彻底解决钱币的私铸问题，元鼎二年（前 115 年），汉武帝收回了各郡国的铸币权，由中央统一铸造，由上林苑的钟官、辨铜、技巧具体负责铸币事务。钟官等三官铸造的五铢形制规整，重量标准，钱文秀丽，铸造精良，又称为“三官五铢”。武帝将钱币铸造权集中统一，有利于钱币的标准化，提高了铸钱的质量，遏制了盗铸、贬损钱币的不良现象，稳定了社会的经济秩序。

自西汉末年王莽摄政到建立新朝时期，托古改制，十余年间就进行了四次大的币制改革，致使币制混乱，品种繁杂，多达 30 余种。其币制改革最终以失败告终。然而，从造币工艺的角度，王莽铸币质量精良，字体优美。如“货泉”“布泉”等币，钱文均采用独特而精美的悬针篆字体。

东汉初年，民间流通“半两钱”“五铢钱”“王莽货泉”“大泉五十”，十分混乱。直至建武十六年（40 年），光武帝刘秀决定重新统一铸造，恢复使用五铢钱。汉灵帝时，又铸造“四出五铢”，即钱背有四道斜纹，由穿孔四角至外郭。当时社会黑暗，政治腐败，民众怨声载道。因而人们有意将“四出五铢”附会为“天子下堂，四散而去”的凶兆。汉末大乱，董卓为掠夺民财，又铸造无文钱。其钱体轻小，制造粗劣。

魏晋南北朝时期，社会动乱，经济凋零，金属货币的流通范围缩减。各国钱币形制多样，币值不一，出现了重物轻币的现象。曹魏政权起初通行实物货币，至魏明帝时才恢复铸行五铢钱。蜀汉和东吴多实行大钱。蜀币主要有“直百五铢”，即等于 100 枚五铢钱。吴币主要有“大泉五百”“大泉当千”“大泉二千”等。这些大钱都是当时社会物价飞涨，通货膨胀的表现。

西晋时，主要沿用汉魏旧钱，兼用谷帛等实物。东晋建立之初，一度使用吴国旧钱。孝元帝太兴年间，吴兴沈充所铸大孔小钱。钱文作“五朱”“五金”，外廓隐约，钱体轻小，又称之为“沈郎五铢”。十六国期间，成汉的李寿铸造了

中国最早的年号钱“汉兴”钱。因为南北朝时期社会动荡，私铸现象严重，钱币又劣又小，所以一些国家的钱文逐渐摆脱纪重的局限，在“五铢”前加上年号，开始向年号钱文过渡。如魏孝文帝太和十九年（495 年）始铸太和五铢，宣武帝永平三年（510 年）铸永平五铢，孝庄帝永安二年（529 年）铸永安五铢，西魏文帝大统六年（540 年）铸大统五铢，北齐文宣帝天保四年（553 年）铸常平五铢。

隋统一后，开皇元年（581 年）始铸五铢钱，又叫“开皇五铢”，结束长达 100 余年币制混乱的局面。隋五铢大多铜质较好，制作规整，外廓宽平，有大小两种。因在币材配剂中增加了铅量，故钱色发白，又称为“白钱”。

唐武德四年（621 年）铸行的年号钱——开元通宝，标志着纪重钱币时代的正式终结，开启了宝文币制（主要有通宝、元宝、重宝）的时代。开元通宝是唐朝 300 年间的主要流通货币，其钱文系大书法家欧阳询的手迹，其书风端正古朴，劲健含蓄。唐代还铸有乾封重宝、乾元重宝、大历元宝、建中通宝、咸通玄宝等。安史之乱时，叛军史思明也曾铸造得壹元宝、顺天元宝等。

五代十国时期，政治分裂割据，改朝换代频繁。各国以铸造恶钱来增强自身财力，而削弱他国实力。因而，钱币所铸甚多，质量却较差。

宋代是中国铸币业最为发达的时期，从数量和质量上都超过了前代，是继王莽铸钱之后的又一个高峰。宋朝货币以铜钱为主，南宋以铁钱为主。北宋开始，年号钱才真正开始盛行，几乎每改年号就要铸新钱。随着对子钱、记监钱、记炉钱、记年钱等开始出现，钱币蕴含的文化色彩越来越浓厚。钱文有楷书、篆书、草书等多种书体，且多为皇帝、名家亲自书写。其中，“淳化元宝”由宋太宗赵光义用楷、行、草三体书写，其楷书浑厚端庄，行书隽永流动，草书流畅自如，使宋代钱币文化达到了空前绝后的高度。宋仁宗时所铸的“皇宋通宝”是唯一用精美的九叠篆书写的钱币。其笔画折叠堆曲，均匀对称。宋徽宗赵佶用瘦金体书写的“大观通宝”，亦堪称一绝。北宋年间，四川地区出现了世界上最早的纸币——交子（见图 2–9），其后又陆续出现了会子、关子等纸币。宋代白银在

日常流通中也有重要的地位。

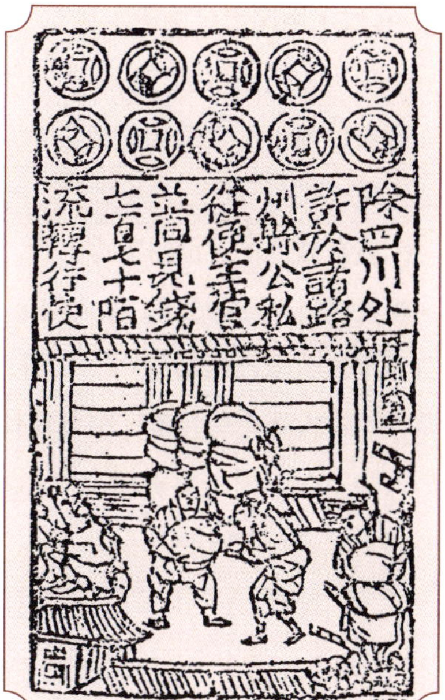

图 2-9　交子拓片（辽宁省博物馆藏）

辽国是由契丹族建立的国家，起初使用中原地区的货币，后来开始自己铸币，以汉文为钱文，所铸钱币多不精。西夏曾铸行过两种文字货币：一种是西夏文钱，叫“屋驮钱”；一种是汉文钱，形制大小与宋钱相似。其钱币铸制精整，文字秀丽。金国由女真族所建，后来占领中国北方广大地区。其所铸钱较为规整，文字精美。金国的钱币受南宋的影响较大。除用铜钱外，也使用纸币，都以汉文为币文。

在元代，纸币在流通中成了主要的货币，铜钱的地位逐渐减弱。同时，白银的流通量也占一定的比例。元朝的统治者信奉佛教，曾经铸造一些小型的供养钱、庙宇钱。

明代推行使用纸币，发行了大明宝钞。明初只用钞不用钱，后来宝钞有所贬值，又改为钱、钞兼用。张居正推行“一条鞭法”后，中国正式进入了白银时代。白银成为了法定的流通货币。平时的大额交易多用银，小额交易用钞或钱。明代共有 10 个皇帝铸过年号钱，因避讳皇帝朱元璋名字的“元”字，明代所有钱币统称“通宝”。

清朝主要以白银为主，小额交易往往使用铜钱。清初，铸钱沿袭 2000 多年前的传统，采用模具制钱。至后期，清政府引进国外技术，使用机器制钱。此外，太平天国攻进南京后，也铸行铜钱。由于实行统一调配的圣库制度，故其钱文称为“太平圣宝”。

（二）中国古代造币工艺

中国古代造币工艺主要经历了三个阶段：直范铸造、叠范铸造和翻砂铸造。在隋唐以前，主要采用直范铸造和叠范铸造的造币工艺，此后开始使用翻砂铸造钱币。

直范铸造 直范铸造也称为“平板范竖式浇铸法”，它是将要铸造的钱币做成陶土模型，烧成硬模，做成陶范，将熔化的金属液体浇铸到陶范里，待冷却后，打开范模，取出所铸钱币。最后，再进行修整，锉掉毛刺，即为成品。除了陶范外，古人还使用石范、铜范铸钱。起初圆孔的钱币，不易锉去钱边上的毛刺。后改为方孔，用方形木棍来穿孔。这样，在锉边时坯钱就不会绕轴旋转。这便有利于提高修整钱币的工作效率。不过，也有人将这种圆形方孔钱解释成古人“天圆地方”的设计理念，增添了其文化内涵。

图 2-10 铸钱

叠铸工艺 它是将多个铸模叠合起来，组装成套，从共用的浇口杯和直浇道中灌注金属熔液，从而一次可得到多个铸件。叠铸技术的发明和运用大大提高了铸币效率。叠铸工艺使用了 700 多年后，才被翻砂工艺所取代。

翻砂铸钱工艺 大致于隋唐，出现了翻砂铸钱工艺。其具体工序主要包括雕制母钱、模印母钱、翻砂造型、熔炼浇铸、锉钱。翻砂铸钱是中国古代造币技术的重大革新。这种用母钱铸钱工艺比叠铸

工艺提高了工效，节省了造型空间和材料。对此，明代宋应星在其《天工开物》一书中有着较为详细的记述（见图 2-10）。翻砂造型具有透气性好、金属液流动快的优点，所以它一直沿用到清末，直至为国外的机器制币工艺所代替。

五、兵器铸造业

中国古代兵器萌芽于原始社会晚期。先民们为了防身和狩猎需要，开始以石块、竹木、骨角为原料，经砍削、打磨、烘烤，制成弓、箭、刀、矛、棍等。在我国许多新石器时期的遗址中，都发现了用石料、兽骨和蚌壳磨成的箭镞。进入阶级社会以后，为了适应对外战争和对内统治的需要，兵器制造业一直是统治阶级高度重视的官营手工业部门。随着社会生产力的发展以及不断经受战争的检验，兵器制造技术日渐提高，生产规模日益扩大，管理体制逐步完备。它大体经历了青铜兵器、钢铁兵器和火器三个发展阶段。

（一）青铜兵器

中国的青铜兵器大约出现在原始社会末期。如在甘肃东乡马家窑文化遗址中出土了距今约 5000 年的青铜小刀。不过，当时冶炼工艺尚处于铜、锡、铅矿石混合炼铸青铜的初级阶段。这种工艺不易准确掌握青铜的成分配比。

从商到西周，青铜器的铸造技术发展到兴盛时期。现已发现的青铜冶铸作坊遗址有河南的郑州、安阳、洛阳，湖北的盘龙城，江西的清江、吴城等处，分布地域较广。历年出土的商朝青铜兵器数以万计，主要有斧、钺、戈、矛、刀、镞、胄等。如在河南安阳侯家庄的 1004 号商代墓中，出土铜戈 72 件，铜矛 731 件，铜胄 141 件。这时的冶炼工艺已经有了很大发展。它是先将矿石分别炼出铜、锡、铅或铅锡合金后，再按一定比例混合熔炼，能够容易掌握青铜合金的成分配比。我国古代《考工记》一书中不仅详细记述了制造兵器的工艺、规范，而且总结了青铜合金性能与合金成分配比的规律。当时的人们已认识到铸造兵器时，如果含锡量过低，兵器韧而不坚，杀伤力不大；如果含锡量过高，兵器硬而发脆，容易折断。只有掌握铜、锡、铅的适当配比，才能制造出优良的青铜兵器。

春秋战国时期，青铜冶铸的规模和分布地区继续扩大。铸造兵器的形制复杂，纹饰精美，质地优良。湖北江陵出土的越王勾践青铜剑和山西原平出土的吴王光青铜剑，都进行过表面处理。虽在地下埋藏了 2000 多年，至今依然花纹清晰，光洁如新。湖南长沙、广西壮族自治区恭城等地出土的春秋青铜剑，还采用了高锡青铜与低锡青铜的复合材料，刃部含锡量高，坚硬；脊部含锡量低，柔韧，使得青铜剑刚柔相济。湖北随州战国初期曾侯乙墓出土的青铜器中有三戈戟、戈殳、镞、矛等多种精美的铜兵器，反映了当时发达的青铜兵器的生产能力和技术水平。

秦朝以前，由于块炼钢技术费工费时，产量较低，兵器仍是以青铜兵器为主。例如，秦始皇陵兵马俑坑出土兵器为青铜兵器。其中，有些青铜剑和箭镞的表面有铬盐氧化层，起到了较好的防蚀作用。直到东汉以后，青铜兵器才最终被钢铁兵器取代。

（二）钢铁兵器

中国的人工冶铁技术至迟在春秋时期就已发明。春秋战国之际，冶铁技术不断进步，先后采用了生铁冶铸、渗碳成钢等工艺，提高了铁兵器的硬度和韧性，促进了铁兵器的推广。湖南长沙出土的一把春秋末期钢剑，已经采用渗碳成钢的技术，即把块炼铁长时间渗碳、反复锻打而成钢。它要比铁剑更加锐利而坚韧。河北易县燕下都出土的战国晚期的剑和戟，具有坚硬的高碳钢刃部和坚韧的剑身。经鉴定是先用低碳钢锻打，再经表面渗碳、淬火处理而铸成的。

西汉出现了一种百炼钢技术，制出含碳量高、杂质少、组织均匀、耐腐蚀的优质钢。例如，内蒙古呼和浩特市出土的汉武帝时的铁甲，是用块炼铁经过渗碳、反复锻打、退火、表面渗碳等工序制成，提高了甲片的硬度。江苏徐州出土的汉代钢剑和日本奈良出土的东汉灵帝百钢刀，都使用了百炼钢技术。随着百炼钢、炒钢等先进工艺的出现，汉代铁兵器生产的效率明显高，数量逐渐增多。如在河北满城刘胜墓中出土了用钢制造的消耗量较大的箭镞。

魏晋南北朝时期，灌钢工艺的出现是钢铁技术的一个重大进步。据《北齐书·方伎传》记载，綦母怀文利用灌钢技术铸造的“宿铁刀”，锋利异常，削铁如泥。当时钢铁热处理技术也达到相当高的水平。蜀国蒲元造刀时，专门用爽烈的蜀江水来进行淬火，而不用性软的汉水，时人已经认识到不同水质与淬火效果的关系。綦母怀文的“宿铁刀”在铸造过程中，先后使用两种不同的淬火冷却介质。

唐朝设军器监，领甲坊署、弩坊署，还颁布了制造兵器的统一标准。宋朝的冶金技术又有发展，经反复锻打而成的蟠钢剑杂质极少，组织致密，刚柔相济，不仅削铁如泥，而且可屈之如钩。边疆少数民族还用冷锻法制成瘊子甲。其甲片表面光滑如镜，硬度很高，去之五十步，强弩不能射入。

宋朝开始，火器迅速发展。但由于火器在战术性上的局限性，始终未能完全取代冷兵器。直至清代，冷兵器一直在不断改进和发展。

（三）火器

早在10世纪时，火药已用于火攻。此后，火器迅速发展，先后出现了燃烧、爆炸、射击火器。火器的发展需要依靠火药的研究和生产。早期的火药成分较杂，多达十几种，其中硝的比重也不大。北宋官修的《武经总要》中记载了3个火药配方。与唐代火药硝、硫含量1∶1不同，宋代硝与硫的比例在3∶1到2∶1之间，与后世黑火药中硝占3/4的配方有所接近。火药是在制造和使用过程中不断改进和发展的，当时主要起到燃烧、发烟及施毒等作用。

北宋时，政府组织了火药兵器的成批生产，在汴京（今河南开封）设有广备攻城作，拥有工匠5000人，由10作组成。其中，火药作为首。在火药大量生产的推动下，火药武器发展迅速。970年，兵部令史冯继升发明火箭法。这种方法是在箭杆前端缚火药筒，点燃后利用火药喷出的气体反作用力把箭镞射出，这是世界上最早的喷射火器。公元 1000 年，神卫队长唐福制作了火箭、火球、火蒺藜等火器。

火药兵器在战场上的出现，预示着从冷兵器阶段向火器阶段过渡。火器最初的形式，主要是利用火药的燃烧性能。随着火药和火药武器的发展，逐步过渡到利用火药的爆炸性能。北宋时期使用的许多火药兵器都是利用黑火药燃烧爆炸的原理制造的。例如，北宋末年出现了爆炸威力比较大的“霹雳炮”“震天雷”。其中，震天雷是一种铁火器，属于铁壳类的爆炸性兵器，主要是用于攻坚或守城，

南宋时又出现了管状火器。1132 年，陈规发明了火枪。火枪是由长竹竿作成，先把火药装在竹竿内，作战时点燃火药喷向敌军。1259 年，寿春地区有人制成了突火枪。突火枪是用粗竹筒作的，又称为“突火筒”。与火枪喷射火焰不同，突火枪内装有“子巢”，火药点燃后产生强大的气体压力，把子巢射出去。子巢就是原始的子弹。现代学者潘吉星认为，当时在制造突火枪时，由于竹筒受热易裂，用裸竹筒会有很大的危险，必须用麻绳、铁丝将竹筒扎紧（见图 2-11）[①]。

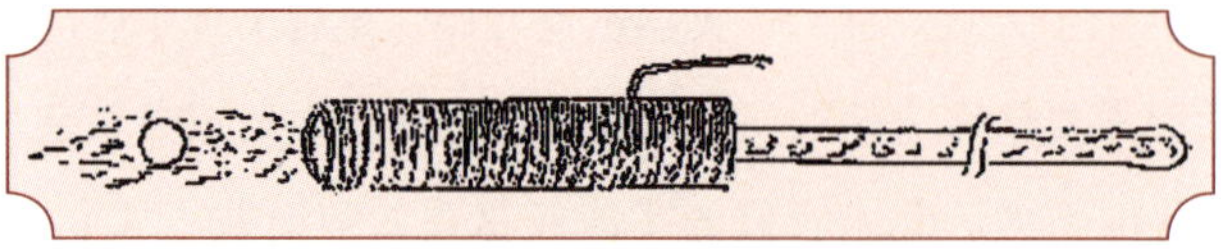

图 2-11　突火枪复原图（潘吉星绘制）

南宋时，在一些军事重镇都设有火器制造工场，生产能力很高。如建康府（今江苏南京）在两年三个月之内，创造、添修火攻器具共 63754 件。到南宋晚期，火器在兵器中的比重增大，成为抗击金军、元军的必备武器。

到了元朝，火药生产技术有所进步，只保留了 3 种火药基本成分，如陕西

① 参见潘吉星：《论南宋发展的三种新式筒形火器》，《北京教育学院学报》（自然科学版）2006 年第 1 期。

西安出土的元朝铜手铳中残存的一些黑火药，经化验只含有硝石、硫黄和木炭。

元明之际，以前的竹筒制造的管状火器改用铜和铁，铸成大炮，称为“火铳”。此后，火铳发展极为迅速。明初 40 年内，政府生产火铳达 13 万多件。

明初焦玉的《火龙神器阵法》一书中，记载了十几种火药的配方，可根据引燃、发射、爆炸、喷火等不同用途配制出各种火药。其中有的成分很接近于近代黑火药的标准配比（硝 75%、硫 10%、炭 15%）。明万历年间，赵士桢在《神器谱》中记载了采用萝卜、蛋清提火药中纯硝的方法，并强调火药的颗粒要细而匀，说明时人已经认识到火药颗粒大小与燃烧速度的密切关系。

随着火药性能的改进，明代火器制造水平不断提高。茅元仪的《武备志》一书中就收录有 15 大类，近 200 种火器。在作战火器方面，发明了可同时发射最多 100 支箭的多发火箭，这是世界上最早的多发齐射火箭。用来装载、发射火器的战车也得到发展，出现了具有一定机动力、打击力和防护力的战车，在运动作战中显示了较大的优越性。《神器谱》一书记载明末制造鸟铳已用熟铁打造，制铳管时也采用了先进的钻孔工艺。明末焦勖在《火攻挈要》中，第一次记述了以口径为基数确定火炮各部位的比例数据，使火炮制造有了科学依据。直至清代，它仍是制造火炮的主要依据。

火药传到国外以后，西方后来居上，枪炮技术最终超越了东方。当时荷兰、西班牙的商船来到中国后，带来了西方先进的枪炮。此后，明军开始引进西方枪炮的制作技术。鸦片战争以后，清朝开始训练新兵，大量引进、使用西方枪械，中国古代兵器的历史就此结束了。

第三章 陶瓷业

早在原始社会的新石器时期，我们的祖先就已经创造并且使用了陶器。当时的陶器是用黏土经手工捏制以后，在五六百度的低温下烧成的，质地比较粗糙。到龙山文化时期，一种质地坚硬、胎薄、纯黑的蛋壳陶最引人注意。这种质地优良的陶器，是与当时陶窑结构的进步分不开的。

瓷器是中国独创的发明之一。中国瓷器的历史，最早可以推溯至商代。制瓷工艺是在制陶技术不断发展的基础上产生的。商代出现了用瓷土做原料，经1000度以上的高温烧成的刻纹白陶和几何纹饰的硬陶，为原始瓷器的产生奠定了基础。

商周时期的釉陶、青釉器就是用高岭土为原料而制成，属于瓷器的雏形。这在河南郑州二里岗、安徽屯溪、江苏丹徒、陕西西安和扶风等地区的考古中都有所发现。它们具有光泽，质地坚硬，叩之有声。器形有尊、碗、瓶、罐、豆等。由于它们的加工制造不很精细，胎、釉的配料不够准确，温度控制、火候掌握还不熟练，质量要比后世的真正瓷器要逊色得多，因此称之为“原始瓷器”。

原始瓷器在商代出现后，经过西周、春秋、战国到东汉1000多年的演变，逐渐发展成熟。在东汉三国两晋时期的许多墓葬中，出土了大量精美的青瓷器皿。这些青瓷胎质细腻致密，通体施有浓绿的厚釉，已经完全脱离原始青瓷的初始阶段，说明当时人们已经熟练掌握了瓷器的生产技术。

唐代的陶瓷业有很大发展，成为独立的生产部门。邢窑的白瓷、越窑的青瓷代表着当时瓷器的最高水平。陶器也出现了驰名中外的“唐三彩”。五代时期的制瓷技术也进一步提高。如后周的柴窑名瓷，被人们赞誉为“青如天，明如镜，薄如纸，声如磬”。

宋代制瓷技术有了突飞猛进的进步，出现了划花、刻花、印花、彩绘、釉上彩等工艺。其中，青瓷达到了炉火纯青的地步。南方青瓷以龙泉哥窑为代表，北方青瓷以汝窑为代表。开封的官窑模仿汝窑，又有了进一步的发展。其后的均窑凭借独特的技术，成为后起之秀。同时，白瓷也有较大发展，以北方的定

窑最为有名。宋廷南渡以后，瓷器生产以南方的景德镇为主。景德镇的“影青”白瓷技艺十分精湛。

元代在宋代白瓷的基础上，逐步向彩瓷过渡。青花瓷就是在白瓷上画青花。它是景德镇工匠专门用钴土矿作颜料，精心创造的瓷器名品。此时，江西景德镇已开始成为中国的瓷都。此外，元代还出现了用铜红呈色的釉里红瓷器。

明代制瓷工艺进一步发展，已由单色釉发展到多彩瓷。其色彩鲜明，做工精致。明代的青花瓷器质地优美，远销东南亚、印度、伊朗、伊拉克，非洲的埃及、苏丹以及欧洲的英国、法国、荷兰等国家。

清代前期的制瓷业相当发达，尤其是彩瓷达到极高的水平。如康熙时期的素三彩、五彩，雍正、乾隆时期的粉彩、珐琅彩等，都是闻名中外的。

11 世纪，中国造瓷技术传到了波斯喇吉斯，后来又传到了阿拉伯、土耳其和埃及。15 世纪后半叶，它又传播到意大利的威尼斯。从此以后，欧洲的造瓷技术得到迅速的发展。瓷器的发明与传播是中国对人类文明的一项重大贡献。

一、陶器制造业

陶器与瓷器虽然有本质上的区别，但它们的烧制过程却极其相似。实际上，中国的制瓷工艺根植于制陶技术的发展。陶器指以黏土制坯，一般要经 800～1000 度高温烧成的器物。古人借助火焰将松软的黏土烧制成为坚硬的器物，利用其防水的特点，来进行盛水、煮水、做饭等日常活动。这是人类最早的创造性劳动之一。

（一）原始陶器

中国陶器的起源很早。江西万年仙人洞出土的距今 8000 多年的陶器，是目前发现最早的陶器实物。原始陶器主要有红陶、灰陶、黑陶、白陶。其中，彩陶体现了原始陶器的装饰之美，黑陶显现了原始陶器的造型之美。

彩陶是一种绘有黑色、红色花纹的红褐色或棕黄色的陶器。典型代表是仰韶文化时期的彩陶。在陕西西安半坡村出土了距今 7000 ～ 5000 年的彩陶。其花纹以黑色与红色为主，装饰图案有人面纹、鱼纹、蛙纹、鹿纹等。其中以鱼纹较多，表明当时人们与鱼的关系较为密切。半坡彩陶偏重于几何纹样的造型，说明原始先民已具有一定的抽象思维能力。

到新石器时代晚期，在黄河下游以及东部沿海的广大地区，兴起了一种“黑陶文化”。这种文化以出现较多的黑色陶器为特征，属于龙山文化时期。当时陶器的制作以先进的轮制为主，能占到全部陶器的一半以上。其中，蛋壳黑陶最为精美。它具有黑、薄、光、纽四个特点。“黑”指其乌黑的色彩；“薄”指其器体极薄，故得名“蛋壳陶”；“光”指它具有光泽的器表；“纽”指它多有穿绳或手持的器耳、盖纽。（见图 3–1）

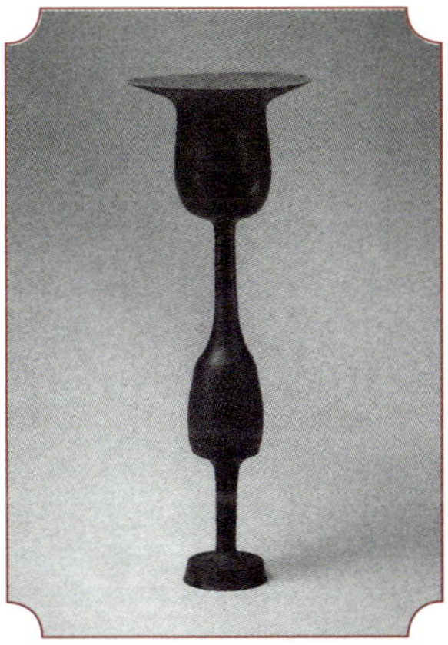

图 3–1　蛋壳黑陶高柄杯（山东日照出土）

从泥条盘筑法发展到使用轮制法，是黑陶制作的一个重大的技术革新。这种轮制法使得器形浑圆工整，器皿的口、腹、底趋于正圆，器胎厚薄均匀，大大提高了制陶水平。同时，这一时期已掌握了封窑技术，陶窑也有很大的改进。如河南庙底沟发现的龙山文化时期的陶窑，已经出现了火口、火道、火膛、火室等结构。当时的陶窑火口很小，火膛窄而深，这就能提高窑室的温度，便于烧时封闭而使之还原，以增强陶器的烧制硬度，产生灰或黑的色彩效果。

（二）夏商周时期陶器

夏代二里头文化时期的陶器有鼎、盆、罐、盘、尊等，其中以鼎最具有代表性，数量也最多。陶器纹饰除了篮纹、细绳纹、粗绳纹外，还有一种堆纹最有特色。它不仅能增加陶器的立体层次感，也能起到一定的加固作用。此外，不少陶器的口沿处刻画有 20 多种符号，可能是一种原始文字。

商代的制陶工艺有了较大发展。不少陶器的花纹是用陶印模在陶坯上印制而成，常见的有饕餮纹、方格纹、回格纹等。随着烧陶技术的提高，陶器大多利用还原焰烧成。其陶质较硬，经久耐用。

在商代的遗址中，除了出土数量众多的灰陶外，还发现了少数精美的白陶。它是表里、胎质都呈白色的一种素胎陶器，是商代制陶工艺中的精品。它的制作原料主要为瓷土和高岭土，烧成温度在 1000 度左右。白陶基本上都是手制，后期才采用泥条盘筑和轮制。器型种类有鬶、盉、爵、豆、钵、罍、壶、卣、觯等。在殷墟地区白陶出土不多，完整的更少，应是当时贵族所享用的一种高级工艺品。

商代时，用高岭土制作的釉陶已经出现。其釉色青绿而带褐黄，胎质较硬，呈灰白色。一方面，釉陶烧成温度在 1200 度左右，胎质基本烧结，吸水性较弱。器表施有一层石灰釉，与后世的瓷器有所接近。另一方面，其胎质又不够精细，烧成温度偏低，具有一定的吸水性。胎色白度也不高，更无透光性。器表的釉层较薄，还容易剥落。由于釉陶兼有陶与瓷的一些特点，故被称之为“原始瓷器”。它是中国瓷器的最初萌芽。

西周时期的陶器以红色粗泥陶为多。在原料配制上，饮食器多用澄滤的黏土，而炊煮器往往要添加少量的细沙，既容易传热，又可防止器皿爆裂。原始瓷器也在继续发展。如安徽屯溪西周墓里出土了大量的原始瓷器，有瓷碗、瓷壶（见图 3–2）、瓷盂、瓷豆、瓷尊等 70 多件，以瓷豆最多。胎质灰白，系用高岭土烧成，敷有黄绿和青绿薄釉。

图 3–2 西周瓷壶（安徽屯溪西周墓出土）

商周时期，在南方的长江中

下游以及东南沿海地区还生产、流行一种质地坚硬，表面拍印几何图案的硬陶。与一般陶器相比，几何印纹硬陶质地细腻，烧成温度较高，原料含铁量较多，颜色多呈紫褐、红褐、黄褐、灰褐等。

（三）春秋战国时期陶器

春秋战国之际，随着“工商食官”格局被逐渐打破，手工业者的生产积极性大大提升，制陶业也得到进一步发展，尤其是私人制陶业蓬勃兴起。在一些出土的陶器上就刻有“陶午”等私人记号。

当时的陶器，除了常见的灰陶以外，还有北方的暗纹陶、铅釉陶，南方的印纹陶、原始瓷、彩绘陶等。其中，暗纹陶大致始于春秋中叶。它是用尖端圆滑的工具，在半干的陶坯上轻刻、压花，使陶器烧成后在适宜的光线下呈现隐隐发亮的暗花图案。其图案主要有平行线、网状、锯齿、螺纹等。彩绘陶是烧成后再画彩的陶器，又称“烧后彩绘陶”，主要用作随葬的明器。因为当时以人殉葬的做法逐渐被陶俑一类代替。作为明器的陶俑，有人物以及各种动物的造型。原始瓷器也有所发展。浙江绍兴战国墓中出土的大批青釉器，胎质坚密，器形规整，造型大多仿制青铜器。

随着战国时期城市的日益增多，砖瓦制陶工艺也得到发展，以瓦当最为典型。它是椽头筒瓦顶端下的重要部件，用来保护屋檐，防止雨水渗漏的。这一时期的瓦当图案设计优美，字体行云流水，极富变化。其装饰有云头纹、几何形纹、饕餮纹、文字纹、动物纹，等等。

（四）秦汉时期陶器

秦汉时，建筑用陶规模扩大，陶器的生产领域拓展，技术工艺有所提高。如低温铅釉陶的发明，就是汉代陶瓷工艺上的重大成就。随着秦汉统一国家的建立，陶器的同一性也在增强，地方色彩明显减弱。

伴随着商品经济的发展，官、私制陶作坊的生产都比较兴旺。在秦都咸阳附近的咸亭就是民营制陶作坊的聚居区。从考古发现的 40 种陶文中，可知咸亭周边 17 个里都分布着众多的私人制陶作坊。

秦汉时，人们在生活中使用最为广泛的是泥质灰陶。秦砖汉瓦、生活用器以及陶明器中都可以见到它的影子。

画像砖 秦汉时期，随着皇室、贵族、官僚建筑宫室楼台的增加，建筑用陶的需求极为惊人。尤其是砖瓦的使用更加普遍，连民间的房屋建筑也经常使用，极大地促进了砖瓦制陶业的生产。

秦砖为长方形的实心砖或空心条砖。一般实心砖较小，空心砖较大。在陕西临潼、风翔出土的秦代画像空心砖，砖面有骑马射猎和宴请宾客的场面，相当壮观。汉代砖的种类与秦代相差不大，有条砖、方砖、侧面砖、楔形砖、子母砖、空心砖等。纹饰较秦代富有变化，有卷云纹、青龙、白虎以及几何形纹饰。

画像空心砖一般采用阴刻的印模，在砖坯半干时拍印而成。从发现的一些画像砖所残留的彩色颜料可知，有些砖面画像原本是敷色绘彩的。而一般的普通小砖为灰色泥质，模制，上面有刮削痕迹，火候一般较高。

瓦当 秦代的瓦当除了实际的用途外，还具有装饰建筑物的作用。秦统一六国前，早期的纹饰为兽面纹，后期为云纹图案。秦统一后，瓦当的图案、题材变得更丰富多彩。

秦瓦当原料均为普通黄土，采用泥条盘筑法制成。其技术特点体现在：（1）能根据不同用途来分别设计成品。如专门用于屋檐的三角几何纹板瓦和有唇有当的筒瓦，是秦代工匠精心设计的典型代表。（2）依据科学原理来巧妙设计产品。如板瓦背部均饰有绳纹，以便于嵌入屋顶所抹的泥中，增大屋顶与瓦背间的摩擦力。（3）适应技术的变化，不断改进产品。随着轮制工艺的需要，槽形板瓦逐渐被弧形板瓦取代。

进入汉代，瓦当技艺又有所发展。除了常见的云纹外，还出现了大量的文字瓦当。如“千秋万岁”“永受嘉福”“长生未央”“长乐无极”等文字瓦当较为流行。此外，还出现了以青龙、白虎、朱雀、玄武四神为体裁的瓦当（见图 3–3）。

陶明器 秦代皇帝、官僚随葬用的陶明器主要为陶俑。在秦始皇秦兵马俑中，人物俑都是模拟真人大小，一般在1.8米左右。其面型、须发均刻画得十分逼真、生动。秦俑是先堆塑雕刻人物的各个部分，然后装接好后，再入窑烧制。秦俑为泥质灰陶，质地坚硬，无炸裂，其烧成温度在900度左右。

图 3–3 四神纹样瓦当拓片（陕西西安汉长安城遗址出土）

西汉初期，陶明器中仿青铜礼器较多。到西汉中晚期后，鼎、敦、盘、匜等仿铜礼器的数量逐渐下降，而反映人们生活的仓、灶、井、炉、猪圈、家畜等明器急剧增加。在东汉中期以后的墓葬中，反映地主大庄园经济的成套模型明器以及陶制楼阁等又有大量出土。

到东汉后期，原始青瓷终于发展为成熟的青瓷器，并且还出现了黑釉瓷，从此中国的陶瓷生产进入一个崭新的历史发展时期。

二、青瓷与白瓷

三国两晋时期，社会长期动乱，中原人民大量南迁，促进了地区、民族之间的手工业技术的交流和传播。江南的陶瓷业发展迅速，以浙江为中心，相继在浙江萧山、上虞、余姚等出现了越窑、瓯窑、婺窑、德清窑等著名窑址。进入隋唐后，陶瓷业又有很大发展，出现了著名的白瓷、唐三彩等。

（一）青瓷

越窑分部在浙江上虞、萧山、绍兴等地。东晋中期以后，越窑青瓷成为日常用具，如烛台、灯、盆、钵、盘、碗、壶、砚等。其造型趋向简朴，纹样以弦纹为主。东晋晚期出现的莲瓣纹，在南朝时成为越窑青瓷的主要纹饰。越窑的胎、釉分为两种：一种胎质致密，呈灰色，施青釉；另一种胎质粗松，呈土黄色，外施青黄釉或黄釉。

瓯窑分布在浙江永嘉、温州一带。瓯窑略晚于越窑，可能是随着青瓷的需求量扩大，在越窑的影响下发展起来的。瓯窑的青瓷胎质坚硬，白中微微带灰，釉色以淡青为主，与“缥瓷”（青白色瓷）接近。

婺窑分布在浙江中部的金华地区。它生产的青瓷含铁量较高，故胎色泛红。其釉层比较厚，玻璃质强。为了取得较好的色彩效果，它还运用了化妆土的工艺技术。

德清窑因位于浙江德清而得名。目前发现的窑址有几十处之多，以烧制青瓷为主。不过，其生产的黑瓷最为有名。

六朝时期，青瓷的造型主要有盘口壶、鸡头壶、莲花尊、扁壶、瓷罐、杯、盘、水注、瓷灯、熏炉等。青瓷的装饰方法十分丰富，有压印、刻花、堆贴、塑饰、雕镂、釉彩等。

唐代的青瓷有了飞速的发展。清代蓝浦《景德镇陶录》云：“陶至唐而盛，始有窑而名。”说明各地制瓷中心都有了自己的窑名，体现了制瓷业的兴盛和各地瓷窑特色的形成。

唐代越瓷的特点是胎骨较薄，施釉均匀，釉色青翠莹润，光彩照人。越瓷不仅是供奉朝廷的贡品之一，也是一种畅销的外贸商品。唐代的陆龟蒙赞美越窑的釉色道：“九秋风露越窑开，夺得千峰翠色来。”这种“千峰翠色”青瓷的技术要求很高，不仅配制釉药量要准确，含铁的成分要适当，而且必须严格掌握窑里的温度和通风情况，使瓷器在还原焰中烧成。

越窑青瓷具有温润如玉的釉质与青绿略带闪黄的色彩，能完美地烘托出茶汤的绿色，故成为唐代文人雅士首选的饮茶用具。同时，唐代盛行的饮茶风尚对越窑青瓷的形制也有所影响。唐代早期以瘦高的立型器为主，晚期出现了荷叶式、花口式的盘和碗。到晚唐时期，由于越窑青瓷工艺精良，质地佳美，成为皇室珍爱的宝物，被称之为“秘色瓷”（见图 3–4）。

图 3–4　唐·秘色瓷（陕西扶风法门寺地宫出土）

五代时期，当中原政权在不断更替变乱时，吴越地区则处于比较安定的局面。为了维持这种局面，钱越统治者不得不以越窑的瓷器，向中原各主进贡，以换取苟安一时。贡品中首推越窑生产的“秘色瓷”。

（二）白瓷

中国的白釉瓷器，萌芽于南北朝时期，大致烧成于隋代。到了唐代，邢窑的白瓷已经发展成为青、白两大瓷系中的主流之一。当时除了邢窑之外，江西景德镇和四川大邑生产的白瓷也很有名。

作为唐代最著名的白瓷窑场，邢窑在今天河北邢台境内，因唐时地属邢州，故名“邢窑”。邢窑白瓷在唐代享有“天下无贵贱而通之”的美誉。

邢窑白瓷胎质坚实，细洁纯白，器内施满釉，器外釉不到底足。在胎、釉之间有一层化妆土，作为保护胎釉的。最为珍贵的是，其细白瓷的釉面十分光滑，色泽雪白莹润。陆羽在《茶经》中所赞“邢瓷类银”“邢瓷类雪”，便是就其釉色而言。

图 3–5　唐·邢窑白瓷盖罐（河北临城谢兽村出土）

邢窑的产品器型规整，制作精致，有碗、盘、钵、托子、杯、砚、盒、瓶、壶、罐(见图 3–5)等，多为日常用品。其风格朴素淡雅，均少带纹饰，以突显釉质之美。

三、唐三彩

唐三彩，全名“唐代三彩釉陶器”，是盛行于唐代的一种低温釉陶器。由于其釉彩有黄、绿、白、褐、蓝、黑等色，并且以黄、绿、白三色为主，故人们习惯称之为“唐三彩”。因唐三彩最早最多出土于洛阳，也有“洛阳唐三彩”之称。

唐三彩的窑址主要分布在长安和洛阳两地，在长安的称“西窑”，在洛阳的称“东窑”。唐三彩的种类很多，有人物、动物、碗盘、水器、酒器、文具、家具以及盛装骨灰的壶坛等。其中，较受人喜爱的是马俑，有的扬足飞奔，有的徘徊伫立，有的引颈嘶鸣，表现出栩栩如生的多种形态。唐三彩的人物造型有妇女、文官、武将、胡俑、天王等，根据不同人物的身份地位，能够刻画出各自的形象和特征。(见图 3–6)

唐三彩的烧制采用的是二次烧成法。从原料上来看，它的胎体是用白色的黏土制成，在窑内经过 1000 ～ 1100 度的素烧，将焙烧过的素胎经过冷却，再

女立俑(陕西省博物馆藏)　胡人骑卧骆驼俑(中国国家博物馆藏)　三彩釉陶马(中国国家博物馆藏)

图 3–6　唐三彩

施以配制好的各种釉料入窑釉烧，其烧成温度为 850 ～ 950 度。在釉色上，利用各种氧化金属为呈色剂，经烧制后能够呈现出各种不同的色彩。

此外，唐代还创造了一些彩釉瓷，即在一种色釉上再洒上另一种色釉。如在黑釉上洒上蓝白釉，在褐釉上洒上灰白釉，形成大小不同的斑纹，具有豪放明快的装饰效果。如长沙窑的釉下彩是青黄釉瓷器的表面呈现出褐绿色、蓝绿色绘制的山水人物、花卉花鸟以及题文诗句。这一装饰方法对中国古代彩瓷的发展产生了深远的影响。

四、宋代五大名窑

宋代的瓷器在胎质、釉料和制作技术上有了进一步的创新和突破，成为造瓷技术非常成熟的一个时期，也是中国陶瓷发展史上的一个重要阶段。定窑、汝窑、官窑、钧窑、龙泉哥窑是宋代的五大名窑，在釉色和花纹图案装饰等方面，都有各自独特的风格。例如，定窑的莹白、甜白、牙白、绣花、刻花、印花，龙泉哥窑烧成的“百圾碎”，官窑的“紫口铁足”都是独树一帜的精品。而钧窑烧制的紫色瓷器，更是打破了以往青、白瓷的单纯色调。

（一）汝窑

汝窑，因地处汝州而得名。汝瓷位居宋代五大名窑之首，在中国陶瓷史上素有“汝窑为魁”之称。汝瓷工艺精湛，造型秀美，釉面温润，高雅素净，在中国青瓷发展史上，是一个划时代的重要标志。

汝瓷造型古朴大方，色泽独特，以名贵玛瑙为釉。随光变幻，观其釉色，犹如“雨过天晴云破处”“千峰碧波翠色来”的美妙（见图 3-7）。它土质细润，釉厚而声如磬，明亮而不刺目。器表有呈蝉翼纹的细小开片，有梨皮、蟹爪、芝麻花等形状，被世人称为“似玉非玉而胜玉”。宋元明清以来，汝瓷精品为宫廷内府所藏，视若珍宝，价值连城。人们常云：“纵有家财万贯，不如汝瓷一片。”

图 3-7　北宋·汝窑天青釉荷花式温碗（台北“故宫博物院”藏）

（二）定窑

定窑是继唐代邢窑白瓷之后兴起的一大瓷窑体系。因其产地在唐宋时期属定州管辖，故名“定窑”。定窑原为民窑，以产白瓷著称，兼烧黑釉、酱釉和釉瓷。古籍中分别称为“黑定”“紫定”和“绿定”。北宋是定窑发展的鼎盛时期，制瓷技术有许多创新之处。北宋中后期，定窑由于瓷质精良，色泽淡雅，纹饰优美，被政府选为宫廷用瓷，使其身价大增，风靡一时。

定窑的瓷器胎质薄而轻，胎色白色微黄，较坚致，不太透明（见图 3-8）。其釉呈米色，施釉极薄，可以见胎。釉色多洁白晶莹，许多积釉形状好似泪痕，故称为“蜡泪痕”。在器物外壁薄釉的地方，能看出胎上的旋坯痕，俗称“竹丝刷纹”。

图 3-8　北宋·白釉孩儿枕（北京故宫博物院藏）

（三）官窑

官窑是南宋高宗时期一些窑口专为宫廷烧制、供御捡退的瓷器。在当时俗称“官窑”。南宋官窑瓷器沿袭北宋的宫廷风格，造型庄重大方，规整对称，高雅大气，一丝不苟。其釉面沉重幽亮，釉厚如堆脂，温润如玉。釉光下沉而不刺眼，纹理布局规则有致。因为胎土呈深黑褐色，含铁量极高，手感沉重，后世又称为“紫口铁足”（见图 3-9）。

图 3-9　南宋·粉青葵口碗（日本东京国立博物馆藏）

（四）钧窑

钧窑产于河南禹州境内。因古属钧州，故名为“钧窑”。它是在建窑和耀州窑风格的基础上，形成的一种独特风格的名品，在宋徽宗时期达到工艺技术的高峰。

图 3–10　宋·天蓝窑变紫莲花盆（台北“故宫博物院”藏）

钧窑以独特的窑变技术而著称于世，素有“黄金有价钧无价”的美誉。钧窑的名贵之处在于“入窑一色，出窑万彩”的神奇窑变，其釉色是自然天成而非人工描绘（见图 3–10）。每一件钧瓷的釉色都是独特的，正所谓“钧瓷无双，窑变无对”。北宋官造的钧瓷，沉重而古朴，明亮而深沉。无论其呈色，还是纹理，都能做到人为控制而恰到好处，后世难以仿制。它是北宋瓷艺最高水平的体现。

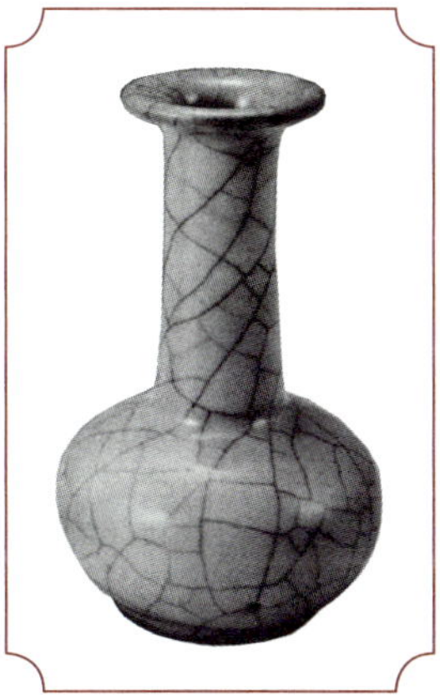

图 3–11　南宋·龙泉哥窑细颈小瓶（江苏溧水窖藏出土）

（五）龙泉哥窑

龙泉哥窑的烧造年代为南宋中晚期，产地为浙江龙泉。其胎色黑褐，釉层冰裂，釉色多为粉青、灰青。釉层有网状开片，有粗有细。较细者，俗称为“百圾碎”（见图 3–11）。

在北京故宫博物院、上海博物馆等也收藏了一些与龙泉哥窑相类似的瓷器。它们也是黑胎开片，紫口铁足。但是，釉色多为炒米黄，纹线为黑黄相间，俗称“金丝铁线”。由于此类瓷器不见于考古出土中，故别称为“传世哥窑”。

图 3–12　南宋·青白釉缠枝卷叶纹梅瓶（江西省博物馆藏）

除了以上五大名窑以外，宋代景德镇的影青瓷器十分有名。它胎质极薄，釉似白而青，暗雕花纹，内

外可见（见图 3–12）。建窑的“乌黑兔毫”“鹧鸪斑”，磁州窑的黑釉刻花等瓷器，也是负有盛名的产品。此外，北宋还出现了三彩瓷。与唐三彩相比，宋三彩画面生动，填色规整。器型以枕为大宗，画面具有浓郁的汉族民间生活气息。

五、元代五大瓷器工艺

元代的瓷器生产具有鲜明的时代特色。与宋代相比，元代统治者在重视瓷器生产上要逊色一些。因而，传统官窑的地位开始下降，生产技术的优势逐渐转向民窑，南方的制瓷业也超越北方占据主导地位。随着民间制瓷业的发展，迎合民间审美趣味的产品不断被烧制出来，瓷器已成为人们日常的生活用品。同时，元代瓷业生产还受到域外技术、原料、风格以及需求的影响，产品丰富多彩，风格多种多样，海外销路日益扩大。外销的瓷器主要有碗、盘、壶、瓶、罐、坛、瓮、埕等器物。

进入元代以后，景德镇逐渐成为中国制瓷业的中心。当时，景德镇作为民窑业的主力，瓷器生产的商品化程度很高。至元十五年（1278 年），元政府在景德镇设立浮梁磁局，掌管烧造御器。但是，由于官府陶瓷业向民间开放，故御器烧造一般也由民窑承担，官窑只是从民窑中挑选精良瓷器作为贡品而已。

景德镇的官窑制品非常精美。其中，卵白釉瓷器上中常有“枢府”字样，应为元代枢密院的定烧器，故也称“枢府窑”。这种洁白润泽的卵白釉，是青花和釉里红等彩瓷产生的基础。此后，景德镇成功地烧造出青花瓷和釉里红瓷两种名类。元代瓷器的成就主要体现在青花、釉里红、红釉、蓝釉、卵白釉五大工艺方面。

青花 它是一种釉下彩，就是在白地上呈现青色纹饰。元人“以白为吉”的审美情趣刺激了青花的发展。元青花着色力强，呈色稳定，纹饰永不褪脱。光润透亮的青花釉与素雅明净的白胎巧妙配合，互相衬托，呈现出中国古典山水

图 3-13 元·青花龙纹荷叶盖罐
（江西高安出土）

墨画的特色。元青花瓷形器以壶、瓶、盘、罐（见图 3-13）为主，体型较大，构图饱满。主体纹饰多在瓷器腹部，辅助纹饰常在瓷器口、颈、肩、胫等部。

釉里红 它的工艺特征是用含铜的彩色绘在瓷坯上，再施上透明釉，经高温烧制后，就出现白地红花或红地白花的釉下彩。釉里红色彩艳丽，且烧制难度大，属于极其珍贵的瓷器品类。它可以单独装饰瓷器，也可以与青花结合，又称之为“青花釉里红”。

红釉 它是将含铜的釉料进行高温处理后，使瓷器上呈现红色的一种工艺。元红釉以小器形的盘、碗、壶为主，烧前在瓷胎上印出云龙纹、三朵纹饰等，然后施铜釉料，再经高温烧成，红釉下的花纹便隐现出来，显得十分含蓄。

蓝釉 它是将含钴的釉料进行高温处理后，在瓷胎上呈现蓝色的一种工艺。其釉色纯净明亮，犹如蓝宝石般晶莹夺目。由于高温钴蓝釉的烧制比高温铜红釉较为容易，因而传世以及出土的元代蓝釉器比红釉器相对较多。它的造型主要有壶、瓶、碗、盘、高足杯等。

卵白釉 它是一种含钙量低，含钾、钠成分高的石灰碱釉。其釉质不透明，色白微青，恰似鹅蛋色泽，故称“卵白釉”。这是元代景德镇湖田窑工匠的创新工艺。它不仅在国内流行，还大量行销海外。宋代偏爱青如玉的青白瓷，而元代崇尚白乳浊的卵白釉，表明宋、元之审美情趣已大不同。

六、明代陶瓷制造

明代的陶瓷业比元代又有所进步。到嘉靖年间，由于官窑无法完成加派的任务，明代开始实行“官搭民烧”的生产方式，以景德镇为代表的民窑在技术和产量上在全国逐渐占据主导地位。

（一）制瓷工艺

明代制瓷工艺的成就首先表现在精致白釉的烧制成功。其釉色透亮明快，纯白如牛乳色。白釉质量的提高，为一道釉和彩瓷的发展创造了优越的条件。

明代最重要的成就是铜红呈色的一道釉瓷器。铜红釉是从宋代钧窑的窑变开始的，历经元代的发展，到明代时已经成功地烧成了色调别致的鲜红和宝石红等。按时期划分为：永乐年间的鲜红、翠青，宣德年间的宝石红，弘治年间的娇黄，正德年间的孔雀丝、回青，嘉靖年间的孔雀蓝。

图 3–14　明・斗彩海水龙纹盖罐

明代瓷器加彩方法的多样化，也标志着中国造瓷技术的高度发展水平。如成化年间的斗彩，嘉靖、万历年间的五彩，都是驰名中外的名品。所谓斗彩是在烧成的青花瓷器上加红、黄、绿、紫等彩料，经炉火烧炼而成的。（见图 3–14）所谓五彩，并不一定是五种颜色，而是指以红、黄、绿、蓝、紫五色彩料为主的多彩瓷器。（见图 3–15）

图 3–15　明・五彩人物纹盘

（二）各地名窑

景德镇窑　明代景德镇的陶瓷，无论工艺还是产量上，都是独树一帜，名冠全国。至明代中叶，景德镇瓷器几乎占据了全国的主要市场，成为闻名中外的瓷都。景德镇的民窑多达 900 余座，佣工达数万人，形成“延袤十三里许，烟

火逾十万家”的繁忙景象。

景德镇的生产分工已相当精细。据宋应星《天工开物》记载，有澄泥、制坯、过刮、打圈、汶水、过釉、入匣、满窑、供烧等工种（见图 3–16），其中仅制坯成型就需要 7 道工序。这种细致的生产分工不仅促进了制瓷技术的进步，也能满足国内外市场的众多需求。景德镇生产的青花瓷畅不仅销国内，而且还成为仅次于丝绸的大宗出口商品。

打圈

过釉

图 3–16　明代瓷器生产

龙泉窑　龙泉窑开创于三国两晋时期，是中国制瓷历史上延续最长的一个窑系。明代龙泉窑在继承宋代青瓷工艺的基础上继续发展。其分布地区是在浙江龙泉为中心的丽水、永嘉一带，产量较大。其中以龙泉的琉田窑最为有名，所产瓷器也畅销国外。

其釉色早期为豆绿色，后期呈葱绿色。胎体厚重，胎色灰黄，釉层较厚，透明度高，釉表光泽强。器物多大型的瓶、盘等，小件不常见。通常用堆贴双鱼、缠枝牡丹作为装饰，碗盘的中央大都有印花，且有文字，如“福”“吉”“寿”“宝”“天下太平”等。除了常见的釉下刻花，也有模印人物故事的装饰。

德化窑 福建德化窑的瓷器以釉色、瓷胎洁白而著称。由于其釉色宛如象牙，光色如绢，故在欧洲被称为“象牙白釉”，与景德镇瓷享有同样的声誉。器形有碗、杯、瓶、壶、炉等。犀角杯为仿犀角而制成，在当时也广为流行。

它最有特色的是瓷塑作品，以观音、达摩、弥陀等佛像最为常见，造型极为生动传神。著名艺人何朝宗就是闻名遐迩的瓷塑名手。他的瓷塑作品吸收了泥塑、木雕和石刻造像的各种技法，结合瓷土特性，博取众家之长，形成了独具一格的瓷塑艺术。明后期时，德化地区瓷窑众多，生产规模也相当惊人。

宜兴窑、石湾窑 它们是明代两个生产精陶的名窑。宜兴窑在江苏宜兴的丁山、蜀山镇，以制作紫砂陶而闻名于世。早在北宋时期就开始生产紫砂陶。到明代时，宜兴窑成为当时的烧陶中心，并仿烧宋代钧窑器物，故有“宜钧”之称。

明代是紫砂壶创作的极盛时期，涌现出许多紫砂壶名家，如供春、时大彬、李仲芳、陈仲美等。其中，以时大彬的成就较高。他制茶壶富于巧思，常杂以沙土，使紫红陶胎上出现星星白点。（见图 3–17）明代的紫砂陶远销国外，被日本及欧洲一些国家视为珍品，且竞相仿制。

图 3–17　明・时大彬制紫砂胎剔红山水人物图执壶（北京故宫博物院藏）

广东石湾窑的陶器也很有特色。以“渔、樵、耕、读”为题材的石湾陶塑，是石湾窑的典型代表。其产品也畅销国内外，民间流传着“石湾瓦甲天下”的美誉。同时，石湾窑也善于仿造宋代钧窑。其仿钧釉色以蓝色、玫瑰紫、翠毛釉等

为佳，并有所创新。如钧窑的窑变釉是一层釉色，而石湾窑却有底釉与面釉之分。

此外，明代还生产一种专门外销的彩绘瓷。因其以红色为特点，日本人称之为“赤绘”。这种彩绘瓷的图案题材，多为山水、花鸟、鱼、兽、人物，也有少数绘有回教经文。它可能是中国东南沿海地区的浙江温州窑、福建漳州的石码窑等所烧制。

七、清代陶瓷制造

清代康熙、雍正、乾隆时期，由于政治安定，经济繁荣，加上皇帝的喜好和提倡，当时的瓷器技术十分高超，装饰精细华美，成为中国陶瓷史上最为光耀灿烂的一个时期。与明代相比，清代瓷器釉色更为多样，烧制技艺也大为提高。尤其随着陶瓷外销，西洋原料、技术的传入，清代陶瓷业变得更为丰富多彩。不过，由于量产及仿制成风，画院追求工细纤巧，虽然清代多有惊人之作，但也不免流于一种匠气。

（一）制瓷工艺

清代在陶瓷工艺上又有新的贡献。尤其在康熙、雍正、乾隆时期，创立了珐琅彩、粉彩等新型工艺。同时，原来的斗彩、五彩、青花、釉里红、白釉、素三彩等工艺，到了清代又得到了充分的发展。例如，康熙年间的鲜红、郎窑红，乾隆年间的仿宣德霁红以及矾红、釉里红等，都是继承和发展明代造瓷技术所取得的新成就。

图 3-18　清·珐琅彩芙蓉雉鸡玉壶春瓶

珐琅彩始于康熙。最早是使用进口原料，所以也称“洋瓷”。这种瓷胎上画珐琅的技法，后人称“古月轩”，国外称“蔷薇彩”。至雍正时期，用料已能自己烧制。它以天然长石、石英等矿物质为主要原料，色彩晶莹，质地凝厚，花纹有堆起之感。由于珐琅彩多为内廷秘玩，故装饰画法极为精致，追求华美艳丽，颇具宫廷之气。(见图 3–18)

图 3–19　清·粉彩镂空盖盒

粉彩始于康熙年间，至雍正时最为发达。粉彩的主要特征为色调柔和淡雅，笔力精细工整，故又称“软彩”。它是用玻璃白涂底，采用渲染的表现方法，使颜色呈现由浅到深、浓淡明暗的特殊效果。(见图 3–19)

此外，清人对陶瓷的评鉴、研究较为重视，撰写了一些与陶瓷有关的专业书籍，如《陶说》《陶录》《陶雅》《古窑器考》等，为后人留下了宝贵的陶瓷工艺资料。

（二）各地名窑

有清一代，景德镇仍是中国制瓷业的中心，独领风骚。明代末年，景德镇的陶瓷业曾一度遭受破坏。到康熙中期以后，逐渐得到恢复和发展。景德镇以青花、粉彩产品为大宗，颜色釉为名产。以粉彩为例，当时景德镇的制瓷工人借鉴珐琅彩的制法，在含铅的玻璃质中加入了“砷”元素，创造了著名的“玻璃白”。以此打底，使得瓷品的图案层次丰富，立体感较强。

清代仍在景德镇设有御窑厂。随着民间陶瓷业的发展，御窑厂规模逐渐缩小。到清中叶后，便改为“官搭民烧”了。景德镇的民窑获得了长足的发展，其质量、技术往往要超过官窑。清代《陶雅》一书就评论道：“官窑不如客窑（民窑），亦一奇也。”清代景德镇的瓷器产量大，品种多，行销远。在全盛时期，其制瓷工人达到 20 余万，镇上还设有专门销售瓷器的一条街。

除景德镇外，清代陶瓷的生产几乎遍及全国各地。据统计，乾隆时期，全国重要陶瓷产地就有 40 多处，包括直隶、山东、河南、山西、陕西、四川、江苏、

安徽、福建、江西、湖南、广东等 12 个省。其中较有特色的有：湖南醴陵的釉下彩瓷器，在清代末年开始兴起。其瓷色白中泛青，纹饰淡雅可爱。陕西所产的青花瓷，色彩青翠，笔力豪放，富有浓厚的民间色彩。其生产的鱼纹盘是其青花瓷中的珍品。山东博山所产的黑瓷是北方农村广泛流行的生活用品。其釉色光泽匀净，以有斑点者最有特色。当地的土质适宜制瓷，窑业历史也较久远。广州的“广彩”是在清代中期发展起来的。它采用景德镇生产的瓷胎，在广州进行装饰加工。其色彩浓艳，对比强烈，且多用金线勾边，又称为“织金”。乾隆年间，美国旅行者威廉·雷查到广彩加工厂参观时，该厂工人已达到 2 万左右。[①]

此外，清代的陶器制作以宜兴紫砂壶最为有名。它朴素大方，设计精巧，受到国内外的青睐。清代宜兴紫砂壶制作的突出特点是文人雅士积极参与其中。例如，康熙年间，浙江的文人雅士亲自邀请紫砂壶工艺大师陈鸣远为自己制壶。嘉庆、道光年间的书法、篆刻家陈鸿寿不但请紫砂壶大师杨彭年为其制壶，而且亲自设计壶的造型，并在壶上题诗雕刻。由此，紫砂壶的制作便与诗文书画紧密结合起来。

清初的陶瓷业在继承明代的基础上，总体水平持续上升，到乾隆时达到顶峰。当时的粉彩、五彩、斗彩、珐琅彩等技法，已超越前代，达到极致。每年热销到欧洲的瓷器数量达百万件以上。此后，西方资本主义国家纷纷建厂，学习和仿制中国的瓷器，主要是青花诸品种以及釉上彩等瓷品。因此，嘉庆以后，中国陶瓷业开始出现下滑。尤其是鸦片战争之后，更是萎靡衰退，一蹶不振。由于欧洲制瓷业的迅猛发展和日本外销瓷器的激烈竞争，外销瓷逐渐跌入低谷。

---

① 参见中国硅酸盐学会主编：《中国陶瓷史》，文物出版社 1982 年版，第 453 页。

第四章 纺织与印染业

中国古代的纺织与印染技术具有非常悠久的历史。原始社会时期，为了蔽体御寒，先民们就地取材，逐步学会了种麻索缕、养羊取毛和育蚕抽丝等生产技术，并且掌握了简单的纺织技术。

新石器时期，中国古人创造了最早的纺织工具纺坠以及原始的织具腰机。他们不但能够织造麻、葛和毛的织物，而且创造性地利用蚕丝制作丝织物。蚕丝在所有天然纤维中是最优良、最细长的纺织纤维，可以织成各种复杂的花纹提花织物。养蚕取丝是举世公认的中国伟大发明之一，丝织技术也成为中国古代最具特色和代表性的纺织技术。

商周时期，纺织原料主要为麻、丝。当时，人们已经能够使用简单的缫车、纺车、织机，出现了斜纹提花织物和刺绣。春秋战国时，纺织工艺日益精湛，缫、纺、织、染工艺逐步配套。纺织品成为人们日常的交易物品，甚至作为交换的媒介，执行货币的流通职能。

秦汉时，中国丝、麻、毛纺织技术都达到较高的水平。缫车、纺车、络纱、整经工具以及脚踏斜织机等手工纺织机械已经广泛采用，多综多蹑织机已相当完善，束综提花机也已产生，能够织出精美的大型花纹。湖南长沙马王堆汉墓出土的纺织品就是当时纺织水平的见证。汉代大量的精美丝织品经中亚向西方输出，开辟了历史上著名的“丝绸之路”，中国也被誉为“丝绸之国”。

隋唐时期，丝麻织品遍布全国各地。北方以宋州、亳州最著名，南方以吴越、宣州最有名。织物组织由原来的变化斜纹演变出新的缎纹。束综提花方法和多综多蹑机相互结合，纬线显花的织物大量涌现。普通百姓广泛使用麻织物，葛已逐渐被淘汰。

宋代的丝、麻织物的数量和品种都有增加。纺织品花色繁多，平纹、斜纹和缎纹等织物组织全部出现。北方丝织业继续发展，河北路产绢有“衣被天下”之美称。南方的丝织业逐渐超过北方，尤以两浙、川蜀地区最发达。

南宋后期，一年生棉花的种植技术在内地有了突破，棉花开始在一些地区普及。元代时，随着棉花在中原地区和长江流域的广泛种植，手工棉纺织业得到迅速发展。松江人黄道婆创造了新式纺车，推广传授“捍、搅、弹、纺、织”工具和错纱配色等织造技术。由于棉花适宜于集中种植，单位产量高，穿着性能好，再加上棉纺织技术的改进，棉布逐步成为人们的主要衣料。到明代，棉纺织已超过麻纺织占据主导地位。

明清时期，棉纺织业成为农民的主要副业，以生产商品为目的的纺织业蓬勃兴起。江南地区的新型手工工场和雇佣劳动关系的出现，标志着中国资本主义萌芽的产生。明代浙江嘉兴使用的新式纱绸机，清代出现的多锭纺纱车，都表明手工纺织机械达到一个新的高度。直到 19 世纪上半叶，中国输出到英国的农村土布仍然超过英国输入中国的洋布数量。

一、丝麻业

在中国古代很长的一个时期内，麻是普通百姓的主要衣料。古时称平民百姓为“布衣”。这里所说的“布”并不是指现在的棉织品，而主要是指麻、葛等植物纤维织品。中国是麻的故乡，麻纺织具有悠久的历史。

（一）麻纺织业

随着社会生产的不断发展，古人纺织水平的逐步提高，在距今 6000 年前，麻纺织品就已出现了。浙江吴兴钱山漾出土文物中发现的苎麻织物残片是目前我国发现最早的麻织品。

1. 麻的种类

早期用于纺织的大麻、苎麻等都是野生的。商周时期，大麻、苎麻已经开始人工栽培了。到春秋战国时，长江流域和岭南的一些地区都已开始普遍种植苎麻。战国时期精细的苎麻布可与丝绸相媲美，成为贵族馈赠的高级礼品。长沙马王堆 1 号汉墓出土的精细麻布，已接近今天的白府绸。

苎麻的加工较为麻烦，细苎麻布与丝绸同样昂贵，只有贵族能够享用。因此，在很长的时期内，大麻粗衣一直是我国普通百姓的主要衣着。

除了大麻和苎麻外，中国古代也种植了苘麻、亚麻和黄麻。在河姆渡新石器时代的遗址中就发现了苘麻纤维织物的出土。亚麻传说是张骞出使西域时带回中国的，它能够适应高寒环境生长，其籽可以榨油。中国的原产亚麻种分布于西南、西北和东北地区。黄麻多栽培于南方，最早大约出现在宋代，在明代的《便民图纂》中有其栽培技术的记载。

2. 麻纺织技术

新石器时代时期，古人已经掌握了搓拈的方法，即将撕细的麻纤维搓拈成线，来增加麻纤维的长度和强度，然后再用这些麻线编织成品。麻纺织生产过程主要包括脱胶与纺纱织布环节。

首先，脱胶是获取麻纤维的一项重要技术。由于大麻、亚麻是由植物胶质和纤维两部分组成，要剥取纤维必须去掉外表的胶质。这一过程被称为“脱胶”。起初，先民们使用手、石器等直接剥离胶质。随着人们生产实践的深入，在漫长的摸索过程中，认识到纤维自然脱胶的现象后，便开始有意识地使用人工浸沤的方法来获取纤维。

到新石器晚期，长江流域已经实行脱胶法。商周时期，黄河流域也十分盛行。秦汉时期，脱胶技术继续进步，出现了煮练脱胶法。宋元时期流行运用煮、浸、晒相结合的方法，并对脱胶后的麻纤维进行杂质清除和漂白加工。

其次，麻纺织工具经历了纺专和纺车两个阶段。纺专作为最原始的纺织工具，主要用于将麻纤维纺绩成纱线。它先用石片或陶片做成扁圆形的纺轮，中间插一短杆，称为“专杆”，用以卷绕拈制纱线。纺专加拈属于间歇进行的工作，效率较低。

后来纺专演变为纺车，即将纺专横向支于架上，另设置一大绳轮，用绳索与纺专上的纺轮套连在一起。这样，手摇绳轮一周，锭子可以转动几十周。右手摇，左手纺。这样，锭子便可以连续回转，产品质量和生产效率都得到提升。

在商代时，手摇单锭纺车已经出现。后来经过不断改进，人们制造出更为先进的脚踏纺车和水力纺车，大大节省了人力、物力。麻布的织造工具为织机，在实践中也一直不断改进和完善。

3. 麻纺织业的演变

西周时，麻纺织业有了明显发展，绩麻织布成为妇女的主要工作。当时妇女的纺织生产被称为“妇功”。政府设立专门的“典妇功”机构进行管理。

战国时期，麻纺织业获得较大发展，北方以齐国的临淄为最为著名，南方长江下游地区的苎麻纺织业也有所进步。

汉时，随着纺织技术的突飞猛进，麻纺织业也越来越发达。麻纺织产品种类齐全，花色多样，涌现了一批质量优异、工艺独特的地方名品。例如，四川生产的细苎麻布（蜀布）非常有名，会稽地区的越布受到光武帝刘秀的钟爱，并被列为朝廷贡品。

唐宋以后，南方一些地区生产的苎麻布，工艺精湛，质量上乘。如浙江诸暨一带生产的“山后布”，是一种很有特色的皱布。南宋时，静江府（今广西桂林地区）的苎麻布，在织造前要先用稻草灰煮练麻纱，并将调成浆状的滑石灰上浆，大大减少了织造投梭打纬的摩擦阻力。此举既减少了织布中的断纱，又使得产品密实而牢固。广西邕州地区生产一种名叫“練子”的苎麻细布，是用当地一种洁白细长的优质苎麻织成的。它穿起来清凉离汗，是当时的麻织名品。

南宋以后，随着棉花种植范围的扩大和棉纺织业的崛起，棉花逐步取代了麻纤维作为大宗衣料的地位。但是，清朝光绪年间，美国还专门从中国浙江移植大麻到肯塔基州，作为麻纺织工业的原料之一。而苎麻作为纺织原料，仍旧驰名中外，用它织成的夏布也远销国外。

（二）丝织业

中国是桑蚕丝织业的发源地。距今五六千年前的新石器时期，我们祖先便

开始了养蚕、取丝、织绸了。起初，古人是利用野生的蚕茧来抽丝、纺织。后来，他们又将野蚕培育成家蚕，野桑培植成家桑。作为世界上最早饲养家蚕和缫丝织绸的国家，中国不但发明了丝绸，而且创造了璀璨夺目、闻名世界的丝绸文化。

到商代时，丝绸生产已经初具规模，达到一定的工艺水平，出现了复杂的织机和织造手艺。从出土的商代丝绸残存中，可以看出当时的丝绸已经出现花纹，可能使用了小提花技术。

周代统治者非常重视对纺织手工业的管理。据《周礼》记载，当时政府在纺织原料的征收、纺纱、织造、练漂、染色等方面，都设有专门的管理机构，分工相当细致。

从西周到战国时期，丝织手工业发展很快，生产丝织物的地区也大为拓展。今天的陕西、河南、河北、山东和湖北等地在当时都有养蚕纺织的生产活动，其中以临淄为中心的齐地规模最大，水平最高。齐国的丝织品远近闻名，贩运四方，享有“齐冠带衣履天下”的盛誉。据《史记·齐太公世家》记载，以前齐地土地贫瘠，人民穷困。直到姜尚分封至齐国后，大力提倡手工业，鼓励人们从事纺织业的生产，使得丝绸产量迅速增加，才改变了原来落后的生产面貌。

秦汉时期，中国古代丝织业进入了一个技术比较成熟的时期。脚踏纺车、脚踏斜织机（见图 4–1）在汉代开始出现。脚踏纺车主要用于并捻丝麻。它由手摇改为脚踏后，有利于解放右手，增加锭数。当时丝织业已经遍及全国许多地区，覆盖面相当广。其中，最繁盛的丝绸产区是黄河中下游以临淄和襄邑为中心的山东以及河南、河北的接壤地区。其次为渭水流域和山西的中部、南部地区。汉代的丝织品不仅产量大，种类繁多，而且在花纹、色彩、加工工艺方面都有明显的进步。

随着丝绸生产的蓬勃发展，丝绸贸易规模不断增大，输出地区也大大扩展。汉代开辟了闻名中外的“丝绸之路”。它东起首都长安，通过河西走廊的武威、张掖、酒泉、敦煌四郡，出玉门关或阳关，到达楼兰。接着，又分为南、北两

图 4–1 纺织图（江苏曹庄出土东汉画像石）

道，北道自此向西，沿孔雀河至渠犁（今新疆库尔勒）、乌垒、轮台，再西经龟兹（今新疆库车）、姑墨（今新疆阿克苏）至疏勒（今新疆喀什）。南道自鄯善的扞泥城，向西南沿车尔臣河，经且末、扜弥、于阗（今新疆和田）、皮山、莎车至疏勒，然后越过葱岭，经过中亚到达西亚，最后转运到至北非、欧洲。除了陆上丝绸之路外，汉人还开通了海上丝绸之路。据《汉书·地理志》记载，其航线是从徐闻（今广东徐闻）、合浦（今广西合浦）出发，经南海进入马来半岛、暹罗湾、孟加拉湾，到达印度半岛南部的黄支国（今印度甘吉布勒姆）和已程不国（今斯里兰卡）。

在战乱动荡的南北朝时期，陆上丝绸之路也未曾完全中断。如南朝与西域的主要往来是从益州（今四川成都）北上龙涸（今四川松潘），经青海湖旁吐谷浑都城，向西经柴达木盆地，北上敦煌，或向西越阿尔金山口进入西域鄯善地区。隋唐时期，丝绸之路又开辟了“北新道”，即从瓜州北的玉门关经伊州、北庭、轮台，越过伊犁河至碎叶，进入中亚。随着时代的变迁，丝绸之路的各条路线虽然时兴时废，但无疑都为中西之间经济、文化的交流做出了重大的贡献。

唐代的丝织生产十分兴盛。官办纺织手工业的规模巨大，分工也越来越细。政府不仅在长安设置织染署、内八作和掖庭局，在地方还设有官锦坊，专门为宫廷织造高级丝绸。（见图 4–2）随着城市繁荣和商品流通的扩大，唐代民间手工作坊数量也不断增多，一些私营纺织作坊的规模也不小。

唐代前期，丝绸生产集中在长江以北的中原地区和华北地区。安史之乱爆发后，北方经济遭受严重破坏。由于南方较之北方相对安定，经济少有破坏，

图 4–2 唐·张萱《捣练图》

北方人口大量南迁，带来了先进的纺织技术，导致东南沿海地区纺织业的迅速发展，纺织水平也渐渐超越北方地区。

宋代在汴京设有官营绫锦院，专为皇室制作高级丝织品。各地也出现了许多著名的丝织品，如亳州的轻纱，抚州的莲花纱和醒骨纱，婺州的红边贡罗和东阳花罗，越州的寺绫，邵州的隔织，定州的缂丝等等。民间丝绸生产更是空前发达，产生了用人力、畜力传动的 32 锭大纺车和水力传动的大纺车（见图 4–3），代表了宋代先进的纺织水平。当时还出现了完全脱离农业生产，专门从事纺织生产的家庭作坊主——机户。他们主要依赖家庭成员，很少雇用劳力。其产品大部分投放到市场上出售，只有少部分被政府收购。

图 4–3 水力大纺车（元·王祯《农书》）

元明清时期，中国古代丝织技术逐渐达到一个高峰时期。由于官办丝织业资金充足，且聚集了一批高水平的技术工匠，因而能织造出华贵精美的高级丝织物。例如，元代的大都织染局、成都绫锦局，明代的两京局（分设北京和南京的内织染局）、南京礼帛堂、苏州织染局、杭州织染局，清代的江宁织染局、苏州织造局、杭州织造局，都属于这一类的织作机构。

民间丝织业由于受到资金、技术的限制，一般只能生产相对低档的丝织物。不过，在明清时期，江南的一些纺织生产发达的地区，出现了新型雇佣关系的手工工场，也能织造出具有高技术含量的丝织品。

这一时期，绫、罗、绸、缎、纱、锦等品种的花色纹样、做工技术，在继承前代的基础上又有了新的发展，并分化出一些有地方特色的优质丝织品。例如，缎有广东粤缎、苏州的幕本缎、云南的滇缎、贵州的遵义缎、杭州的杭缎等；纱有杭州的皓纱，泉州的素纱、花纱和金线纱以及广东的粤纱和莨纱等；绸有广东的莨绸、嘉兴的濮绸、苏州的绉绸和绵绸、山西的潞绸等；绫有吴江的吴绫和桐乡的花绫、素绫、锦绫等；罗有杭州的杭罗、泉州的硬罗和软罗、苏州的秋罗和刀罗等；锦有南京的云锦、苏州的宋锦、四川的蜀锦等。

二、棉纺业

早在北宋时，棉花就已在两广和福建普遍种植。到南宋，又推广到长江流域。当时南方种植的棉花是从东南亚一代传入的木棉，结桃多，产量高。福建一带流传着“木棉收千株，八口不忧贫”的说法。棉花逐渐成为两宋时期重要的经济作物，为棉纺织业的兴起奠定了良好的基础。当时已经有一套擀、弹、纺、织的棉纺织工具。如考古出土的南宋棉毯，体现了当时的棉纺织技术水平。由于棉纺织业刚刚兴起，棉纺织品在当时居民的衣料中并不普及。中国古代棉纺织生产主要分为轧花、弹棉、纺纱、织布等工序。

（一）轧花技术

轧花即除去棉籽。起初，人们用手工剥去棉籽，或用辗轴擀出籽粒，既耗时又费力。元时，黄道婆改进了轧花技术，制作出一种“搅车”的轧花工具（见

图 4–4）。它是高约 0.5 米的单架，上、下装有两个木滚轴。两轴相对而转动，就可将棉籽成功挤出。如果两人各摇一轴，再加上一人喂棉，其效率比辗轴轧花高出数倍。明代的搅车又改进为一人操作。

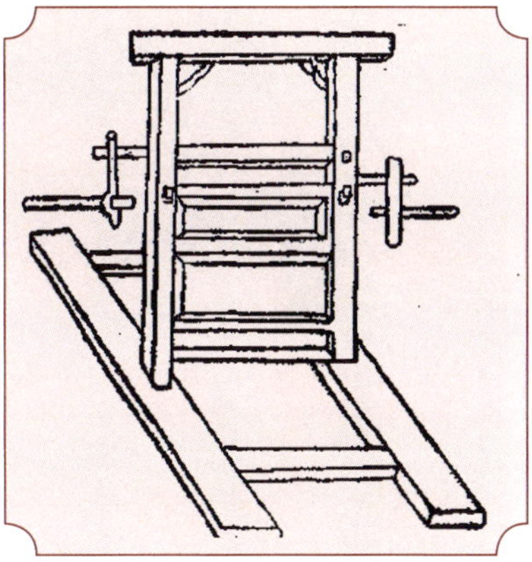

图 4–4 搅车（元 · 王祯《农书》）

清代时，搅车进一步发展成轧车。它是高 1 米的三脚架，上有直径 10 厘米和 5 厘米的滚轴一对，水平放置。大轴为木制，用手摇，向外旋动；小轴为铁制，用脚踏，向内旋动。由于两轴的转速和旋向不同，人们便可以利用摩擦力将棉与籽分离，籽落于内，棉出于外。一人每日操作这种工具轧花可高达百斤，等于四人手工轧花的产量。在轧车中，以太仓式轧车最为著名。这种轧车在松江、太仓、上海一带较为流行。

（二）弹棉技术

轧去棉籽的棉花，古代称为“净棉”，现代称为“原棉”。原棉在用于手工纺纱或用作絮棉之前，需经过弹松，即弹棉。同时，弹棉也可以去除原棉中的一些杂质。弹棉过程是利用振荡原理进行开棉和清棉。弹弓和弹椎是弹棉的主要工具。最初的弹弓是小弓，属于一种竹弧线弦的小竹弓。由于弹力轻微，用手指拨弹即可，而不需用弹椎。

到 14 世纪初，出现了约 1 米长的竹弧绳弦的大弓。这种大弓弓身长，需用弹椎击弦。弹椎是用质地坚硬而沉重的檀木制成，两头隆起如哑铃状，弹棉时用两头轮流击弦。这种用弹椎击弦代替以手拨弦的做法，增强了弹弓对原棉的振荡效果，提高了开棉效率，是中国弹棉技术上的一大进步。

到了明代，弹弓又有改进。徐光启的《农政全书》中记载了一种“以木为弓，蜡丝为弦”的弹弓。它的弓背宽，弓首伸展。当弓弦振荡时，接触棉花的空间增大，

图 4–5　弹棉（明·宋应星《天工开物》）

弹棉效率更高。不过，此时的弹法仍是左手持弓，右手用弹椎击弦，很耗费力气。宋应星《天工开物》中又介绍了悬弓弹花法，用一根竹竿把弹弓悬挂起来，可以减轻弹花者左手持弓的负担（见图 4–5）。到了清代，弹花者把小竹竿系于自己的背上，使弹弓跟随弹花者移动，操作较为方便。

中国古人利用弹弓开松原棉，并清除部分杂质，比近代采用角钉、刺辊、打手等开清原棉的剧烈方法，具有一定的优越之处。现代纺织业中的振荡开棉技术，正是源于这一古老的弹棉技术。

（三）纺纱技术

图 4–6　脚踏纺车（元·王祯《农书》）

元代，纺棉已开始使用脚踏三锭纺车（见图 4–6）。当时，如果单人要同时纺出三根纱，必须先卷制棉条。它是先用无节的细竹或高粱秆等做成筳，然后将弹松的棉絮平铺在桌面上，用手将棉絮卷于筳上，制成约 20 厘米长的中空棉条。明代时，人们改用擦板制作棉条，《天工开物》称之为“擦条”。使用棉条纺纱是中国纺纱工艺发展中的又一大发明。它能使纺纱前的棉纤

维排列整齐，有助于成纱的均匀细密。

明清以来，普通农户还多为手摇单锭小纺车，棉纺织发达地区以三锭纺车最为常见。唯有松江府技艺高超的纺妇能使用四锭纺车。至清末时，在拈麻用的“大纺车”基础上，又创制出多锭纺纱车。三人同操一台四十锭的双面纺纱车，日产棉纱高达 5 公斤多，成为中国手工机器纺纱技术的一个新高峰。

（四）织布技术

棉布分为本色棉布和色织布（包括提花布）两大类。在各种形式的织机上织造的本色棉布，是中国棉纺织物的最初形式。宋元之际，中国棉纺织业的中心分布于浙江、江西、福建等地。松江一带的“乌泥泾被”传遍大江南北。当时的棉布以本色平纹为主，幅阔 30 厘米左右，质量相当于今天的白细布。

图 4–7　织布（清·《御制耕织图》之一）

明代是中国手工棉纺织业最兴盛的时期。当时的棉布已经十分普及。棉布产量较多，除自足之外尚可出口。历年出土的明代棉织物十分丰富，其品种、规格与元代相似。清代后期，“松江大布”“南京紫花布”也名噪一时，成为棉布中的精品。（见图 4–7）

长期以来，中国古代棉纺织业主要以农户分散生产为主。织布的主要工具为织机。由于中国拥有世界先进的丝绸纺织技术，故用于织绸的投梭机，完全能胜任棉纺织工作。因而，元明清时期的棉布生产都是在脚踏斜织机上，以双手投梭而织成，没有重大的技术改进。而生产棉布的布幅也均为 30 厘米左右，未有大的差异。只是到了 20 世纪初，纺织行业才逐渐引进了国外的手拉机和足踏铁轮机等织布机器。

三、毛织业

大约在 4000 年前，中国毛织技术就出现了。尤其在西北地区，毛纺织业一直延续不断，兴盛不衰。毛纺织品是以羊毛、骆驼毛、马毛、牦牛毛、兔毛、羽毛等动物纤维为原料织成的纺织品。

在原始社会，先民们使用的织机是原始腰机和地织机。地织机是铺在地上，一边织造一边向前移动的原始织具。在今天的新疆、青海、云南的少数民族地区仍能见到这种原始织机。

商周时期，毛纺织技术逐渐趋于成熟。新疆哈密古代遗址出土的一批毛织物，其纹饰有平纹、斜纹及带有刺绣的花纹。织物的经纬密度也明显增加。其中的一件平纹刺绣花罽，经纬密度达到每平方厘米 16 ～ 20 根。另一件双色纹罽，组织为斜纹，经纬密度为每平方厘米 10 ～ 30 根。还有一件斜纹的山形纹罽，经纬密度为每平方厘米 20 ～ 24 根。吉林星星哨的周代晚期墓葬中也出土过一块毛布面衣，织作相当细致，每平方厘米的经纬纱均为 20 余根。经纬密度的大幅增加和斜纹组织的普遍利用，表明织布工具已采用具有固定机架的织机，毛纺织技术已有突破性的进步。

秦汉时，中国毛织技术较为成熟。这个时期，毛织物品种丰富，有平纹织物、斜纹织物、罗纹织物等。除了中国古代边疆地区，中原地区的毛纺织生产也有所起色。

到东汉时，中国毛织技术在组织结构上有所发展，出现了纬重平组织和通经回纬的缂织法，在织毯技术上兴起了栽绒织法。新疆民丰县尼雅东汉遗址出

土的人兽葡萄纹罽、蓝色龟甲四瓣花纹罽和彩色毛毯就是这一时期的代表织品。从其精美的花纹来看，当时的织机已相当先进。

从南北朝到近代的1000多年间，中国毛织技术处于一个稳定发展的时期。随着手工织机不断革新，水力织机开始出现，人力、物力大为节省，技术也逐渐改进。例如，新疆巴楚县脱库孜沙来遗址出土有北朝的平纹、斜纹毛织物、栽绒毯以及唐宋通经回纬的缂毛织物。宁夏、内蒙古的辽代遗址也出土了一些毛织物。据元代《大元毡罽工物记》记载，当时按颜色、用途、织法命名的栽绒毯达到10多种。明代的《天工开物》还记载当时的毛织机用八扇综和四只踏轮来织制斜纹，十分先进。

四、印染业

随着经济的发展和社会的进步，人类对于衣物的要求不再只是御寒取暖，对其装饰美观的需求日益提高，于是印染技术就应运而生了。印染技术起源于新石器时期，经过夏、商、周三代，到春秋时期已经相当成熟，逐渐发展成为专门的手工行业。

最早使用的染料是赤铁矿石和朱砂。后来，人们开始使用植物染料，即“草染”。它包括靛蓝、红色、紫色、黄色、绿色、黑色等多种染料，都是从植物中提取而来。

中国印染技术经历了一个由简单到复杂，由低级到高级的发展过程。最初，人们使用最原始的涂染法。不久，开始采用浸染法，即把纤维或织物先经漂洗后，浸泡在染料溶液中，然后取出晾干后，染色宣告完成。由于染料品种比较有限，浸染出的色彩较为单调。

在商周之时，人们逐步掌握了一种新的套染法。它是把染物依次用几种染料陆续着色，不同染料的组合就可以产生出色调不同的颜色来。或者以同一染

料反复浸染多次，又能得到浓淡递变的不同品种。

春秋战国时期，为了使服装花色更加华丽多彩，人们又进一步发展了多种敷彩、印花的色染工艺。到西汉时，以矿物颜料彩绘的技术取得进步，凸版印花技术也已相当成熟。在印制图案时，已采用某种干性油类作胶黏剂来调和颜料。这种调和成的色浆，既具有一定的流动性，又不会过度渗透织物。

秦汉之际，西南地区的少数民族发明了蜡染技术，古时称之为“蜡缬”。其中“缬”是指有花纹的丝织品。蜡缬是利用蜂蜡或白虫蜡来作为防染剂。当时的这种印花织品具有独特的工艺风格和浓郁的民族特色。

到南北朝时，中国大江南北又兴起了“绞缬”“夹缬”等染花技术。绞缬是先将待染的丝织物，按预先设计的图案用线钉缝，抽紧后，再用线紧紧结扎成各式各样的小簇花团，如蝴蝶、腊梅、海棠等。浸染时，钉扎的部分不易染色，而未扎结处却容易着色。于是，在染完拆线后，缚结的部分便形成着色不充分的花朵，自然显现出由浅到深的色晕以及色地浅花的图案。“夹缬”技艺经历了一个逐步发展的过程。最初是用两块雕镂相同图案的木花板，把布、帛折叠夹在中间，涂上防染剂，然后取出织物，进行浸染，于是便成为对称图案的印染品。后来，采用两块木制框架，紧绷上纱罗织物，接着把两片相同的镂空纸花版分别贴在纱罗上，再把待染织品放在框中，夹紧框，然后用防染剂或染料涂刷，最后便染成白花色地或色花白地的图案。

唐代时，练染工艺获得了较快发展。官府练染作坊规模庞大，分工细密，能染出绚丽缤纷的色彩。染色技术主要有画缋、印花等。画缋即在衣服上绘画，为局部染色。盛唐时期，夹缬印花染品的图案纤细流畅，又有连续纹样，达到很高的水平。到了宋代以后，镂空的印花版开始改用桐油竹纸，代替以前的木版，使得印花更加精细。同时，还在染液中加入胶粉，调成浆状，来防止染液的渗化。

明清时期的染料与染色工艺都有新的发展。官府印染业设有内织染局和外织染局。不过，当时的官府印染业正逐渐走向衰落，所用的染料还需向各

地征收。民间印染业则日渐兴盛。（见图 4–8）

随着明清棉纺织业的发展，棉布印染业开始兴起。棉布染色是一项十分复杂的技艺，染料的配色，棉布的练、漂、着色以及染色剂的选取都十分讲究，需要设立专门的染坊进行操作。如靛蓝染色是将蓝草中的颜色提取出来作为棉织品的染料。此外，明代棉布印染还出现了刮印花和刷印花等新的方法。

图 4–8　染色（清《御制耕织图》之一）

五、刺 绣

刺绣是用针将丝线、纱线等纤维以一定图案和色彩在绣料上穿刺，以绣迹构成花纹的装饰织物，主要分为丝线刺绣和羽毛刺绣两种。

刺绣至少有 4000 多年的历史。它是用针和线将人的构思添加于织物上的一种艺术，是中国民间传统手工艺之一。刺绣的技法有错针绣、乱针绣、网绣、满地绣、锁丝、纳丝、纳锦、平金、影金、盘金、铺绒、刮绒、戳纱、洒线、挑花等。

在原始社会，先民用纹身、纹面来装饰自己。在麻、丝、毛纺织品出现后，又开始在衣服上刺绣纹样。据《尚书》记载，当时的章服制度规定“衣画而裳绣”。先秦时期的衣物，既有绣画并用的，也有先绣纹形后填彩的技法。

春秋战国时期，绣品图案的结构上比较严谨，手法上写实与抽象并用。不仅呈现有规律的几何布局，而且大量运用了花草纹、鸟纹、龙纹、兽纹，巧妙地将绣品与动植物形象结合在一起。刺绣中的形象显得细长鲜明，且留白较多，是这一时期刺绣纹样的重要特征（见图 4–9）。

在甘肃敦煌以及新疆和田、巴楚、吐鲁番等地的考古中发现了一些东晋到北朝时期的丝织物。根据所见的残片绣品，无论图案或留白，整幅都用细密的锁绣全部绣出，形成一种满地施绣的特色。

图 4–9　战国绣罗（湖北江陵马山楚墓出土）

唐代刺绣与当时宗教艺术有着密切的关系。许多唐绣佛像就与当时佛教兴盛有直接关联。当时的刺绣技法虽然仍沿袭前代的锁绣，但是针法已开始转为平绣为主，并注重采用不同针法，多种色线。所用绣底质料也不限于锦帛和平绢。

刺绣所用图案也受到当时绘画风格的影响。唐代时，随着山水花鸟的绘画日渐兴起，山水楼阁、花卉禽鸟也就成为刺绣的图样。唐代使用微细平绣的绣法，以各种色线和针法的运用，来展现如同绘画一样的效果，成为唐绣独特的风格。许多刺绣构图活泼，色彩明亮。唐人还运用金银线盘绕图案的轮廓，以加强实物的立体感，也可视为唐代刺绣的一项创新。

宋代刺绣发达的原因，与当时朝廷的鼓励、提倡不无关系。与唐代的满地施绣截然不同，宋代更注重书画的传神意境。一般在施绣前需先构思、设计，绣时要审度其形势，最终成品才能趋于精巧。宋代刺绣力求构图简练，在纹样的取舍留白上颇为讲究。

明代刺绣始以嘉靖年间的上海顾氏露香园为代表。顾绣针法在继承了古代优秀绣法的基础上，又加以变化而改进，可谓集古代针法之大成。它用线多为平线，有时也用捻线。其丝细如发，针脚平整，所用色线种类之多，非宋绣所能相比。顾绣针法善于使用中间色线，注重借色与补色，讲究绣绘并用，力求逼真写实。同时，又能根据图案所需，随意取材，不拘成法。真草、暹罗斗鸡尾毛、薄金、头发等均可以入绣来增色添彩。

清代刺绣名品多为宫廷御用，大部分由宫中造办处如意馆的画人先绘制花样，经批核后再发送江南织造管辖的 3 个织绣作坊，照样绣制。其绣品极为工整精美，富丽堂皇。除了御用的宫廷刺绣，在民间先后出现了一些有名的地方绣品，如苏绣、蜀绣、粤绣、湘绣并称“四大名绣”，其中，以苏绣最为出名。

六、素纱禅衣

所谓素纱禅衣其实是一件丝绸制作的汉代衣物，于 1972 年在湖南长沙马王堆 1 号汉墓出土。它的发现让世人真正领略到了西汉时期丝织工艺的高超水平。

素纱禅衣的纱孔方正均匀，薄而透明（见图 4–10）。衣长 128 厘米，两袖通长 190 厘米，重量只有 49 克，尚不足今秤 1 市两，可谓是薄如蝉翼，轻若烟雾。其形制为交领、右衽、直裾。面料为素纱，缘为几何纹绒圈锦。其产地可能为西汉陈留郡襄邑县（今河南睢县）。据南京云锦研究所科技人员分析，该衣是由超细蚕丝织就，千米长丝仅重 1 克，每平方米衣料仅重 12 克，其牢度却与军用降落伞不相上下。它是目前世界上最早、保存最完整、最轻薄的一件衣服。

图 4–10 素纱禅衣（湖南长沙马王堆汉墓出土）

七、蜀　锦

蜀锦，又称“蜀江锦”，起源于战国时期四川成都地区生产的织锦。它大多以经线彩色起彩，彩条添花，经纬起花，并采用对称纹样，色调鲜艳，对比性强。蜀锦是一种带有汉民族特色和地方风格的多彩织锦。它与南京的云锦、苏州的宋锦、广西的壮锦一起，并称为“四大名锦”。

蜀锦历史悠久，汉代末年已有大量生产。三国时期，蜀国丞相诸葛亮极为重视蜀锦的生产。因为蜀锦在当时不仅是对外贸易的大宗商品，也是军费开支的重要来源。当时成都的蜀锦织造业十分发达，政府在成都设有专管织锦的官员，因而成都又被称为“锦官城”。就连环绕成都的锦江，也因为工匠在江中洗濯蜀锦而得名。蜀锦早期以多重经丝起花为主，十样锦是当时蜀锦的重要品种。

唐代以后，蜀锦品种日趋丰富，图案大多是团花、龟甲、格子、莲花、对禽、对兽、翔凤等。唐代蜀锦织造技术有很大发展，并远销到日本、波斯。北宋时，政府在成都设立锦院，组织蜀锦生产。蜀锦的织造在汉代以多综多蹑织机为主，唐宋以来又改进为束综提花的花楼织机。

图 4–11　明·红地万事如意八答晕蜀锦（四川博物院藏）

元明以来，蜀锦品种增多，工艺进步。蜀锦常以经向彩条为主，形成彩条起彩、彩条添花的特色。织造时采用了独特的整经工艺。（见图 4–11）明末，四川地区遭受战争的严重破坏，成都的地面建筑几乎荡然无存。蜀锦生产也饱受摧残，锦坊尽毁，花样无存。

到清代初期，织品花样仅存天孙锦一种。此后，蜀锦生产逐渐得到恢复。由于受到江南地区织锦的影响，蜀锦又产生了月华锦、雨丝锦、方方锦、浣花锦等新品种，其中以色晕彩条的雨丝锦、月华锦最具特色。雨丝锦是利用经线彩条宽窄的相对变化来呈现特殊的艺术效果；月华锦则是利用经线彩条的深浅层次变化作为表现独特的艺术风格。月华锦在牵经时，要根据彩条配色以及经线配色的编号，按彩条的次序、宽窄、色经的深浅变化规律来排列篗子。每牵完一柳头，必须调换一部分篗子，俗称为“手换手”。这是蜀锦所独有的牵经方法。

有清一代，江南丝织业迅猛发展，地位如日中天，而四川的丝织业却一直没有达到明代繁盛的地位。不过，蜀锦在国内外仍享有盛名，被称为名贵的“蜀江锦”。

八、宋 锦

宋锦是中国传统的丝织工艺品之一。它分为重锦和细锦以及匣锦、小锦等品种。其中，重锦质地厚重，产品主要用于宫殿、厅堂室内的陈设。细锦是宋锦中最具代表性的一种，其厚薄适中，广泛用于服饰、装裱。

宋锦起源于隋唐，因兴盛于宋代而得名。相传在宋高宗南渡后，为了满足当时宫廷服饰和书画装裱的需要，专门在苏州设立了宋锦织造署，逐渐形成了具有特殊用途与独特风格的宋锦。起初，宋锦是专供于装裱书画之用。如宋锦中有一种非常细薄的织锦新品种，就是理想的书画装裱材料。宋锦的主要产地在苏州，故又称之为“苏州宋锦”。

宋锦的纹样复杂多变，图案灵活生动，题材富有新意。在南宋时，已有紫鸾鹊锦、八角织锦、定胜四方、如意小龙、金钱如意、福寿全宝、春意纹菊、环藤莲花、练鹊、绶带、瑞草、八达晕、银钩晕、白蛇龟纹、水藻戏鱼、红遍地芙蓉等40余种纹样，并与狮、象、鹿、鹤、孔雀、鸳鸯、蝙蝠、虫草、龙凤等动植物形象巧妙结合。宋代的织锦工艺不断推陈出新，加金技术已经普遍运用。

图 4–12　明·橘黄地盘绦四季花卉纹宋锦

明代，宋锦发展到上百余种，如宣德年间工匠织造的“昼锦堂记”等文章词曲的文字宋锦，可谓独具匠心，巧夺天工。（见图 4–12）现在北京故宫博物院收藏的“盘绦花卉宋式锦”“狮纹锦”等，都属于宋锦的稀世珍品。经历明末清初的战乱后，宋锦的图案纹样曾一度失传。康熙年间，古宋锦在苏州又恢复生产，重现生机。宋锦色泽华丽，图案精致，质地坚柔，被誉为中国的“锦绣之冠”。

九、云　锦

云锦的产地为南京，是用美丽的五色彩丝精心织成，属于中国传统的古老艺术珍品。作为美轮美奂的工艺品，云锦用料考究，织工精细，尤其色泽光丽绚烂，美若云霞，故人们称之为“云锦”。在云纹设计上，工匠们根据不同云势的特点，设计出四合云、如意云、七巧云、行云、勾云等多种造型。它们形象生动，风格华丽，体现了古人对祥云、瑞气等神话世界的美好向往。

南京云锦肇始于南朝，盛行于明清。417 年，东晋政府在建康（今江苏南京）设立专门管理织锦的机构——锦署，开启了南京云锦生产的先河。其后，它历经后世数代的发展，吸收其他织锦的艺术特点，兼容并蓄，逐渐成为中国古代四大名锦之一。自元代开始，南京云锦正式被列为皇家的御用贡品，成为皇家衣饰的

主要用料。为了体现皇家服饰的崇高地位，元代的织锦由传统的注重配色开始向崇尚金饰的风格转变。这也是南京云锦发展历史上的一个重大转变。

至明代时，南京云锦的技艺日趋成熟。在元代金饰风气的影响下，明代工匠既注重配色，又精于用金，展现出一种金彩并重的装饰格调。到了清代，政府在南京设有江宁织造署，专门负责皇家织物的组织生产。这一时期，云锦品种繁多，色彩夺目，达到了云锦工艺史上的一个高峰。云锦可划分为"妆花""织金""库缎""库锦"四大类。其中，库缎、库锦就是因为其成品输入清廷内务府的"缎匹库"而得名。当时，南京云锦的生产规模不断扩大，仅织机就达到3万多台，成为当地最大的手工业部门。

图 4–13　清·云龙妆花锻袍料肩部（南京博物馆藏）

作为供帝王、后妃服用的高级织物，云锦的色彩装饰能够显示出一种庄严、华丽、高贵、典雅的皇家气派。譬如，皇帝御用龙袍上的正座团龙、行龙、降龙等形象，就彰显了帝王权力的至高无上。龙袍上的金龙常常与五彩祥云组合在一起，生动表现出神龙翱翔于九天的景象（见图4–13），受到明清皇室的格外钟爱。

由于云锦常用于皇家服饰，故其织造过程往往是不惜工本，追求极致。它的配色多达 18 种，运用色晕层层推出主花，使得花纹优美，色彩浓艳。与其他锦缎不同，它大量使用金线、银线，使得色彩更富于变化，形成金碧辉煌、瑰丽无比的艺术效果。这种金彩交映的色彩装饰是南京云锦所独有的艺术特色。

除了金线、银线、铜线、蚕丝、绢丝以外，云锦有时也取材于鸟兽的羽毛。譬如，皇家云锦绣品上的绿色就是用孔雀羽毛织就的。由于孔雀羽毛色彩斑斓，故云锦在光线的照射下就会折射出变化多端的奇妙色彩。

作为传统的提花丝织品，云锦的织造难度和技术要求相当高。它通常需要提花工和织造工两人相互配合，用老式的提花木机织造而成。《天工开物》中就绘录有此类提花机图。提花工坐在织机上层，负责提升经线；织造工坐在机下，负责织纬、妆金敷彩。如此这样，两人一天只能生产 5 ～ 6 厘米。故云锦有“寸金寸锦”的美誉。时至今日，云锦的生产仍然无法完全由机器来替代。

南京云锦的技艺巧夺天工，底蕴博大精深。它不但具有极高的历史与艺术价值，而且成为中华民族服饰文化的重要象征。

十、松江布

松江布指的是古代松江地区出产的棉布。松江府地处长江下游三角洲，在今上海市境内。明清时期，在松江一带，无论城市还是乡村，家家户户都纺纱织布。城镇中，小户人家每天必须织出一匹布，拿到市场上换取粮食。大户人家虽不用自己亲自动手，但也要带领、指挥女仆进行纺织。至于乡村，棉纺织生产更为普遍，产量更大，尤其是农闲期间所生产的布匹，日以万计。

宋元之际，棉种自广东、福建向北传播，松江及周边地区首当其冲，棉花的种植发展很快。元代元贞年间，松江乌泥泾人黄道婆由崖州（今海南崖县）

带回先进的纺织工具和技术，推动了松江地区棉纺织业的快速发展。

明代松江地区棉织物的品种繁多，以三梭布、番布、兼丝布、药斑布四类布而闻名天下。除了四大名布外，还有尤墩布、眉织布、标布、中机布、小布、稀布、飞花布、浆纱布等具体的品目。其中，三梭布号称“天下第一”。尤墩布产于松江府西境，其棉布轻细、洁白、丽密，其他品种无法与之相比。飞花布是用弹花时的飞花纺织而成，布纹极细。因为这种布最初为一丁姓妇女所织，故又称之为“丁娘子布”。这些棉布产地不同，各有特色，其中不乏名品。如标布专门出产于三林塘、周浦，浆纱布产于邑城。这些不同品目棉布的织造，后来逐渐发展成为相对独立的手工业部门。

经过元、明两代，棉纺织业遍及大江南北。其中，松江地区的棉布技术最为精进，其产品行销全国，远销日本、朝鲜，有“衣被天下”之称。民间也流传着“买不尽松江布，收不尽魏塘纱”的说法。松江棉布质地优良，世人誉之为“松江美布”。

十一、黄道婆与棉纺织技术

黄道婆，松江府乌泥泾镇（今上海徐汇区华泾镇）人，约生于南宋末年淳祐年间，是中国 13 世纪杰出的棉纺织技术的革新家（见图 4–14）。由于她传授并改进了一套新式纺织工具以及纺织技术，受到后世人们的敬仰和赞誉。

据乌泥泾镇当地的民间传说，黄道婆出身贫苦，十二三岁就被卖给人家做童养媳。她不但白天下地干活，晚上纺线织布，而且还饱受公婆、丈夫的欺凌虐待。后来，在万般无奈之下，她悄悄躲藏在一条停泊在黄浦江边的海船上，随船流落到海南岛南端的崖州。

当时，海南岛是重要的产棉区，当地黎族的棉纺织技术较为先进，已经能

图 4–14　黄道婆画像（王学仲绘）

织出黎饰、花被等精美织品。黄道婆心灵手巧，勤奋好学，一心一意地向黎族人学习使用纺织工具，提高自身纺织技术，逐渐成长为一个熟练的纺织能手。

黄道婆在黎族地区一直生活了将近 30 年。进入晚年之后，她愈加眷恋自己的故土。在元代元贞年间，她千里迢迢，重返故乡。当时，松江地区的种棉业虽有所普及，但纺织技术仍很落后。睹此情景，她毫无保留地将自己所学的织造技术无偿传授给家乡人民。在热心教授棉纺织技术的同时，她又推陈出新，成功改进出一套新式的擀、弹、纺、织工具。

其中，以三锭脚踏棉纺车最为典型。起初，松江一带的人们都使用旧式单锭手摇纺车。这种纺车效率十分低下，三四个人一起纺纱才能满足一架织布机的工作需要。鉴于此，黄道婆便主动与木工师傅一起探讨，经过反复试验，将原本用于纺麻的脚踏纺车改进成新型的三锭脚踏棉纺车。它不但操作省力，而且纺纱效率提高了 2 ～ 3 倍。由此，这种新式纺车在松江地区迅速推广开来。1313 年，元人王祯刊布的《农书》中对此类棉纺织工具有所收录，多半是黄道婆改进、创造的成果。

在吸收黎族织造技术的基础上，黄道婆还结合自己的实践经验，总结成一套较为成熟的错纱、配色、综线、絜花等织造技术。经过她改良加工的被、褥等织品上，呈现出折枝、团凤、棋局、字样等精美绝伦的花纹。此后，“乌泥泾被”声名鹊起，驰名中外。

回乡定居几年后，黄道婆便离开了人世。但是，她的辛勤传授带动了周边

地区棉纺织业的蓬勃发展。松江府的棉纺织业种类繁多，盛况空前，成为全国最大的棉纺织中心。松江布也赢得了“衣被天下”的美称。为缅怀黄道婆的丰功伟绩，家乡人民为她修建祠堂，常年祭祀。

作为中国古代劳动妇女勤奋聪慧、大爱无私的杰出典型，黄道婆为中国古代棉纺织技术的发展做出了卓越的贡献。她泽被故里、造福一方的感人事迹将永载史册，流芳百世。至今当地还传颂着“黄婆婆，黄婆婆，教我纱，教我布，两只筒子两匹布”的民谣，表达了人们对这位棉纺织业先驱者的无限感激和深切怀念。

第五章 造纸、印刷业与文房四宝

造纸术是中国古代的一项闻名于世界的发明创造。我们的祖先在长期的实践中不断摸索，经历了无数次的尝试，逐渐形成了一套成熟的造纸技术。纸的发明为人类文明的进步和科学文化的传播提供了一种物美价廉的书写载体。

造纸术的环节复杂而众多，绝非一人之创造，应是中国古人长期经验的积累和智慧的结晶。他们在长期的漂絮实践过程中得到启发：如果纤维原料浸在水中充分湿润后，用机械力量敲击纤维便会分散，再透过竹篾进行水洗、晒干，就会自然形成纸片。这便形成了最为原始的造纸术。

西汉初年，麻纸已经开始问世。由于造纸技术处于初始阶段，工艺较为简陋，故当时纸张的质地粗糙，不够平滑，不宜书写，一般只用于包装。东汉和帝时，蔡伦改进了造纸的生产工艺，扩大了纸张的原料来源，形成了一套较为完善的工艺流程。

从唐代到清代，生产出来的纸张质量越来越高，品种越来越多。除了普通的纸张外，还出现了各种彩色的腊笺、冷金、错金、罗纹、泥金银加绘、砑花纸等名贵纸张。纸张已逐渐成为人们日常生活的必需品。

雕版印刷术在唐初已经出现，唐朝末年，在南方一些地区已逐渐盛行。到了宋代，雕版印刷业更为昌盛，刻印的书籍品种齐全，刻工精细，具有较强的技术性和艺术性，逐渐形成了一些地区性的雕版印刷中心。元明清三代，不但使用雕版印刻书籍，还大量印制纸币。中国的印刷品最早就是以纸币的形式传入欧洲的。

雕版印刷虽然一版能印制上千本书，但是刻版费工、费时，且存放版片又要占用较大空间。宋仁宗庆历年间，平民毕昇创造了活字印刷术。这种技术既能节省费用，又能缩短排版时间，较为经济、方便。这是世界印刷技术史上的一项伟大创举，影响极为深远。近现代盛行的铅字排印方法就是采用这种印刷术的基本原理。

“文房四宝”之名，起源于南北朝时期。它是指中国古代传统文化中的文书用具，即笔、墨、纸、砚。历史上，“文房四宝”所指曾一度有所变化。在南唐时，“文房四宝”特指安徽宣城诸葛笔、安徽徽州李廷珪墨、安徽徽州澄心堂纸，安徽徽州婺源龙尾砚。宋代以来，“文房四宝”一般指宣笔、徽墨、宣纸、歙砚、洮砚、端砚。元代以后，湖笔渐兴，又取代了宣笔。

在宋代，文房四宝已成为书房中最重要的书写绘画用具，考古发现的实物可以佐证。如河北张家口辽代张文藻家族墓葬的壁画中，有目前最早将笔、墨、纸、砚同绘于一处的“文房四宝”图画。在福建福州茶园山发现的南宋许峻墓中，就发现了整套文房四宝的随葬用品。文房四宝是中华民族独树一帜的传统文化，充分反映出华夏文明的文化底蕴与精神内核。

一、造纸术

在纸张没有发明之前，中国古人书写材料主要为竹简、木简。如果写一部书籍，就要用到成千上万根木简。笨重的简牍给人们的书写、携带带来很大的不便。当时较为轻便的书写材料是丝制的帛。长沙马王堆汉墓就曾出土过一批帛书。帛书轻便光滑，不但易于剪裁、携带，而且书写效果不错。然而，其价格昂贵，成本太高，很难普及使用。鉴于书写材料的笨重或昂贵，人们自然需要一种新型轻便、低廉的书写载体，这便为纸的发明奠定了基础。

（一）最早的西汉纸

在20世纪，中国考古工作者多次在田野考古中发现了西汉的古纸。例如，1933年，考古学家黄文弼率领的考古队在新疆罗布泊地区挖掘到了一片古纸和记有西汉黄龙元年的木简，经专家鉴定这片古纸是西汉麻纸，比蔡伦造纸早150余年。它纸质十分粗糙，应是造纸术初期的产物。1957年，考古学者在陕西发现了“灞桥纸”，因其在灞桥发现而得名。潘吉星先生用高倍显微镜对西汉灞桥纸进行分析，结果表明其原料为大麻纤维及少量苧麻纤维。其年代为汉武帝时期，比蔡伦造纸要早200余年，是目前世界上现存最早的麻类纤维纸。此后，考古学家又在内蒙古居延金水关烽燧遗址、甘肃敦煌马圈湾烽燧遗址等地发现了西汉麻纸（见图5–1）。

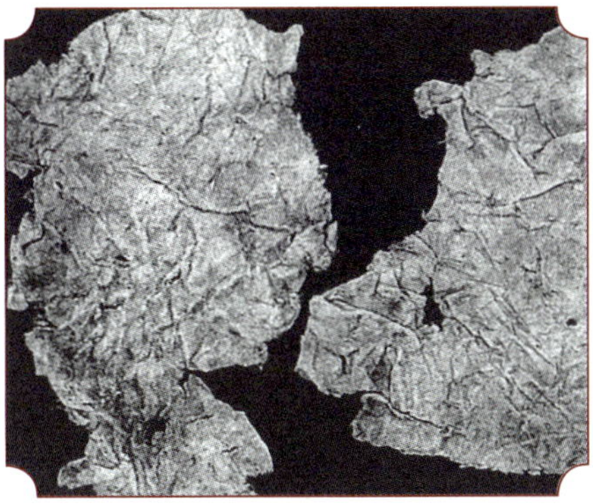

图5–1 西汉麻纸（甘肃马圈湾烽燧遗址出土）

西汉纸主要由麻类纤维所制成，称为“麻纸”。早期的西汉纸的形态特征：（1）纸质粗厚，表面有较多的纤维素；（2）纤维组织松散，交结不紧密，分布不均匀；（3）帘纹不清，外观呈浅黄色，交结时透眼大而多；（4）在高倍显微镜下，可以看到纤维帚化度低，细胞未遭受强度破坏。西汉麻纸不适宜书写，一般用来包裹物品。

西汉造纸术是在借鉴丝绵漂絮、丝麻脱胶等技术的基础上逐渐发展起来的。秦汉时期，人们经常用带有虫眼、泛黄的次茧制作丝绵。这种处理次茧的方法称为“漂絮法”。先将次茧煮熟后，放到竹筐，浸在水中，反复冲打，捣碎而成丝绵。丝绵取下后，筐内会残留一层丝般的片，剥下晒干就成了一张絮纸。这一过程后来发展成为造纸工艺中的打浆技术。此外，古人常用石灰水或草木灰水为丝麻脱胶，这种技术也为以后造纸中植物纤维的脱胶带来重要的启发。

西汉时的造纸工序一般为：（1）选取麻纤维为原料。因为麻类纤维不仅原料充足，价格低廉，而且物理、化学性能良好，适宜于造纸。（2）用石灰水浸泡，进行化学处理。因为在预处理的原料中，含有数量不等的灰分、果胶质、木质素、蛋白质、半纤维素等。这些物质都会影响纸的质量，需要进行特殊处理。（3）机械舂捣。造纸原料经过碱水浸泡处理后，还得需要打浆。打具可以用棍棒捶打，或者借用农业加工的杵臼舂捣。（4）麻料在经过机械处理并洗涤后，成为灰白色

或银白色的絮状物。接着，将它放入水槽中，用棍棒充分搅拌，使纤维均匀地形成悬浮的浆液。这便是造纸打槽工序。（5）捞纸成型，即用抄纸器将浆液捞起，沥去水后，留下一薄层纸料。将其取下，经过干燥研光，便成为真正的纸了。

（二）东汉蔡伦的造纸术

到了东汉，蔡伦进一步改进和提高造纸术。蔡伦虽然不是纸的发明者，但却是造纸技术的重要改进者。在继承西汉以来造纸术的基础上，他扩大了造纸原料的来源，用麻、破布、渔网、树皮等作为造纸原料，大大降低了造纸的成本。在石灰水浸泡原料的同时，又增加了蒸煮的技术环节。碱液经过加热蒸煮后，增强了对纤维的腐蚀能力，容易脱去原料中的油质、原色，使纸张更加洁白。在造纸打浆工具上，用踏碓代替了西汉的杵臼舂捣，并增加了洗涤次数，以有效地去污除渍。

蔡伦的造纸流程要比西汉时复杂得多，至少要经过浸湿、切碎、洗涤、草木水浸料、蒸煮、洗涤、舂捣、再舂捣、洗涤、配浆料并搅拌、抄纸、干燥、揭纸等一系列的工序，才能最终完成。① 由于蔡伦造纸得到了政府的支持，因而“蔡侯纸”很快在全国各地推广使用。当时，纸不仅在中原地区流行，在一些边疆地区也已开始使用。

纸张发明后，它很快运用于文化教育和日常生活之中，对当时社会生产的影响极大。造纸术的发明和传播改变了人类文字书写的方式，成为传承文明的一个重要的载体。

（三）魏晋时期纸的普及和改进

魏晋时期，造纸的技术水平不断提高，增添了许多新的造纸原料。除了传统的麻纤维外，稻草、麦秆、桑皮、藤皮、楮树皮等都可用作造纸原料。其中，藤纸的质量较高。

当时，在沤渍脱胶、碱液蒸煮、舂捣、漂洗、打浆、捞纸等造纸工序上，

① 参见潘吉星：《中国科学技术史：造纸与印刷卷》，科学出版社 1998 年版，第 101 页。

更趋于精工细作。不但在舂捣、漂洗环节增加了次数，而且普遍以踏碓代替杵臼舂捣，明显改善了打浆质量。

当时，人们还改进了造纸技术设备，出现了一种活动帘床抄纸器。它是由可以舒卷的竹条帘子、帘床和帘尺三个随时离合的部件组成。活动帘床抄纸器的发明，使得纸的质量有了大幅提高，对造纸术的发展具有划时代的意义。与汉代的纸相比，魏晋时期纸张的白度增加，表面相对平滑，纸质细薄，结构紧凑，纤维束较少。个别晋纸的质量甚至接近于近代的机制纸。

纸的施胶术、表面涂布术也是这一时期的创造。施胶术主要有两种方法：表面施胶和内部施胶。这种工艺能提高纸的强度，增强纸的抗透水性，在用墨后不容易被渲染。表面涂布术就是在纸的表面涂布一些白色的矿物粉。经过这样处理后，纸张比较洁白，密度增加，平滑度与吸水性都有显著提高。

纸的染色技术也有进步，产生了染潢术。因为当时纸张的最大缺陷是易受虫蛀，所以人们用黄蘗（俗称“黄柏”）的浸液染纸来驱虫防毒。此举对于纸张的保存起到良好的作用。这种能杀虫防蛀的药水是黄色的，因而染过的纸便成了黄纸。当时，凡是需要长期保存的图书、诏敕、户籍、士籍等，都使用黄纸书写。东晋元兴年间（402～404年）桓玄曾下令：“今诸用简者，皆以黄纸代之。”[1]此后，官方、民间用纸更加普遍，社会对纸的需求急剧增加。如东晋王羲之担任会稽太守时，曾经一次性赠送谢安9万张纸。这一时期，中国的书写材料终于完成了由简牍到纸张的转变，从此纸张逐渐成为人们日常生活、工作、学习的书写载体。

（四）隋唐时期纸的工艺

隋唐时期是中国造纸术进一步发展的重要阶段。当时所用的造纸原料有麻类、楮皮、桑皮、藤皮、瑞香皮、木芙蓉皮等，竹纸也开始崭露头角。虽然造纸仍以麻料为主，但其他原料的比重比前代有所增加，甚至出现了一些混合原

① （唐）徐坚等：《初学记·文部·纸》，中华书局2004年版，第517页。

料的纸张。

将生纸加工成熟纸是唐代造纸的一项重要工艺。因为生纸的纸面纤维间的毛细孔较大,会导致运笔走墨时容易发生晕染。这就需要通过研光、拖浆、填粉、加蜡、施胶等方法，将其加工成熟纸。这种处理加工后的熟纸在考古中曾经发现过。

唐人最初所用的施胶剂为淀粉剂。不过，虽然它能使纸张有较好的受墨性，但也存有明显的缺点。例如，在纸张表面刷完淀粉剂后，如存放过久或反复卷曲，容易导致纸面龟裂，墨迹脱落。后来，人们便改用动物胶作施胶剂。为了使动物胶的颗粒有效分散，又加入明矾作为沉淀剂。施胶时，将动物胶、明矾刷于纸面，或将它们直接掺入纸浆中捞纸。这也是今天的纸表施胶及纸内施胶技术的早期形式。

唐代造纸业相当发达，产地分布很广，纸张品种繁多，且质量较高。如四川的麻面、屑末、长麻、宜子十色笺等，扬州的六合笺，杭州、婺州、衢州、越州的上细黄白状纸，宣州、衢州的案纸、次纸，韶州的竹笺，均州的大横纸，蒲州的细薄白纸，都是全国有名的纸品。尤其是四川的麻纸最为出名。当时的官府文书多用麻纸书写。

（五）宋元时期纸的工艺

宋元时期是中国造纸业的一个繁荣时期。此时的造纸原料有了很大变化，麻料的使用以及麻纸的产量已不占统治地位，而竹纸和皮纸占据了主要地位。

到宋代时，为提高造纸的生产效率，在许多靠近水流的地方，纸工们常常使用水力驱动的水碓来代替人力舂捣打浆。这一时期的抄纸设备较为完善，抄纸技术也有所进步。当时，纸工使用更加先进的竹帘抄纸工具，能够制造出幅面相当宽长的纸张。

元代的造纸工具、加工技术也有所创新。这一时期的原料除了竹子外，还有麦秸和稻草。纸工们注重将植物中的木质素和果胶质尽量去除，以提高纸张的质量。如在皮纸的生产过程中，皮料蒸煮的技术水平要求较高，需要经过专

门的碱液蒸煮，来去除皮中的木质素和果胶，再经过舂捣加工后，才能制成纸浆。因而，元代皮纸的产量、质量超越了前代。同时，在竹纸的制造过程中，人们尽量砍伐刚要发叶的嫩竹作为原料，以制作质量上乘的纸品。

（六）明清时期纸的工艺

明清时期的造纸原料主要有竹、楮皮、桑皮、麻、稻草等。竹纸生产发展最快，已跃居全国纸业之首。其中以福建、江西的连四纸、毛边纸等产量最大，质优价廉，深受印书业内人士的青睐。虽然竹纸的生产技术难度较大，但是经过宋元以来的不断探索与改进，到明代已经达到完全成熟的水平。

当时，福建造的竹纸是用青竹浸沤、捶打、蒸煮而制成的熟料，其工艺流程具体分为砍竹、浸沤、槌洗、第一次蒸煮、漂洗、第二次蒸煮、舂捣、漂白、抄纸、压榨去水、焙干（见图 5–2）等多个环节。直到从焙纸夹上逐一将纸揭起成帙后，整个造纸过程就可大功告成了。如果对上述一些工序进行调整，又可制成火纸、糙纸等不同用途的纸张。

明清的皮纸在产量和应用上仅次于竹纸。如楮皮纸的生产过程需要经过三次蒸煮，两次自然漂白，三次漂洗，纸药处理等复杂工序后，才能最终制造出洁白、匀细的上等皮纸。

图 5–2　焙干（明 · 宋应星《天工开物》）

二、印刷术

印刷术是中国古代一种批量复制文字以及图像的技术。在印刷术发明之后，它迅速渗透到政治、经济、文化、教育、艺术及人们日常生活的各个方面，对人类文明的发展与进步产生巨大而深远的影响。

（一）雕版印刷术

雕版印刷术的发明是人类社会发展到一定阶段的产物。隋唐时期，国家走向统一，社会经济得到发展，人民生活水平相对提高，为印刷术的出现奠定了一定的物质基础。同时，科举考试制度的确立，南北文化的交融以及中外文化的交流，都对文字书籍的印刷、传播手段提出了更高的要求。

到隋唐时，雕版印刷发明的技术条件也已初步具备。一是造纸业的发达与纸张的普及是雕版印刷术产生的前提条件。二是中国的刻字历史悠久。如甲骨文、印玺、刻石、道教刻制的符箓等，尤其是晋代的反写阳文凸字的砖志，萧梁时期的反刻阴文神通石柱等，都表明人们已经掌握了比较娴熟的反刻文字技术。三是东汉时用于书写材料的松烟墨也成为此后印刷术较为理想的着色原料。

图 5–3　唐 868 年印制的《金刚经》

唐代咸通九年(868年)印制的《金刚经》是目前最早有确切日期的雕版印刷品（见图 5–3）。至唐朝末年，雕版印刷在南方一些地区较为盛行，四川、江苏、安徽等地成为刻印书籍的中心，主要印制佛教经文以及通俗读物。

到了宋代，雕版印刷业更加兴盛。不仅各级政府出资刊刻印刷，而且私家也开始兴办刻书作坊。它们所印书籍的品种齐全，刻工精细，除了印刷儒家经典、佛教经书、史籍著作以外，还印制了民间文学作品及科技类书籍等，如工程浩大的《释藏》（见图 5-4）、《道藏》以及《资治通鉴》等。宋代末年，印刷业几乎遍及全国。

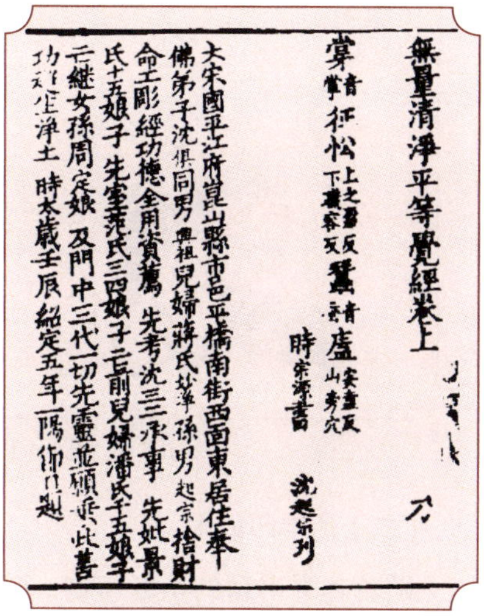
無量清淨平等覺經卷上

大宋國平江府崑山縣市邑平橋南街西面東居住奉
佛弟子沈俱同男兒婦蔣氏孫男捨財
命工彫經功德全用資薦 先考沈三承事 先妣景
氏十五娘子 先室范氏三四娘子 亡前兒婦潘氏千五娘子
亡繼女孫周娘 及門中三代一切先靈

图 5-4　南宋《释藏》书影（江苏吴县碛沙延圣院刻印）

雕版印刷术的工艺流程一般为：将硬度较大的木材修治平整后，表面刷一层稀糨糊，然后把写好字的透明薄纸，字面向下贴在木板上。等干燥后，用刀雕刻出反向、凸起的文字，成为凸版。然后，经过在版面上刷墨、铺纸、加压后，便得到了正写的文字印刷品。

雕版印刷术的另一重大发展是“套版”和“饾版”彩色图画印刷的发明。其中，套版是把一张原稿分成几块印版，用不同颜色的色料，分别套印在同一张纸面上。饾版是将原稿按不同的颜色分别雕刻成若干块印版，刷墨时有深有浅，然后叠印在同一张纸面上。由于其印版零碎，用时需要摆布拼凑，如同陈设的食品饾饤，故称“饾版”。它是根据原稿来设定版数，有时几块，或几十块，多的甚至达上千块。明代天启年间，南京胡正言用饾版印制了《十竹斋画谱》（见图 5-5）。其画面浓淡适度，生动鲜艳，成为艺术珍品而流传至今。他又用饾版和拱花刻印了《十竹斋笺谱》，在工艺上化旧翻新，精工细作，达到了当时刻印技术的最高水平。清代道光年间，河北涿州的卢坤在刻印《杜工部集》25 卷本时，除了正文用墨色外，又用 5 种不同的颜色分别印制 5 位评论人的评语。这种精美的五色套印本具有极高的版本价值和艺术价值，受到世人的交口称赞。

图 5–5　明 · 十竹斋画谱（中国国家图书馆藏）

（二）活字印刷术

随着各类书籍的不断印刷，雕版印刷越来越难适应社会日益增长的需求。因为每一页书都要单独雕刻一块木板。如果一些大部头的书，就要花费数年的时间才能雕刻出来。这不仅要耗费大量的时间，还会浪费较多的木材。

北宋庆历年间，平民出身的科学家毕昇发明了活字印刷术，克服了雕版印刷术自身存在的缺陷。北宋学者沈括在《梦溪笔谈》一书中记载了毕昇的伟大发明。活字印刷术是先在细胶泥上刻成一个个的反体字，再用火将胶泥字烧硬。按照活字的字韵，将其编排在木格里，排字时依韵拣选出所需之字。然后，将活字放在有松脂、黄蜡和纸灰等黏液的铁板上。当排好一页书版后，便在火上烘烤，用铁板将其压平，等铁板冷却而活字固定后，便可着墨印刷。印刷完毕，再将铁板在火上烘烤后，取下活字。如此反复进行，可以多次排版印刷。活字印刷术提高了工作效率，降低了生产成本，使印刷术进入了一个更高的阶段。

南宋时期还曾一度出现过金属活字印刷术。但由于技术还不够成熟，未能真正用于刊印书籍。元代大德年间，农学家王祯发明了木活字印刷（见图 5–6）。它在制作上比泥活字、金属活字印刷更为方便、简易。

明清时期又出现了锡活字、铅活字、铜活字印刷。清代咸丰元年（1851 年），广东佛山的书商曾用两年时间，用锡活字印出了篇幅浩大的《文献通考》一书。虽然锡、铅、铜活字坚固耐用，但是不容易吸收水墨。在 1860 年前后，人们开始使用铅、锑、锡合金铸成的铅字印刷。这种铅字熔点低，熔融时流动性强，凝固时收缩性能较小。因而，它既容易吸收水墨，又能保证字迹清晰。

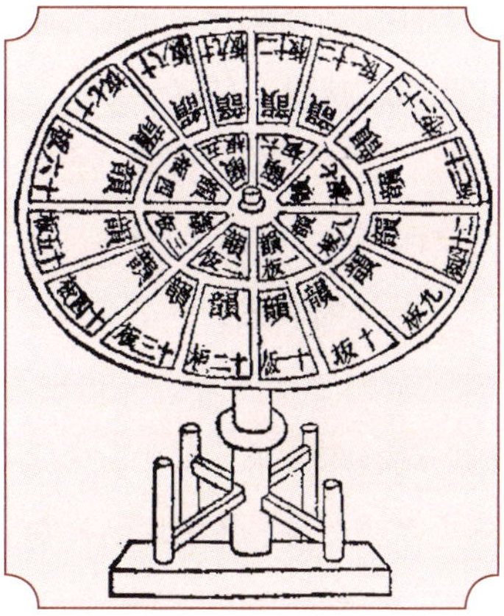

图 5–6　活字板韵轮（元·王祯《农书》）

三、制笔工艺

毛笔最早产生于中国的新石器时代。从当时彩陶表面的纹饰花纹可辨认出毛笔使用的痕迹。商代的甲骨文也是先用毛笔书写，然后在龟甲上刻出的。目前发现的最早的毛笔实物是在春秋墓葬中出土的。河南信阳长台关 1 号楚墓和湖南长沙左家公山楚墓出土的毛笔与今天的毛笔相类似。其笔杆细长，笔锋长为 2.5 厘米，略长于现代小楷毛笔的笔锋。

三国魏晋以后，中国的书画艺术及文学创作有了较大进步，制笔工艺也进入了一个辉煌发展的历史阶段。唐代的毛笔以兔毫为主，大多出自宣州。由于最初唐笔的笔锋较短，过于刚硬，蓄墨少而易干枯，于是人们又创制了一种锋长精柔的笔。它的出现给唐宋时期带来了一种纵横洒脱的新式书风。

宋代的制笔工艺，一改晋代以前的旧风，逐渐趋向软熟，虚锋，散毫。到了元代，宣州毛笔的地位逐渐为湖州毛笔所取代。明清时期，随着书画艺术的发展，毛笔制作也达到了一个鼎盛时期，制笔工艺不但讲究实用，而且更注意装饰美观，创新出许多精巧的工艺。

中国古代制作毛笔笔头的原料以羊毛、黄鼠狼尾毛、山兔毛、石獾毛、香狸毛为多，猪鬃、马尾、牛尾、鸡毛、鼠须等也可以使用。笔杆多用竹管，如青竹、紫竹、斑竹、罗汉竹等。有时也用红木、牛角、骨料、象牙、玉石等，以彰显华贵富丽。

毛笔的制成，一般需要经过择料、水盆、结头、装套、蒲墩、镶嵌、择笔、刻字等 12 道大工序，又可细分为 120 多道小工序。笔头要求达到“尖、齐、圆、健”的技术要求。其中，“尖”指笔锋要尖如锥状，利于钩捺；“齐”指笔锋铺开后，锋毛平齐，利于吐墨均匀；“圆”指笔头圆润饱满，覆盖均匀，书写流利而不开叉；“健”指笔锋在书写绘画时具有弹性，能显现笔力。

在众多的制笔工序中，以水盆和择笔最为讲究。它决定着毛笔的用途与质量。水盆是毛笔制作中最复杂、最重要的一道工序。在宽大的水盆车间，整齐地放着一排排木盆。笔工们一手拿着角梳，一手握着脱脂过的毛料在水盆中反复梳洗、逐根挑选，按色泽、锋颖、软硬等不同级别进行一根根分类、组合，做成刀片状的刀头毛。然后，再放在水里毫分缕析，把断头、无锋、曲而不直、扁而不圆的毛剔除，整个过程十分精细。

择笔是分拣毫毛的一道工序。先让半成品的毛笔笔头在干燥状态下散开，一手握住笔杆，一手拿着修理工具，将没有锋颖的笔毛拣去。水盆和择笔两道工序对笔工的坐姿有特殊的要求，宜侧身而坐，身朝南而面稍偏东，处于自然光线的照射下。因为毛笔的锋颖只有在自然光线下才能达到最佳的观察效果。

制笔最后的工序是装潢，主要是烘托出毛笔外表的富丽典雅。它包括笔杆刻字、刻画、浮雕、漆画、镶嵌、掐丝、加笔头碗、尾头、挂绳等。上述中的一些毛笔附件是起到加固笔杆的作用。

四、制墨工艺

墨是中国传统文房用具之一，是书写、绘画的黑色颜料。远在4000多年前的彩陶表面上就遗留有墨迹。殷商卜辞是先在甲骨上用墨书写后再行刻字。周秦时期的竹简、木牍以及缣帛上的文字也是用墨写成，甚至于古代的墨刑、墨绳也使用墨。在人工制墨发明之前，人们一般使用天然矿石的石墨，或用木炭烧成的炭黑墨等。

图5–7 烧取松烟（明·宋应星《天工开物》）

经过漫长的发展历程，汉代终于出现了人工墨品。这种墨以松树烧取的烟灰制成（见图5–7）。最初是用手捏合，后来用模压制而成，墨质较为坚实。东汉应劭的《汉官仪》记载："尚书令、仆、丞、郎，月赐隃麋大墨一枚，隃麋小墨一枚。"隃麋位于今天的陕西千阳，靠近终南山。其山多有松树，可用来烧制成墨。松烟墨的特点是色乌，光泽度差，胶质轻，只宜写字。宋代以后，又研制出油烟墨。它以桐油、菜油、豆油、猪油等取烟制成。最常见的是桐烟墨，其特点为坚实细腻，具有光泽。

从制成烟料到最终完工成品，制墨工艺一般包括采集、配料、捣练、成型、整修、描金等多道工序。

首先，采集油烟灰。油烟灰的质量好坏，直接影响到墨的质量。它是以松油、桐油、猪油和麻油等按不同比例配制成的混合油。这种混合油经燃烧后产生的烟灰，就是制墨的主要原料。

其次，配料、捣练、成型。先将油烟灰中配入辅料，如丁香、紫草、秦皮、苏木、白檀、苏合香、珍珠等，再以鸡蛋白、鱼皮胶、牛皮胶等按比例加以拌和。拌好料后，放入铁臼中捣练几万次，或用铁锤锤击烟料团上万次成为墨团。将墨团分成小块放入铜模或木头模中，压成墨锭后，放置室内让其自然阴干。墨锭形状有长方形、圆形、椭圆形、半月形、圆柱形、鸟兽形等。图案有弥勒佛、十二生肖、松、凤、鹤、鱼、鸟、花等。

最后，整修、描金和包装。整修是把毛坯墨边缘的粗糙部分加以修饰，使得墨锭光洁平整，线条挺拔。描金是用金粉、银粉以及各种颜料按照墨锭的图案予以填涂。墨锭在描金后，金光闪闪，图案精美。经过最后的包装后，就成为极具观赏价值的一件工艺品了。

五、制砚工艺

砚台作为“文房四宝”之一，是中国传统书法、绘画的必备用具。砚是随着墨的使用而逐渐成形的，古时以石砚最为普遍。1980 年，在陕西临潼姜寨村发掘的距今 5000 多年的墓葬中，就出土了凹形石砚、染色物和陶制水杯等（见图 5–8）。1975 年，在湖北云梦睡虎地秦墓出土的战国墨砚是由鹅卵石打磨而制成的。

图 5–8 调色石砚（陕西临潼姜寨出土）

到汉代时，由于发明了人工

制墨，墨可以直接在砚上研磨，故砚台开始流行开来，出现了铜砚、陶砚、银砚、木胎漆砂砚等。六朝时期还出现了瓷砚。唐代是砚台的重要发展时期，出现了端石和歙石两大著名砚材。宋代砚台已经普遍使用，制作出水晶砚、石泥砚、砖砚和天然砚等，造型更加多样化。明清时期，制砚的材质更加丰富，出现了瓦砚、铁砚、锡砚、玉砚、象牙砚、竹砚等等。

砚台的制作工艺十分讲究，一般分为选料、设计、造坯、雕刻、磨光、配盒等多道工序。

选料 刻制石砚的石材必须要精挑细选，上等材料往往质地致密，细腻滋润，刚柔相宜，具有发墨好、下墨快、贮水不易干、盛墨不易臭、发墨不损耗等优良特性。

设计 要从整体的效果出发，在题材、形制、构图等方面进行创作设计。既要根据石材质地、形状、纹理、色彩等不同情况来因材施艺，又要注重美观、古雅，能发挥研墨的实用功能。

造坯 从研墨的实用与鉴赏角度出发，将石料的优质部分留作砚堂（研墨处）、砚池（储墨处），以适宜研墨、泚笔和储墨。如果砚堂过深，储墨就容易滞留，难以洗涤；如果过浅，研墨时就易外溢，储墨少，不便于书写使用。此外，砚坯的底部要注意修治平整。

雕刻 砚石的雕刻尽量要掩疵显美，不留刀痕。传统的砚刻技法一般采用深、浅浮雕、细刻、线刻为主，必要时加以圆雕、镂空配合，使得砚台外观圆润、细腻。对于一些优质的高档砚材，也可稍加雕琢甚至不加雕刻，稍加磨光便可成为一块非常珍贵的平板砚。

磨光 先用细砂对砚面及雕刻部分打磨。既要磨去刀痕和凿口，做到砚面平滑，又不至于损伤雕刻的图纹。然后，用滑石、水磨细砂纸反复匀磨，直至平滑溜手为止。最后，以油蜡涂抹全砚，使其晶莹光洁，一尘不染。

配盒 佳砚均需要配置木盒。它既可以保护砚石的纹饰、铭文，防止尘埃入砚，

又能保持砚石的温润如玉。砚盒多以红木、楠木为原料，经刻制、磨光、打漆等工序制作而成。

六、宣 纸

在中国古代手工纸中，宣纸最为出名，它是中国传统的书画用纸，千年来一直受到书画家的喜爱。因产于唐代宣州而得名。宣纸有生宣、熟宣之分。生宣的润墨性能好，多用于书法以及山水、人物等写意画。用生宣加胶矾处理后，称为“熟宣”。熟宣纸具有不洇墨的特点，宜于作工笔画。

（一）宣纸的演变

宣纸在唐代就已出现了。盛唐时，它已成为宣州进献朝廷的贡物。唐时的宣纸是以楮树皮为原料。安徽的宣州、歙州、池州都是楮纸的著名产地。唐宋时，徽纸、池纸与宣纸鼎足而立。

从宋末开始，宣、歙、池州三地的造纸工匠逐渐交流汇集，其中心最终转移到宣州的泾县一带。当地气候温暖，山秀水美，适宜于青檀树的生长，具有得天独厚的造纸条件。从此，宣纸便进入了以独特的青檀皮为原料的造纸时代。

明代时，纸工们正式确定青檀为制造宣纸的最佳原料，开始大量采用生产。其品种日渐丰富，已经能生产较大幅面的纸张。当时的宣纸全部由青檀皮浆纤维制成，备受文人墨客的推崇，甚至在市场上出现了奇货难求的现象。在市场需求的刺激下，宣州一带的造纸作坊如雨后春笋般发展起来，宣纸生产进入了一个兴盛时期。由于明代安徽地区，特别是皖南地区印书业、制墨业的蓬勃发展以及徽州商人的精心运营，使得宣纸在全国造纸业中居于首要地位。

进入清代，社会对宣纸的需求量大增，对青檀开采过度，致使青檀皮原料越来越稀少。于是，纸工在制造宣纸时开始加入一定数量的稻草皮。因而，宣纸便有了全皮、半皮、七皮三草等不同的划分。由此，宣纸的造纸原料从单一

的青檀皮开始过渡到皮、草两种原料的时期。不过，安徽泾县生产的以青檀皮为原料的手工纸仍视为宣纸的正宗。

康熙、乾隆时期是宣纸发展史上的黄金时期，除了私人手工作坊外，还设有官办造纸厂。皖南地区的宣纸手工业呈现出一派欣欣向荣的景象。个中原因为：（1）朝野上下喜爱书画，收藏成风。当时书画名家辈出，派别林立，宣纸用量非常惊人。（2）印书业的兴旺发达也刺激了宣纸的生产。因此，在书画艺术、刻印书籍的推动下，宣纸手工业取得了辉煌的成就。

清代的书画艺术在明代基础上又有所发展，故对宣纸的工艺提出了更高的要求。宣纸的品种日益增多，可分为棉料、净料、皮料三大类，有单宣、夹贡宣、罗纹宣等 20 多种。此外，还有名目繁杂的多色加工宣纸，如各具特色的虎皮宣、珊瑚宣、玉版宣、冰琅宣、云母宣、泥金宣、蝉翼宣等。

（二）制作工艺

宣纸的制造过程极为复杂，生产周期也很长。从剥取青檀皮到成品完工，一般要经过 18 道大工序，上百种具体的操作环节，全部过程大约需 300 天才能完成。具体工序为榨皮、榨草、择皮、择草、打皮、舂草、切料、做料、袋滤、缸漂、捣槽、捞贴、榨贴、晒贴、烤贴、浇贴、焙贴、验看、剪折、扎捆成件等。

宣纸的主要原料为青檀树皮和沙田稻草。从青檀树上砍下枝条叫作“伐条”。砍完枝条后，需要在火灶上蒸煮一次，然后再泡入清水之中。捞起剥皮后，将皮晾干，扎捆备用。檀条需要进行灰沤、碱煮，以除掉檀皮中的杂质，使其洁白而纯柔。然后，将煮洗过的檀皮撕成小条、小束，平铺在向阳的石坡上。经过日晒雨淋，反复摊开，直到纤维变白为止，遂成为皮料。

同样，草料为选用高秆的沙田稻草。备料时需剔去草叶，打碎草节。然后，将稻草灰沤、洗涤、脱灰、碱煮、日光漂白后，使之成为松散的草料。仅这些工序就需用半年以上的时间。

在备料完成之后，还要将皮料和草料用石碾、捣碓分别打浆，并按要求进

行配料，加入一些植物胶。最后，用手工竹帘抄成湿纸页，再送入火房中烘干而成纸。

由于采用天然的日光漂白，不使用强酸、强碱，因而宣纸的纤维损伤少，强度高。再加上，宣纸是用石臼舂捣打浆，不像机械打浆那样将纤维切得很短，因而保持了纤维的长度。这些特殊的工序都造就了宣纸所独特的柔韧性。宣纸之所以被世人誉为“纸中珍品”，正是因为具有质地柔韧、洁白平滑、色泽耐久、吸水力强的优点。这也是无数的古代造纸工匠殚精竭虑，不断改进的结晶。

七、薛涛笺

薛涛笺又名“浣花笺”“松花笺”“红笺”“减样笺”，是唐朝著名女诗人薛涛设计的一种便于写诗、长宽适度的笺纸，其制作精致玲珑，色美怡人，为笺中珍品。此笺原专为写诗而作，后世逐渐用于写信。薛涛（见图 5-9），是一个富有传奇色彩的才女，其父薛郧为宫廷乐官，学识渊博，安史之乱时，他入蜀逃避战祸，遂定居成都。薛涛自幼随父读书、写诗。14 岁时父亲染疾而死，薛涛生活无靠，2 年后被迫落入娼籍，20 岁时脱去乐籍。史载其“容姿既丽”“通音律，善辩慧，工诗赋”。作诗 500 多首，大多失传，今仅存 90 多首。

图 5-9　薛涛像

薛涛早年居住在成都郊外的浣花溪旁。她一生酷爱红色，常穿着红色衣裳在浣花溪边流连驻足，观赏随处可寻的红色芙蓉。于是，她萌生了制作红色笺纸的创意。再加上薛涛平生最爱写四言绝句，律诗也常常只写八句，而常用的纸张尺幅太大，因而萌发了制作适合写诗的小巧纸笺的想法。

薛涛所居住的浣花溪畔，是当时四川造纸业的中心之一。于是，薛涛亲自指导工匠制成了这种便于携带、交流，又带有个人色彩的薛涛笺。这可能是中国最早的个人定制产品。她经常与著名诗人元稹、白居易、张籍、王建、杜牧、刘禹锡等人吟诗酬对，写诗所用多为深红色的小彩笺。这种笺纸是薛涛用芙蓉花的汁加入芙蓉树皮为原料的纸浆中制作而成的彩色纸。

其后，薛涛在制作诗笺时，不断推陈出新，创意迭出。她用木刻雕版印出的一种带有图案的笺纸。因其印有松花的图案，故名为“松花笺”。她又发明了新奇的染色技法，能染出深红、粉红、杏红、明黄、深青、浅青、深绿、浅绿、铜绿、浅云等 10 种颜色，这就是所谓的“十样变笺”。薛涛的诗笺融合诗、书、画于一体，具有鲜明而独特的艺术风格。

薛涛笺至唐末已极为名贵，被皇家垄断收藏。后世，薛涛笺的原作早不复见，历代又纷纷仿制翻刻，图案已不限于松花。如宋代发展了胭脂版的纸笺，也称为“薛涛笺”。它是用产于四川乐山的胭脂花来染色的。薛涛笺开启了中国制笺之风气，成为中国造纸发展史上的一朵奇葩。

八、湖 笔

早在唐代时，安徽泾县紫毫笔的制作工艺十分精湛，也称之为“宣笔”。它是以野山兔背颈上一种紫黑色、弹性较强的毛为原料精制而成，又称为“千万毛中拣一毫”。唐律中专门把宣笔列为贡品。

到了元代，由于安徽宣城一带战事频繁，当地的一批笔工便徙居到邻近的湖州地区。由此，他们便把宣笔与当地湖笔的优点结合起来，使湖笔的质量达到了“毛颖之技甲天下”的高度，从而宣笔的地位最终为湖笔所取代。

湖笔产于浙江西北部的湖州地区，尤以善琏镇最为有名，被人誉为“笔都”。湖笔有锋颖尖锐、修削整齐、丰硕圆润、劲健有力的“笔之四德”。笔尖透明发亮，

蘸墨后笔锋仍为尖形，铺开后内外之毛无长短差别。湖笔的成名，也与元代大书画家赵孟頫有一定的关系。他对当地的湖笔制作技艺十分关心和重视。

湖笔笔料的品种繁多，有软毫、兼毫、硬毫三大类，共300多个品种。以毫料来分，除了出名的羊毫外，还有兔毫、狼毫、獾毫、狸毫以及多种毫料合配的兼毫笔，如鹿狼毫、羊狼毫等。

以羊毫为例，它主要是择取杭州、嘉兴、湖州一带所产的优质山羊毛。当地气候温和，便于植物生长，所养山羊的毛质很好。湖笔选料严格，主要选用山羊腋下的毛。它的毫端有一段透明的尖挺锋颖，笔工称之为“黑子”，属于羊毫中的上品。笔工将这些优质毛料按不同等级分为“细光锋”“粗光锋”“黄尖锋”“白尖锋”“黄盖锋”等40多个品种。每一个品种之下，又能再分出若干小类。其精细程度，可见一斑。

所取的毫料还要进行晾晒除垢，然后再根据毫料扁圆、曲直、长短、有无锋颖等特点，浸于水中进行分类组合，一般要经过浸、拔、并、梳等70余道工序。

湖笔纯由手工制作，选料精细，制作精良，尤其讲究锋颖。制作工匠秉承“精、纯、美”的理念，生产出“尖、齐、圆、健”的湖笔美品。湖笔被誉为“笔中之冠”，与徽墨、宣纸、端砚并称为“文房四宝”。它属于中国优秀的传统手工技艺之一，是中华文明悠久灿烂的重要象征。

九、徽 墨

徽墨因产于古徽州地区而得名。它的制墨工艺在中国历史上久负盛名，也是闻名中外的“文房四宝”之一。徽州的制墨历史，不晚于唐朝末年。当时河北易州人墨匠奚超为逃避战乱，居家来到歙州。见当地盛产优质的黄山松，加上新安江水质优良，故留此重操旧业。此后，奚超与其子奚廷珪进一步改进了捣烟、和胶等制墨工序，形成了一整套严格的操作规程，所造之墨在品质上超

过原来的易州墨。因而，奚廷珪受到南唐后主李煜的赏识，征召为墨务官，赐予国姓“李氏”。从此“李墨”名满天下，被誉为“天下第一品”，李廷珪成为古今墨家的宗师。民间也流传着“黄金易得，李墨难求”的说法。

北宋宣和年间，李墨的产地歙县改名为“徽州”，“徽墨”之名便正式诞生。宋代徽州的制墨业，可谓人才济济，名家辈出。如黟县的张遇、歙州的潘谷、新安的吴滋等都是徽州制墨的著名人物。其中，张遇乃是油烟墨的创始者。此前，制墨主要以松烟为原料。由于长年累月的取松烧烟，致使松树被砍伐殆尽。面对墨源的严重枯竭，张遇最先使用了一种新的制墨原料——桐油烟。张遇所制的徽墨中还加入了麝香、金箔，成为墨中极品，为历代藏家所追捧和竞求。

明代徽墨是继唐宋之后的一个繁荣时期，文人兼作制墨成为一时的风气。随着徽州商业的繁荣，徽墨也遍销全国，乃至海外。这一时期，“桐油烟”“漆烟”被广泛采用，并加入麝香、冰片、金箔等十几种贵重原料。不但徽墨的质量精良，而且墨的图式以及雕刻也非常完美。富有装饰性的成套丛墨——集锦墨也开始出现，墨的图案绘刻和漆匣的装潢制作，都达到了登峰造极的境界。名工层出不穷，当时的罗小华、程君房、方于鲁、邵格之被誉为“明墨四大家”。

清代徽墨按原料不同可分为松烟、油烟、漆烟和超漆烟等品种。其中，最名贵的是超漆烟一类的高级油烟墨。它能散发出紫玉般的光泽，用于书法黝而光润，用于绘画浓而不滞，故受到历代书画家的极力推崇。当时徽墨制作也有“四大名家”，即曹素功、汪节庵、汪近圣和胡开文。其中，汪近圣、胡开文都是安徽绩溪人。他们在原有徽墨制作技术的基础上锐意创新，终于制成了“金不换”一类的绝世珍品。他们制作的龙香剂墨、天琛墨、紫薇恒星图墨、鱼戏莲墨、西湖十景墨等也为文苑名品。

徽墨以松烟、桐油烟、胶为主要原料，经过刻墨印、炼烟和胶、作墨、晾墨、打磨、描金等工序，制作出闻名中外的墨品。例如，刻墨印是一种微型雕刻艺术，是制墨中的重要环节。墨印又名“墨模”，是制作徽墨的工具，是徽墨工艺的母体。

墨印工匠大多是在宽不逾 3 厘米、长不过 10 厘米的版面上，雕刻人物、山水、花卉、楼阁以及行、草、隶、篆、楷等书法文字。

徽墨的制作历史悠久，技艺独特，工艺复杂，流派众多，具有较高的实用价值和艺术价值。它是中国传统制墨技艺中的珍品，在中国制墨史上占有重要的地位。

十、四大名砚

从唐代起，广东端溪的端砚、安徽歙县的歙砚、甘肃南部的洮砚和山西新绛的澄泥砚，被人们称为“四大名砚”。

（一）端砚

端砚产于广东肇庆东郊的端溪，被誉为“群砚之首”。端砚是中国历史上最为名贵的砚品之一，其砚材的开采始于唐代初年。端砚开始走入人们的文化生活之中，尤其受到文人雅士的喜爱。唐初的端砚朴实无华，多以实用为主，不太注重雕饰，形制、样式较为简单。其式样有圆有方，有“淌池”“单打”“斗方”等品种。砚石除了墨堂外，几乎没有什么装饰。中唐以后，随着社会经济、文化的发展和人们的欣赏品位的提高，端砚不但美观实用，而且古雅精致，适宜于文人对雅趣的追求。

图 5-10　北宋·米芾兰亭端砚（台北“故宫博物院”藏）

宋时，端砚的石品质量、制作工艺比唐代有显著改进。其设计讲求立意，注重造型，为书画名家及文人墨客所钟爱，如大书画家米芾所珍藏的兰亭端砚（见图 5-10）。元代时，大书法家赵孟頫也喜好端砚，曾专门为其使用的绿端松磐砚取名为“大雅”。

明清两代，端砚发展到了一个新的高峰。砚式丰富多彩，制作趋于完善。

砚形也有所创新，出现了蛋形、神斧形、金钟形、古鼎形、古琴形、瓜果形等各种式样。其纹饰题材极为广泛，花鸟鱼虫、飞禽走兽、山水人物等无所不及。其装饰风格或新颖别致，或淳朴古雅。雕工上也极为讲究，线条细腻，生动传神。

（二）歙砚

歙砚又称“婺源砚”“龙尾砚”，砚石产于江西婺源龙尾山。因为婺源古属歙州，故名“歙砚”。它的特点是色如碧云，声如金石，温润如玉。

在唐代，歙砚已经开始生产。不过，真正为世人所重还是在五代的南唐时期。当时的歙砚曾一度受到南唐后主李煜的倍加喜爱和极力推广。不过，南唐败亡后，歙砚一度停产。

至北宋景祐年间，歙砚重新开采，恢复生机。砚台精品不断涌现，影响也随之扩大，被列为皇家贡品。宋代歙砚的名色之多，质地之细，为诸砚之冠。其质地湿润坚致，发墨利笔，贮水不耗，历冬不冻，极为名贵。当时的文人雅士、书画名家对其推崇备至。

南宋末年，由于婺源地区长期的大规模开采，导致砚石殆尽，矿山时有坍塌，歙砚不得不停止开采。再加之，连年的战乱使得砚工常年无法工作，从此歙砚长期陷入一蹶不振的境地。这种情况一直延续到清乾隆时期才有所改善，但并没有持续很长时间，歙砚开采又处于停滞状态。由于开采很少，其名声逐渐落于端砚之下。

（三）洮河砚

洮河砚也称“洮石砚”“洮砚”，产于甘肃临潭。临潭古代地属洮州，故以地为名。洮石最初是用作磨刀剑的砺石，后才改制成砚。唐代时，洮砚已为当时的四大名砚之一。洮砚分为绿洮和红洮两种。绿洮色泽青绿，肌理细润，纹似卷云，极易发墨，尤以“鸭头绿”“鹦哥绿”最为名贵。红洮也称“赤紫石”，呈土红色，石质甘润纯净，较绿洮稀少（见图 5-11）。

洮砚石质坚润，色泽雅丽，发墨细快。唐时，就已深受书画文人的偏爱。宋元时，

图 5-11　宋·长方抄手洮河红石砚
（天津艺术博物馆藏）

洮砚更加声名远扬，文人元好问、陆友仁等都给予高度的赞誉。进入明清之后，由于开采困难，生产有限，洮砚变得更加稀缺，流传极少。由于洮砚石质佳美，又不易获取，故其名声虽不及端砚、歙砚，但价值相对较高。

（四）澄泥砚

澄泥砚最初产于山西绛州地区，唐代时已享有盛名。据《砚谱》记载，其制作方法尤为特别，是借助古人制作砖瓦陶罐的工艺，以过滤的细泥为材料，加入黄丹团和后，放入模中击打使其坚硬，用竹刀刻成砚的形状。等稍为干燥后，再用小刀进行精雕细刻。经太阳暴晒，放在稻糠、牛粪中烧制一天一夜。然后，放入墨腊、米醋，蒸过五到七遍，才能成功做成。

至宋代，澄泥砚的制作区域扩展到山西、河南、山东、河北、陕西等地。其制作工艺不断进步，色泽也相当丰富。有的绿如春波，有的黑白相间，甚至还有正紫色的。由于其色彩绚丽，润泽耐用，所以很受文人、士大夫的偏爱。南宋时，澄泥砚已取代鲁砚，成为“中国四大名砚”之一。

明代，澄泥砚的制作又有了更大发展。其色泽多种多样，有朱、紫、黄、绿等。其形制多因袭石砚风格，以长、方、圆、八角等式较为常见。其雕刻也渐趋细密，砚上多有名家的诗文题刻。从使用性能上讲，澄泥砚一般比不上端、歙、洮等砚。但是，它不同石砚那样过于依赖天然，故其创作的空间、自由可不受拘束，工艺性更强。清代文人就非常热衷于对澄泥砚的鉴赏。澄泥砚丰富的造型和精美的雕刻，体现了实用性和观赏性的完美统一，在中国制砚史上具有举足轻重的地位。

第六章 漆器制造业

中国是世界上最早用漆的国家，具有极其辉煌的制漆历史。在距今7000余年的浙江余姚河姆渡文化遗址中发现了朱漆木碗（见图6–1）和朱漆筒，经过化学方法和光谱分析，其涂料为天然漆。它的出土有力地证明了“中国是全世界漆艺发源地”这一科学论断，更好地佐证了漆器艺术起源于中国，然后传播至东亚各国，继而走向全世界的发展历程。

图6–1　朱漆木碗（浙江余姚河姆渡遗址出土）

漆器指用天然漆或精制加工后的漆来进行髹饰的器物。漆器表面涂抹的漆来自漆树。漆树是中国本土树种。天然漆是从漆树上割取出来的一种呈灰乳色的涂料，用漆髹饰过的器物是制造漆器的主要原材料。未经髹涂过的器物俗称“胎骨”。胎骨可以是木材，也可以是竹器、皮革和陶瓷等材料。用漆云彩放髹饰过的器物才能称之为“漆器”。

漆器的外表色泽明亮，光彩夺目，具有较高的实用价值与审美价值。漆器工艺是古代劳动人民杰出的发明创造。漆液在器物表面晾干之后，牢固耐用，能够耐酸、耐热和防腐。经过髹涂的木器，就是埋藏在水土之中，也不易受到腐蚀。一经加工，还能发出美丽的光泽。由于天然漆具有这些优良的特性，我们的祖先很早就发现、利用它来髹饰器物。

经过长期的探索实践，人们在漆器胎质的选择、制作，色漆的调配、运用以及漆器的纹饰绘制等方面，积累了越来越丰富的经验，将漆器生产发展成为专门的手工业工艺，形成中国所特有的漆器技术。

自新石器时代起到明清时期，漆器工艺的发展高峰迭起，成就辉煌。与陶瓷、丝绸一样，精美绝伦的中国漆器也属于民族文化的瑰宝。在绵延数千年的历史长河中，中国古代漆匠为人类留下了许多精妙绝伦的漆器工艺品。作为一种古

老而优秀的传统手工艺品，漆器具有独特的民族风格和鲜明的艺术特色，具有深厚而博大的文化底蕴。

一、漆器的历史

中国古代漆器工艺早在新石器时代就已出现了。夏商时期的木胎漆器常用朱、黑二色来髹涂。不过，当时的漆器生产还没完全从木器制作业中独立出来。1973 年，河北藁城台西村商代遗址中出土了漆器残片。其木胎雕饰饕餮纹，髹涂朱漆与黑漆。西周时，人们已采用多次上漆的工艺来提高漆器的光亮度，螺钿与镶嵌工艺也开始出现。

春秋战国时期，人们的生活用品开始使用漆器。在漆器的彩绘与镂空技术上有较大进步，尤其是描漆、描金以及针刻的纤细花纹等装饰手法极为精细。在湖北战国时期曾侯乙墓出土的漆器达 220 多件。这些漆器品种齐全，器型较大，风格古朴，体现了楚文化的独特神韵。

秦代的漆器工艺也很发达。官府漆器作坊实行严格的质量管理制度。每个漆器产品上都有烙印或针刺的标记，用于以后的核查与检验。秦代的漆器大多施以内红外黑的配色，并在黑色漆面上绘有红色或赭色的花纹。

汉代的漆器质量上乘，装饰精美，产地扩大。漆器生产已出现较为细致的分工。1959 年贵州清镇平坝村西汉墓出土的漆耳杯，其中铭文显示当时制漆分为素工、髹工、上工、铜耳黄涂工、画工、清工、造工等具体工种。西汉漆器的装饰技法复杂多样，技艺十分精湛。其中，有以针刻表现纤细花纹的“锥画”，有利用玉石、云母制作表面花纹的“镶嵌”，有在漆器表面刻纹后填入金粉的“戗金”，有在漆器口缘镶以铜口的“扣铜”，还有利用薄金银片制成花纹再嵌在漆器上的“平脱”。

魏晋南北朝时期，由于佛教的盛行，漆工开始利用夹纻技法的轻巧与牢固，来制作大量佛像。此种夹纻漆制的佛像常用于宗教活动之中，当时称之为“行像”。

唐代漆器制造达到了空前的水平。在装饰技法上，最有特色的是雕漆工艺。因为在唐代之前，漆器多是涂漆彩绘，并无雕漆之法。唐代的雕漆装饰，无论是单色雕漆还是异色雕漆，都极为出色精良。此外，唐代的金银平脱用料厚，镂刻深，纹饰细，纹样大，比汉代的平脱工艺要提高一个档次。唐代，漆税甚至已经成为当时政府的税收之一，以地域而论，唐代漆器产地以南方为主。

宋代时，漆器生产不但官方设有专门的生产机构，而且民间作坊也较为普遍。在传统的黑漆、红漆之外，开始使用绿色的油漆。漆工制作的器皿样式多样，富有变化。宋代漆器的造型简朴，以一色漆为主。它是一种通体一色，质朴无纹的漆器，又称作“无纹漆器”。

元代的漆器制作有官办，也有民营。其组织庞大，分工精细。漆器工艺有光素漆、戗金、剔犀、剔红、螺钿等。制品以盘、碗、奁等较为常见。在浙江嘉兴、江西庐陵等地，涌现了张成、杨茂、张敏德、彭君宝等一批髹漆名家。他们是当时制漆行业中的佼佼者。目前收藏于安徽省博物馆的剔犀云纹盒就是出自张成之手的惊世大作。此盒漆色黝黑、雕刻深、磨工亮，属于稀世珍品（见图 6–2）。

图 6–2　元・张成造剔犀云纹盒（安徽省博物馆藏）

明代的漆器业极盛。政府在果园厂设置漆作，由漆器家张成之子张德刚主管其事，负责皇家御用漆器的制作。同时，民间的漆器手工业也较为发达。明代漆器工艺在继承传统技法的基础上多有创新。明代著名的漆工黄成还撰写了目前唯一尚存的漆工专著《髹饰录》。它对于中国古代漆器工艺的研究具有重要的学术价值和应用价值。

明代的漆器品种众多，色彩绚丽，图案精美，尤其是刻花、雕刻、镶嵌以

及仿制瓜果、花卉、飞禽、走兽等，无不生动传神，惟妙惟肖。当时的漆器工艺进入了一个成熟的阶段。例如，永乐、宣德两代的剔红与剔彩雕漆，具有隐起圆滑、纤细精致的鲜明特色。永乐时期，又在雕漆底部刻有明确的年号款识，为以后漆器款识的兴起开启了先河。嘉靖年间，明代漆器的雕工技艺又转变为细雕纤刻、锋棱毕露的新风格。此外，还从日本引进了“莳绘（洒金）”金漆工艺，丰富了中国的漆器技艺。

清代漆器的制作可谓规模宏大，富丽华贵。乾隆年间，描金、剔犀、螺钿、犀皮、款彩、百宝嵌等装饰工艺都大有进步。随着漆工们的争奇斗艳，漆器的装饰特点逐渐趋向繁缛华丽之风。

清代漆器业的发展出现了地方化的趋势，逐渐形成了以北京、扬州、福州为中心的具有鲜明地方特色的漆器工艺。清代的雕漆以北京所产为主。与明代雕漆相比，清代雕漆的色彩光鲜艳丽，刀法棱线毕露，纹饰纤巧繁缛。扬州漆器以螺钿工艺而闻名，其中以点螺最为出色。福州的脱胎漆器色泽鲜艳，器体轻薄。这种装饰工艺的开创人是乾隆时期的漆工沈诏安。他在传统夹纻技法的基础上加以创新，形成了福州漆器轻巧华美的艺术风格。

二、漆器的制胎与制漆

漆器主要分为漆和胎体两部分。作为漆液依附、髹饰的对象，胎体决定了漆器的形状、大小。虽然漆器制作的程序复杂，不同种类的漆器工艺不尽相同，但是制胎、制漆是漆艺的两个基本环节。

（一）制胎

漆器工艺的胎体主要有木胎和脱胎两种形式。木胎为榫卯无缝式的结构，需要拣选纹理细密，不易变形的优质木材为原料。而脱胎是以泥土、石膏等塑成胎坯后，以大漆作为黏合剂，用苎麻布或丝绸布在胚胎上逐层裱褙，待阴干后脱去原胎，留下漆布雏形，再经过上灰底、打磨等多道工序制成坚实而轻盈的胎体。中国古代的脱胎以夹纻胎为典型代表。

随着漆器品种的不断增多，胎体的制作也一直在发展变化。例如，为了制作圆形而体轻的奁和卮等器物，就要用一大张薄木片来圈制木胎，下另安置底部。在木片接口之处，两边还要都削成斜坡，使其接合时能够平整匀称。

西周漆器的胎质仅限于木胎。此后，随着木胎上粘贴编织物的流行，夹纻胎开始出现。这种由漆与麻布等编织物构成的胎体，不仅轻巧而坚固，还适宜制作形状复杂的不规则的器物。现在通称为“脱胎漆器”。战国时期，除了夹纻胎以外，还有竹胎和皮胎。湖北江陵拍马山出土的战国双层篾胎奁就属于竹胎漆器。皮胎性韧而分量较轻，多用作防御武器，如甲胄、盾牌。这两种胎体在后世也一直在使用。

除了木胎、夹纻胎以外，汉代胎体还有铜胎、皮胎、牙骨胎等。唐代时还出现了一种独特的圈叠木胎。它是用窄长的木片圈叠胶粘而成，是漆器工艺的一项新技术。这种胎体十分轻薄，不易开裂而变形，且造型丰富。在湖北监利的唐墓和江苏扬州的唐城遗址中就曾出土过此类漆器。

宋代时出现了卷木夹纻胎、木胎糊织物、金银胎等。在此期间，唐代的圈叠法得到进一步改进。其具体工序为：裁木片为条，置于温水中弯曲成圈，烘干定形之后，一圈圈叠加胶粘成形，最后打磨上灰，髹漆成器。元代的胎体主要以木胎及夹纻胎为主。清代的胎体除木胎、夹纻胎外，还增加了紫砂胎、瓷胎等。

（二）制漆

生漆采自漆树。人们在漆树身上用刀割出口子，就会有乳白色的汁液从树内一点一滴慢慢渗出，这种液体被称为“生漆”。漆液的黏着性很强，不仅有粘连、加固的功能，还能在空气中干固成薄膜，质地坚硬，不褪色，不怕潮湿，不怕细菌侵蚀，能经受 200 ～ 260 度的高温，因而能够较好地保护器物不受破坏。

天然生漆必须经过加工提炼才能应用，其精制工序分为选漆、过滤、晾制、晒制、细滤等步骤。精制的漆品有黑推光漆、红推光漆和透明漆等，统称为“熟漆”。红推光漆的颜色呈红褐色，主要用来调制各种不透明的色漆。透明漆比红推光漆色浅、透明，可制成透明色漆来作为罩漆。黑推光漆是黑漆在搅拌至深棕色时加入氢氧化亚铁而制成。这些精制漆品在干燥后，能结成坚韧而美观的保护薄膜。在古代，人们常常将生漆倒于木桶内，放至阳光下搅动，蒸发水分后，漆色由乳白色变成棕黑色，便成为一种熟漆。

古时，每一件漆器工艺品一般要用黑、红两种颜色的大漆进行髹漆，至少要由 5 个红色层和 5 个黑色层组成。每个色层要经过数十遍上漆来覆盖下方色层，而且每遍上漆要厚度一致。每一遍上漆后，都要在恒温、恒湿的地窖中用 24 小时氧化。一件漆器需要历经百余天，进行百余遍涂漆。这就是传统手工艺的功力和心血所在。

三、漆器的髹饰技法

中国古代漆器的髹饰技法多种多样，工艺精湛。历经数千年的长足发展和技术改进，到明代时中国髹漆工艺已经达到炉火纯青的地步。根据明代黄成《髹饰录》的记载，髹漆工艺可分为 14 个门类。

（一）一色漆器

一色漆器指通体光素一色，不加华饰的漆器。它主要有黑、朱、黄、绿、紫等颜色。据考古发现，最早的一色漆器在原始社会就已出现。以后历代均有作品传世，以朱、黑、紫三色最为常见。

《髹饰录》书中把金漆也归入一色漆器类中。金漆的做法是在黄色、朱色、黑色等漆的表面刷上一道黏漆，叫作“打金胶”，然后把金箔或金粉粘贴上去。一色金漆常见的实物以佛像居多。

（二）罩漆

罩漆是在色漆或描绘完工后，上面再罩一层透明漆。由于罩漆下面的底色不同，故有许多不同的名称。如《髹饰录》“描饰门”中的描金罩漆，就应属于罩漆类。它的做法是在黑、朱、黄等漆地上作描金花纹，花纹上用朱色或黑色勾出纹理，最后罩一层透明漆。

罩金漆出现得较晚，以宫廷中的罩金漆实物较多。尤其到清代，它多用于皇家御用的宝座、屏风等，也有少数小件器物用罩漆制作的。罩过的金漆不仅能在透明漆下闪耀金色的光彩，而且能保护金色，不易褪色与磨损。

漆器在罩漆之后，其表面显得光亮润泽，花纹隐现，更加美观雅致。不过，罩漆下面的底漆颜色要比以前略为深一些。

（三）描漆

图 6-3　秦代描漆兽首凤形勺（湖北云梦睡虎地秦墓出土）

描漆是在光素的漆地上，用各种彩色漆来描绘花纹。除了彩漆以外，中国古代彩绘漆器还加入了桐油一类的干性植物油。这种利用油彩来调制成各种鲜艳的颜色，以绘制花纹的方法，也称作“描油”。

先秦以前，漆器均为描绘彩漆。仅在湖北云梦睡虎地 12 座秦墓中就发现漆器 180 多件。（见图 6-3）自汉代漆器出现油彩以后，油彩的使用日渐增多，使漆器的色彩更加艳丽多彩。明、清两代，漆器上使用油彩已相当普遍，有的漆器花纹几乎全部使用了油彩。

（四）描金

描金又名“泥金画漆”，即在漆地上加描金花纹。一般做法是在退光漆地上用朱漆或黑漆描绘花纹。待干后，在花纹上打金胶，然后将金箔或金粉粘着上去。描金的原料，有的只用一种金箔，故花纹金色如一；有的用两种、三种金箔，

如田赤金、苏大赤金、库金等，其颜色各有差异。如果利用颜色不同的金箔来粘贴不同的花纹，就能使得金色花纹整体呈现出色泽的深浅变化。此外，还有用漆灰堆出凸起的花纹之后，再进行描金、贴金的识文描金法。

漆器上使用描金的做法，最早见于河南信阳长台关 2 号战国楚墓中出土的彩绘漆棺，上面有用描金绘成的变形凤纹图案，凸显了当时精美的描金技术，开启了我国出土描金漆器的先河。汉代以后，描有金色花纹的漆器多有发现。明清时，它已成为漆器的一大种类。

（五）堆漆

堆漆，顾名思义是把漆堆积起来之意。它包括“识文”和“隐起”两种方法。“识文”就是用漆灰或稠漆堆画出高于漆面的花纹之后，不再加以雕琢。而继续进行雕琢的做法便称为“隐起”。这两种技法的相同之处是在漆器上用堆漆的方法做成凸起的纹饰，并在纹饰上加饰色漆。

湖南长沙砂子塘西汉墓中的棺木挡板上，其彩绘磬上的圆点谷纹，就是用稠漆堆起的。这是目前堆漆工艺的最早例证。唐宋时期，堆漆技法广泛使用。如保存在日本的唐代鉴真法师雕像，其五官及衣纹凸起部分均为漆灰堆塑。宋代的堆漆技法已日渐成熟。在建于北宋初期的苏州瑞光寺塔内发现的真珠舍利宝幢座上，贴有供养人、宝相花及狻猊等花纹，均为堆漆方法制成。明、清两代，堆漆技法已司空见惯。尤其是堆漆与描金经常结合在一起使用，如“识文描金”和“隐起描金”等技法。

（六）填漆

填漆即填彩漆。其做法是先在漆器上阴刻花纹图案，然后在花纹内填入色漆，晾干后经磨平，便呈现出光滑平整的效果。

目前发现最早的填漆实物是江苏武进南宋墓中出土的填朱漆斑纹地戗金山水花卉纹长方盒，盒面“柳塘图”的空地上细钩出密密麻麻的圆点纹，圆点内填入红漆，这就是中国填漆技法的雏形。明清时期，填漆技法已相当娴熟。其中，明代永乐年间的官办漆工作坊果园厂，就以生产填漆器物最为出名。

（七）雕填

雕填的做法是先用填漆的方法做好花纹，然后沿着花纹轮廓勾出阴文线，在勾出花纹上的纹理之后，在阴文线内填金。实际上，这是一种把填漆与戗金两种方法结合在一起的新技法。雕填技法盛行于明、清两代。

图 6–4　明·龙凤纹方胜形雕填漆盒
（北京故宫博物院藏）

从现有收藏的明清雕填漆器来看，许多被称为“雕填”的彩色花纹，有的是刻后用色漆填成的，为真正意义上的雕填技法，如明嘉靖龙凤纹方胜形雕填漆盒（见图 6–4）；有的却是用色漆绘成之后，再剔刻阴线填金的。

（八）螺钿

螺钿是取材于贝壳中具有天然色彩与美丽光泽的部位，在分层剥离和精心磨制后，根据设计图案的需要，镶嵌于漆器表面作为装饰。镶嵌的螺片有厚有薄，故有“厚螺钿”与“薄螺钿”之称。因为厚螺钿壳片较厚，硬度大，又称为“硬螺钿”。而薄螺钿因裁切细薄如纸，又谓为“软螺钿”。厚螺钿比起薄螺钿精致细密的程度要差一些。

螺钿工艺还有一种“衬色螺钿”。所谓“衬”，即衬托之意。它是先以透明的贝壳薄片裁切出花纹，在其下面再衬托上不同的色彩后，嵌贴到漆器上，类似于人工设色。所衬托的各种颜色是通过透明的壳片而显色，故能呈现出一种色彩晶莹剔透的特殊效果。

中国用蚌片、蚌泡镶嵌在漆器的装饰技艺，早在西周墓中就有发现。北京琉璃河西周墓地中发现镶有不足 2 毫米厚蚌片的漆罍，其镶嵌的图案工整细致，说明当时的螺钿工艺已达到了相当高的水平。目前所见唐代及以前的漆器均用较厚的螺钿片镶嵌，如唐螺钿漆背铜镜（见图 6–5）。宋代已有薄螺钿漆器的记载，但未见实物。目前见到最早的薄螺钿漆器是北京元大都遗址出土的广寒宫图漆盘的残片。

图 6–5　唐·螺钿漆背铜镜（河南洛阳十六工区 67 号唐墓出土）

明清时期，厚、薄两种螺钿漆器都很盛行，尤其是薄螺钿的发展达到了前所未有的高度。而衬色螺钿工艺出现较晚，实物有北京故宫博物院收藏的一件清晚期的嵌衬色螺钿团花长方盒和南京博物院收藏的黑漆嵌螺钿圆盘。

（九）犀皮

犀皮是先在器胎上用石黄加入生漆调成稠漆，做成一个高低不平的表面，再用拇指轻轻将漆推出一个个高起的小尖。待稠漆干透后，再髹涂多层的不同色漆，各色相间，并无一定规律，最后通体磨平。凡是突起的小尖，经磨平后，都围绕着一圈一圈的不同漆层，呈现出一种类似松鳞的花纹。

1984 年，安徽马鞍山的三国东吴朱然墓中出土了一对黑、红、黄三色相间的皮胎犀皮羽觞，其制作工艺较为精细。至明清时，犀皮技法已完全成熟。

（十）雕漆

雕漆是剔红、剔黑、剔黄、剔绿、剔彩等的总称，其中以剔红最为常见。剔红是在器胎上髹饰一定厚度的朱漆，少则二三十道，多则上百道，然后在漆上雕刻出精美的花纹，如明代皮胎剔红盘（见图 6–6）。剔黄、剔绿、剔黑的技法与剔红相似。而剔彩是在器物上分层髹涂不同颜色的漆层。当漆层达到一定的厚度时，根据图案色调的要求，需要哪种颜色，就将它上面的颜色剔除，露出所需要的色漆。

图 6–6 明·皮胎剔红盘（北京故宫博物院藏）

据明代黄大成《髹饰录》记载，中国雕漆技法出现于唐代。宋元时期的雕漆技法渐趋成熟。到元末明初，尤其是永乐年间果园厂生产的雕漆，技艺最为精湛，达到历史上的最高水平。在历史上，明、清两代雕漆的漆器数量最多。

（十一）剔犀

剔犀是在器胎上用两种或三种色漆有规律地逐层髹涂，当各层达到一定的厚度时用刀斜剔出卷草、勾纹等不同的花纹，刀口断面能够清晰地显露出不同颜色的漆层。器表有黑面、红面、紫面的。其纹饰如行云流水，自然流畅。目前最早的出土实物为江苏武进南宋墓的剔犀云纹执镜盒及剔犀竹柄团扇。元末明初时，此种技法达到较高水平。明清时，剔犀技法更为流行，存世作品数量较多。

（十二）款彩

款彩是指在漆地上刻出凹下去的花纹，然后把色漆或色油填入花纹轮廓之内，因刻去的是漆灰，故又有“刻灰”“大雕填”之称。款彩技法出现较晚，传世只有明清两代的作品。因其工艺简单，出品较快，故多用于制作各种小插屏或屏风。

（十三）戗金

戗金是在漆地上用刀尖或针锥刻画出纤细的花纹，然后在花纹内打金胶，将金粉粘上去，故花纹呈金色。除了戗金以外，还有戗银，即用银箔粘贴。湖北光化五座坟西汉墓中出土的两件漆卮，是目前发现的最早的戗金漆器。它与宋代以后的戗金技法基本相同。明清以来，戗金工艺多与填漆技法结合使用。

（十四）百宝嵌

百宝嵌的工艺是在漆器表面上镶嵌金银、宝石、珍珠、珊瑚、碧玉、翡翠、

水晶、玛瑙、玳瑁、砗磲、青金、绿松、贝壳、象牙、蜜蜡、沉香等珍贵材料。百宝嵌又有“周制”“周嵌”的称呼。

百宝嵌技法在出土的西汉漆器上已见雏形，正式形成于明代。明代嘉靖年间，江苏扬州漆匠周翥擅长剔红，并首创了百宝嵌工艺。清代更加盛行，扬州漆工卢葵生善制百宝嵌，其作品也流传于世，如百宝嵌雄鸡图漆砂砚盒（见图 6–7）。

以上常见的 14 种漆器工艺，仅仅为《髹饰录》书中所载漆器工艺的一部分，远远代表不了中国古代漆工艺的全貌。不过，从这 14 种精湛的技法中，仍可以窥见中国古代漆器文化的丰富多彩，博大精深。

图 6–7　清 · 百宝嵌雄鸡图漆砂砚盒（北京故宫博物院藏）

四、生活用具

中国古代漆器种类繁多，涉及人们生活的各个方面，衣食住行无不与漆器相关。当然，在几千年来的漆器演进过程中，许多器物并不是一成不变的。有的随之而改变，有的已经消亡灭迹，有的却延续时间很长。

漆器生活用具包括饮食器具、盥洗器具、梳妆用具、文化用具以及日常用具等。其中，饮食器具有碗、盂、杯、盘、豆、耳杯、食案、食奁、樽、鼎、卮、钫、匕、勺、具杯盒、果盒、壶等，盥洗器具有匜、沐盘、盆、桶等，梳妆用具有妆奁、粉盒、镜盒、梳、篦、簪，文化用具有量、尺、算筹、砂砚等，日常用具有匣、瓶、熏炉、器座、虎子、杖、扇、箕等。每一品种都有不同的样式。下面着重介绍几种主要的生活用具。

（一）漆碗

漆碗是一种盛饮食的器具。其造型为圆形，口大底小。漆碗是出现最早、使用时间最长的食具。距今 7000 多年河姆渡新石器遗址出土的髹朱漆碗是目前世界上最早的漆器，其形制较为原始古拙。商代的漆碗为厚木胎，口沿下和底处有深弦纹。至战国时期，漆碗已十分精美，通体髹漆彩绘。汉代漆碗的胎质较薄，装饰华丽，有的还在器口或腹部贴一道银扣装饰。

隋唐时期，漆碗常嵌有平脱镂银鎏金的纹饰，与大唐的富贵气派相呼应。五代时，漆碗开始用窄木条圈叠胎制成，其胎质较为轻薄。宋代漆碗的造型质朴大方。在模仿瓷器造型的同时，又体现了漆器轻巧的特点。元代的木胎漆碗多由窄薄木条叠成型，也有一些竹编胎的漆碗。

明清时期，漆碗不论其造型，还是装饰都达到了很高的水平。其纹饰更加精致，造型上出现了带盖的碗和高足碗，装饰上运用了剔红、剔犀、描金、嵌螺钿等技法。

（二）漆杯

漆杯是一种盛羹、酒等的器具，多为圆柱状。漆杯是漆器中出现较早的器型之一。在距今约 5000 年的良渚新石器遗址中就发现了漆绘黑陶杯、嵌玉柄朱漆杯。它也是中国目前最早的嵌玉漆器。

春秋战国时期，漆耳杯非常流行，楚地尤盛。其外形椭圆，浅腹平底，有圆耳杯、方耳杯两类。西汉漆耳杯的制作工艺可谓精美绝伦。胎质有木胎、夹纻胎等。装饰也多种多样，有彩绘、锥画，有在耳上装有鎏金铜饰的。魏晋南北朝时出现了犀皮鎏金铜扣漆耳杯。唐五代时的筒形漆杯也十分精美。至明清时，漆杯的造型更是千姿百态。如明代剔犀云纹高足杯、清代彩漆鹰爪酒杯、识文描金银花卉高足杯等，都具有独特的艺术风格。

（三）漆卮

漆卮是盛酒、饮水的杯子，用木片卷曲而成。其形状为圆筒形，有盖，底部有足，附有环形把手。漆卮是周秦汉晋之际人们广泛使用的饮食器，是当时日常生活中不可缺少的用具。

秦汉时期，漆卮的制作十分精美。由于漆卮大多为薄木胎、夹纻胎，所以常用铜扣件加固。漆卮大多绘有精美的纹饰。如马王堆汉墓出土的漆布小卮和湖北光化西汉墓出的漆卮，器身表面都绘有奔驰于云气之中的怪兽，线条宛如游丝，纤细流畅。漆卮一般有盖，其盖及耳上均装有涂金的铜环。西汉中期以后，还出现了一种锥画戗金云纹的漆卮。

（四）漆壶

漆壶为一种容器，有嘴，有把或提梁，一般用来盛放液体。造型有圆壶、扁壶、方壶等。壶在商周时期主要用来盛酒，也为礼器。古代酒的品种多，故酒壶的器形也有所不同。目前考古发现较早的漆壶是湖北春秋墓葬出土的漆木勾连纹方壶。

秦墓中也出土了大量的漆木扁壶、茧形壶、蒜头壶等盛酒器。西汉墓葬中发现了大量漆圆壶、方壶、扁壶，纹饰以云气纹为主，装饰手法有锥刻、彩绘和漆画，色彩以红、黑二色为主，辅以绿、灰等色。如长沙马王堆 3 号汉墓中出土的云气漆圆壶、湖北江陵凤凰山 168 号汉墓出土的彩绘七豹纹漆扁壶、安徽天长汉墓中出土的锥画几何纹三角形漆壶等。

元明清时期，带把的漆执壶十分流行。它的装饰样式很多，如明代“时大彬”款紫砂胎剔红人物执壶、“江千里”款嵌螺钿黑漆执壶、剔犀云纹葫芦式执壶和清代黑漆识文描金花卉执壶等，都是明清漆壶中的上乘之作。

（五）漆盒

漆盒为古代盛放物品的日常用具。一般较小，大多有盖，与器身子母口相扣合。战国秦汉时期，盒形器最为发达。其造型千姿百态，有圆形、扁形、长方形、带把形以及动物造型。纹饰以凤鸟、龙纹、云气、几何纹为主。这一时期最具有代表性的是具杯盒，它是装盛一套耳杯专用的漆盒。长沙马王堆 1 号汉墓就出土了精美的具杯盒，盒内整齐地装有 7 件小耳杯。

魏晋南北朝时期，漆盒进一步发展。江西南昌东晋墓中还出土了攒盒，即多格盒。此盒可以拼合，又能单体使用。当时还出现了一种锥刻戗金的黑漆盒。

唐代的银平脱花卉漆镜盒最为富丽堂皇，其华丽的风格与盛唐之风相合。而宋代漆盒多朴素无华，一般分为内、外二色，或外髹朱漆，或内髹绿漆。漆盒的造型多样化，其中腰圆形的黑漆盒以及盛放果品的漆盒较有特色。

元代剔红、剔犀的漆盒非常精美。明代剔彩、戗金彩漆、黑漆描金的漆盒十分盛行，样式也多种多样。清代果盒的造型华丽，内分为大小不等的多个格子。清代的漆盒工艺广泛运用黑漆描金、紫漆描金、识文描金、黑漆嵌螺钿、百宝嵌、描金彩漆、填彩漆勾等各种技法。

（六）漆盘

漆盘为盛水以及其他物品的器皿。早期漆盘多为挖制的木胎漆器。其胎质较厚，纹饰多仿制青铜纹饰，如春秋时期的云雷纹长方形盘。战国楚墓中出土了许多精美的漆盘。除木胎外，还有夹纻胎，大都通体髹漆彩绘。

汉代漆盘更加精细，其胎质越来越薄，在盘口往往涂金铜扣。除彩绘漆盘外，还有通体一色素净黑漆的漆盘，光亮可鉴。如马王堆汉墓出土的漆盘，多为旋木胎。其中，最有特色的是 3 号墓出土的 6 个从小到大叠放的漆盘，最大的漆盘为沐盘。三国时期出现了漆桶盘，多为薄木胎，嵌榫钉制，呈长方形，内分大小不等的十几个格子。它是三国时期具有时代特征的新器形。当时的漆盘纹饰一改汉代云气、凤鸟、几何纹等样式，出现了宴乐、人物等表现现实生活的画面。

元代出现了大量的剔红、剔犀漆盘，有圆形、四方形、八方形等，纹饰多以花卉为主。明清时期的漆盘工艺更加丰富多彩，有剔彩、剔黄、戗金彩漆、描金彩绘、黑漆嵌螺钿、罩金漆、描彩、填彩等，造型有长方形、正方形、荷叶形、梅花形、椭圆形等，纹样多以喜庆祝寿、人物山水花鸟等图案为主。

（七）漆奁

漆奁是一种古代盛放梳妆用品的器具。其造型为圆形、方形、多边形。它有隆起的盖，与器身子母口扣合。普通的漆奁不分层，豪华的妆奁分为双层，其中内置小奁，里外髹漆彩绘。

梳妆漆奁的历史悠久，战国时期墓葬就有所发现。如湖北荆门包山 2 号楚墓出土的绘有出行图的漆奁，在极小的空间内将飞禽走兽、车马人物融于一体，堪称漆画杰作。

汉代是漆奁最发达的时期，造型有方形、长方形、圆形、马蹄形、双菱形、月牙形、单层奁、双层奁、多子奁（见图 6–8）。其胎质有木胎、夹纻胎等，装饰有漆画、贴金箔、锥画、嵌金银等技法。如长沙马王堆 1 号墓出土的彩绘双层九子漆奁和单层五子漆奁。其制作精致，内置胭脂、铅粉、丝绵扑、铜镜、梳篦等各种化妆用品。魏晋南北朝时期出现的镶铜扣漆奁、彩绘奁，具有较强的时代特色。唐五代时期的银平脱花卉纹漆镜奁代表着当时漆奁工艺的高超水平。宋代的剔犀花边形漆奁十分精美。元代的一色多边形的漆奁也较为精美。

图 6–8　西汉 · 彩绘双层九子漆奁
（湖南省博物馆藏）

随着时代的发展，梳奁的形制逐渐在发生变化。至明清以后，漆奁完全演变成一种可开启和提携的梳妆镜匣或小箱。

五、娱乐用具

漆木娱乐用具有乐器、舞具、棋具等。乐器包括弦乐器、管乐器和打击乐器等。其中，弦乐器有瑟、琴、筑、琵琶等，管乐器有笛、篪、竽、笙、排箫等，打击乐器有悬鼓等。舞具有彩绘的漆盾等。

（一）瑟

瑟为中国古老的弦乐器。春秋战国时，奏乐鼓瑟风靡一时。湖南长沙、河南信阳和湖北江陵的楚墓中出土的瑟有二十三弦、二十四弦和二十五弦的。至西汉时，瑟仍然很流行。如长沙马王堆1号汉墓出土的二十五弦瑟，主体用木制成，并髹以黑漆，是我国现存最早且保存最为完整的弦乐器。

（二）琴

琴为一种起源较早且使用较长的弦乐器。在中国古代的民族乐器中，它最具有代表性。湖北随州战国初期曾侯乙墓、湖南长沙五里牌战国晚期楚墓都出土了十弦琴。长沙马王堆3号汉墓也出土了七弦琴。目前北京故宫博物院收藏有唐代的漆琴名品（见图6–9）。

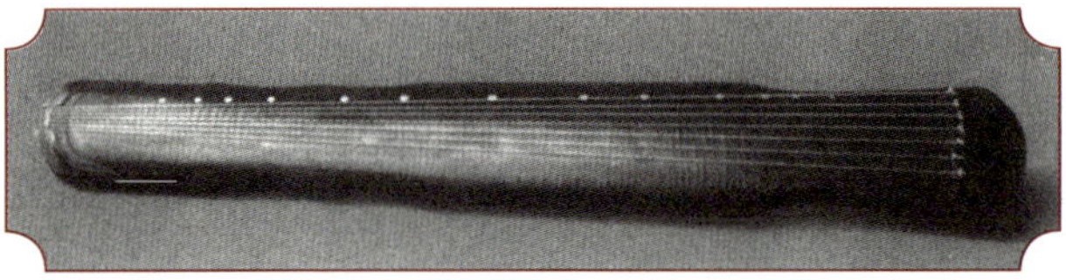

图6–9　唐·漆琴（北京故宫博物院藏）

（三）笛

笛是一种起源较早且至今仍在使用的竹制管乐器。它为长条形，上有多孔。湖北曾侯乙墓出土了2件横吹七孔竹笛。器表以黑漆为地，用红色、金黄色彩绘纹饰。长沙马王堆3号墓中也出土了2件七孔竹笛。髹漆竹笛一直为后世所沿用。

（四）竽

竽是中国古代一种的簧管乐器，起源很早。湖北荆门包山战国中期楚墓出土的烟斗形木竽明器，通体涂黑漆，以红色彩绘。湖南长沙马王堆1号、3号汉墓也都有发现。

（五）筑

筑为一种击弦乐器，形似筝，头大颈细肩圆，造型修长典雅，为通体髹漆。先秦时期筑已经出现，主要流行于东方六国。湖南长沙马王堆3号汉墓中出土了筑的明器。长沙望城坡西汉王室墓中也出土了一件实用筑。

（六）篪

篪是横吹单管乐器，形似笛。与笛不同的是，其两端都是封闭的。篪有六、

七、八、十孔等，形制不尽一致。在湖北随县曾侯乙墓中出土了战国时期的2支篪，为通体彩漆。

（七）排箫

排箫是一种起源较早的管乐器，常用于合奏。先秦汉代之际，所谓“箫”均指排箫。湖北随县曾侯乙墓出土了战国时期的排箫，由13根长短递减的箫管并列组成。其通体髹黑漆为地，用朱色线描绘纹饰，形如凤翼。

（八）虎座凤架悬鼓

鼓属于一种较为原始的打击乐器。鼓的使用历史很长，且至今仍在使用。在湖北江陵的战国楚墓中，出土了精美的彩漆绘制的虎座凤架悬鼓。它由双虎、双凤、一鼓三部分组成。双虎背向，昂首踞伏，双凤立于虎背上。鼓悬于双凤之间，系于凤冠。虎、凤全身均涂黑漆，用红、黄、蓝彩绘虎斑纹和羽毛纹。鼓面用红彩绘卷云纹、凤首纹等，鼓边绘斜三角云纹等几何纹饰。它造型精巧，融实用性和艺术性于一体，是当时最富有代表性的打击乐器。此类悬鼓目前多出土于战国楚地。

六、丧葬用具

漆木丧葬用具包括椁室、棺具、面罩、苓床、镇墓兽、梅花鹿、鹿角虎座飞鸟、木俑、木璧、木犀角等。

（一）棺具

漆木棺具是一种起源较早，沿用时间较长的殓具。先秦时期，天子、诸侯等贵族的棺制非常讲究，有一套较为严格的礼制。木棺一般为髹漆彩绘。春秋战国时期的楚墓中，常出土一些精美的彩绘漆木棺。其色泽艳丽，线条流畅，图案多为龙凤、神兽、云气、几何纹等。有的棺具外还缄以葛布，葛布外再进行髹漆。

进入汉代以后，彩绘漆木棺更加精美，内外都髹漆彩绘。如长沙马王堆1号墓出土的黑地彩绘漆棺。它内涂朱漆，外以黑漆为地，并彩绘一种富于变化的云气纹。漆画的四周还有以流云纹为中心的带状图案以及顶竖长角，兽身有尾的神怪。这些神怪形态各异，栩栩如生，富有浓厚的浪漫主义色彩。其后，许多朝代的皇亲、贵族的木棺多为髹漆彩绘。

（二）苓床

苓床为楚墓中常用的一种丧葬用具，均用整块木板雕刻而成。其全身髹漆彩绘，多为双面雕。苓床板一般在浮雕的基础上，透雕镂空其背景部分。这种带有边框的装饰板也称为“镂空花板”。苓床板所用的透雕法是一种介于圆雕和浮雕之间的雕塑技法。

湖南常德楚墓出土的战国晚期龙纹木苓床十分精美。此苓床用整块木板雕刻而成，全器镂空雕刻出六条变形的龙纹。龙身蜷曲，龙首趋于抽象化，龙眼、须、耳已简化，形似尖角。中部的双身龙和两端的双龙之间均有圆圈相连，使六条龙连成一个整体，显得生动传神。苓床是融合漆艺、雕刻、绘画为一体的精美工艺品。

（三）木俑

木俑是古代随葬用的明器，常见于楚汉墓之中，大多为髹漆彩绘。它分为人俑、动物俑等。人物木俑又可分为戴冠木俑、佩剑木俑、墨书文字木俑、奏乐木俑等。

春秋时期，木俑多数为整木雕刻，手足部分多为套榫而成。精致的木俑都彩绘服饰、头饰和面部，有的还穿着衣饰。如河南信阳2号楚墓出土的彩绘双串饰物木俑，先雕刻出人与衣饰的雏形，然后进行彩绘。河南信阳1号楚墓出土的木跽坐俑，头部直挺，发、眉均用墨绘，脸和手微涂朱色。

西汉的木俑制作更加精致细腻。从长沙马王堆汉墓出土的木俑来看，有形体高大、身着衣冠的管家俑，有形体矮小、满脸愁容的杂役俑、侍女俑，有眉

清目秀、翩翩起舞的歌舞俑，还有鼓瑟吹竽的乐俑，个个神态逼真、栩栩如生。东汉以后，随葬用的木俑逐渐被瓷俑代替。

（四）镇墓兽

镇墓兽是楚国贵族墓中一种特有而常见的镇墓辟邪用具。它主要有兽面镇墓兽和人面兽身镇墓兽，还有双头和单头之分。全身大多髹漆彩绘。兽首均两眼圆睁，口吐尖舌，颈多弯曲，狰狞可怕。它一般头顶插有鹿角，下有方形凸榫插入方形座的凹榫之内。镇墓兽多位于椁室头箱之中。楚人信巫鬼，将镇墓兽埋入墓中，主要是用来镇墓辟邪。

目前考古发现较早的镇墓兽有湖北当阳赵巷 4 号墓出土的春秋中期四棱柱形镇墓兽，湖南长沙浏城桥 1 号墓出土的战国早期方形单头镇墓兽。后来在湖南长沙、湖北江陵、河南信阳等地又先后出土了战国中晚期木雕凸眼镇墓兽、双头镇墓兽、四鹿角镇墓兽、鸭嘴形镇墓兽、人形吐长舌镇墓神等等。

（五）梅花鹿

梅花鹿为楚墓中常见的丧葬用具。梅花鹿常用整木雕刻而成，头插有木质雕刻的鹿角或真鹿角，全身髹漆彩绘。

有的梅花鹿雕刻成平首俯卧式，如湖北随州曾侯乙墓出土的木雕朱绘梅花鹿，平首俯卧，前肢跪屈，后肢弯曲，两眼平视前方，神态自若，安详憩静。有的雕刻成蜷曲卧式，如湖南长沙浏城桥 1 号楚墓出土的梅花鹿卧于椭圆形平底座上，蜷曲至腰部。头上部有两个方形榫眼，应为供插鹿角所用。两前脚一前横屈，一向后屈，后脚自然平放。梅花鹿是楚人喜爱表现的题材，应寓有吉祥、长寿之意。

（六）鹿角虎座飞鸟

鹿角虎座飞鸟是楚国贵族墓葬所特有的丧葬用具。一般为木胎，由一虎一鸟及一对鹿角三部分构成。虎均作昂首瞪目踞伏状，其背上立一仰首展翅的凤鸟，凤鸟背上往往插有一对鹿角。虎、鸟皆通体髹漆彩绘。（见图 6–10）

图 6-10　战国·漆鹿角虎座飞鸟（湖北江陵李家台 4 号楚墓出土）

湖北江陵天星观 1 号墓出土了精美的鹿角虎座飞鸟，虎、鸟通体髹黑漆，表面纹饰用红、黄、金三色描绘。同类器型多常见于战国时期楚国的大墓中，如湖北江陵雨台山 166 号墓、荆门包山 1 号楚墓等均出土了鹿角虎座飞鸟。它们器形高大，结构精巧，色彩鲜艳，带有浓厚的楚文化色彩。

中国古代漆器的历史源远流长，经历了从无到有、从笨拙到精美、从实用到艺术的升华，达到了一个尽善尽美的高度，为世界漆器文化的发展起到了举足轻重的作用。

第七章 车船制造业

车的出现是中国交通发展史上的一个重要里程碑。早在4000年前，中国就出现了原始的车辆。相传夏代的奚仲对车辆作了重大改进，发明了有辐条的轮。

商代的造车技艺较为发达，车子种类较多。商代的车多用马拉，也有用其他牲畜或用人力拉的。西周的车辆有了重大的改进。马车不仅是王公贵族出行游猎的交通工具，更是战争中重要的作战用具。

秦汉时期，战车的数量逐渐减少，在战争中已退居于次要地位。随着社会生产的发展，人们对出行、运输的需求增加，车辆制造业进入了一个新的发展时期。秦汉车辆的种类较多，并对车轨作出了统一的规定。其中，皇室、贵族及官僚所乘坐的车有玉辂、乘舆、金根车、安车、轺车等，用于作战及护卫的有轻车、武刚车、斧车等，用于运输载重的有栈车、役车等。

东汉三国时期，独轮车开始出现。它适合在乡村田野、崎岖小路以及山岭丘陵地区使用。魏晋南北朝时期的牛车非常盛行，种类繁多，有大楼辇、云母车、皂轮车、油幢车等。

到宋代时，官僚坐轿的风气逐渐兴起。制车技术的重点也逐渐由乘人之车转移为载货之车。宋人代步的工具主要是马、轿，而车主要是用来运输货物的。

明清时期，以骡、马牵引的轿车较为常见。乘轿制度较为严格，有官轿、民轿之别。清代后期，又开始引进、制造先进的运输工具。如新型的马车、自行车相继出现，铁路机车也开始创制和推广。

中国古代的造船肇始于新石器时期。独木舟是远古祖先主要的渡水工具。在长期的演变过程中，圆底独木舟改进为尖底、圆底的木板船。这是中国造船史上一次重要的飞跃。

春秋战国时期，南方的楚国、吴国已有专门的造船工场。诸侯国之间经常使用船只往来，并出现了规模较大的战船。它代表着当时最高的造船技术水平。

秦汉时期是中国古代造船业发展的第一个高峰。秦始皇在南方的战争中曾

经组织过一支能运输 50 万石粮食的大型船队。汉代的造船工艺更为先进，表现在船舶的载重量增大、航速加快等方面。

魏晋南北朝时期，中国长期处于战争敌对的状态，故历代政府尤为重视军事造船业。随着造船技术的提高，航运的半径有了明显增大，还出现了专门用于海外贸易的远洋船。

唐宋时期是中国古代造船史上的第二个高峰期。无论在船舶的数量上，还是质量上，都体现了造船业的高度发展。当时建造的舟船不但种类多，体积大，而且具有工艺先进、结构坚固、载重量大、航运快、安全可靠等众多优点，在国际上享有较高的声誉。

明朝时期，中国古代造船业达到了第三个高峰。当时造船工场的分布之广、规模之大、配套之全是史无前例的，达到了中国古代造船史上的最高水平。除了南京、江苏、浙江、湖北、广东、福建等地的大型官办船厂以外，各地也有不少的小型民营船厂。正是有了这样雄厚的造船业基础，才造就了郑和七次下西洋的远航壮举。至清代后期，随着近代轮船制造业的兴起，传统的木船运输逐渐被取代，木船制造业也从此走向衰落。

一、古车的构造与演变

车是中国古代最主要的陆路交通工具，在人们的社会生活中一直发挥着举足轻重的作用。中国古车不仅设计科学，坚固耐用，而且美观大方，具有较高的实用价值与艺术价值。

（一）古车的基本构造

古车中用于装载乘者的车厢称为“舆”。舆的左右两边所立的栏杆和木板称作“轸”。轸上留有缺口，以便乘车人上下。先秦时期，人们一般是从车的后边上下车的。车身上拴有一根绳子，称为“绥”，供上下车时使用。《论语·乡党》

就云:“升车,必正立,执绥。”古代车舆上立有盖子,形似大伞,用一根木棍支撑。舆内还要铺席,车席称作“茵”。

车的运转部分主要为轮和轴。轮的中心是一个有孔的圆木叫“毂”,用以贯轴。车轮的边框叫“辋”。连接辋和毂的叫“辐”。车轮的辐条一般为 30 根。《老子》第十一章云:“三十辐,共一毂。”四周的辐条都向车毂集中,称之为“辐辏”。车轴是一根横梁,上承车舆,两端套上车轮。轴的两端露出毂外,末端套有青铜或铁制的轴头,称作“軎”。轴头上有孔,用来纳“辖”,以防车轮脱落。辖一般是由青铜或铁制成,呈扁平长方形,长约 10 厘米,俗称“销子”。

古车中驾车部分的构件主要有辕、轭。其中,辕又称为“辀”,为一根直木或稍弯曲的木杠。辕的后端连着车轴,前端拴着一根弯曲的横木叫“轭”。轭又称作“衡”,要卡在牛马的颈上。“轫”是阻止车轮转动的一块木头。行车时必须先将轫木拿开,车子方能启动。因而,后世常用“发轫”一词来泛指事情的开端。

古代车马还有许多装饰性的附件。如装在衡和轭上的响铃,叫作“銮”。在西周时期,最高级的马车上要装有 8 个銮,行进起来声音非常悦耳。古车上的许多部件的制作相当精美。如在铜车軎上用金银丝镶嵌成美丽的花纹,以彰显富贵华丽。

造车是一门学问,驾车也是一门学问。古代六艺中就有“御”这一科。驾驭车马的鞭子分为两类:竹条制成的鞭子叫“策”,皮条制成的叫“鞭”。“鞭策”一词就是由此而来。在中国古代,人们十分看重驾驭技术的高低。《左传》中在记叙战争情景时,总是先要交代双方主将的驭手。古人乘车的方式一般是崇尚左位。一车三人,尊者在左,骖乘(陪乘者)居右,御者居中。

(二)古车的演变

夏代的木器制作业已出现分工,车辆制造也随之产生。古代文献中就有夏代奚仲造车的记载。商代时,车子已被广泛应用于交通运输以及军事战争等。

当时的车辆可分为乘车、战车、载重车、人力推拉的小车等。从牵引方式来说，有马车、牛车、人力车。车辆的结构主要由两轮、车轴、车辕、车衡、车舆五部分组成。在甲骨文、青铜器铭文中，都发现了“车”的象形文字。

目前见到最早车的实物属于商代中晚期。在河南安阳殷墟先后发现了一些车马坑。车是独辕的，约有 18 根辐条，为长方形车厢。一般可以坐 2 ～ 3 人，大多数车由 2 匹马驾辕。车子木构件的轮、辐表面光平，以榫卯相接。（见图 7–1）有的马车表面还涂成红色。

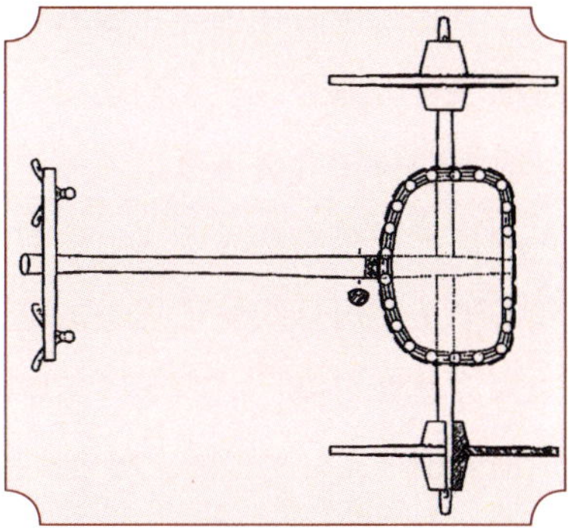

图 7–1　河南殷墟小屯 M40 车子复原图（张长寿、张孝光绘）

西周的造车业又有进一步的发展。不论是造车的规模、种类，还是工艺水平，都有显著的提高。周代制车业的分工更为精细，涉及木工、金工、革工、漆工等多个工种，需要经过几十道工序才能最终制成一部车。一辆车子是诸工种精细分工、集体协作的结晶。例如，木工主要制作车子的整体框架，金工负责制作车子配件及装饰，革工专门生产牵车具及马具，漆工对车子进行上漆装饰，等等。每一道工序都有严格规范。周代的造车技术达到了相当高的水平，当时已经采用油脂作为车上轴承的润滑剂。

与商代相比，周代的车子不但构造复杂，而且坚固耐用。驾车的马由商代的 2 匹增加到了 4 匹甚至 6 匹。河南浚县辛村周墓出土了车 12 辆，马骨 72 架，说明当时已有 6 匹马拉的车。车马的配件更为完备，增加了新的零部件，如銮、衔、辖以及舆盖等。许多关键部位还使用了青铜构件。例如，为防止车轴端上的车轮外脱，采用铜质的辖插入车軎之中。辖为车上的关键部件。如果没有它，车就无法安全行驶。辖的使用与改进是周代制车技艺的一大进步。

到了春秋战国，车辆的制造技术取得很大的进步。当时车辆广泛用于战争、驿传、运输、交通，种类明显增多，分为兵车、乘车、运输车等。其中，兵车的制造数量为最多。乘车包括诸侯所乘的路车、使臣所乘的辎轩车、轺车及士所乘的栈车等。运输载重的车辆包括大车、柏车等。

春秋战国时期的车轮辐条略有变化。辐条向毂斜置的做法属于一种比较先进的装置方式。当时人们还注意对车轮的薄弱环节进行加固，出现了夹辅。这一时期的科技专著《考工记》中《轮人》《舆人》《辀人》三篇，详细记录了造车的技术规范与检验手段。例如，用圆规校准车轮的圆正；用平整圆盘检验车轮的平正；用悬线验证辐条的笔直；将车轮放在水中视其浮沉情况，来确定各个部分是否均衡。《考工记》中对车轴、车辕等各个部件均有深入的研究，对行山地的柏车与行平地的大车也有不同的技术要求。

秦始皇统一中国后，实行了“车同轨”，对车辆制造的技术、工艺提出了更高的要求。1980 年，在陕西临潼秦始皇陵西侧的车马坑中发现了两件秦代铜马车，其中一件为安车（见图 7–2）。它是仿照真车马而制成，其大小尺寸为真车马的 1/2。车的形制虽然仍是先秦时期的独辕车，但是车厢呈凸字形，分前、后两室。前室为御官俑驾车处，俑为跪坐姿态，双手执辔御车。后室是车主人的乘坐处。全车通长 3.17 米，高 1.06 米，总重量 1241 千克。车马整体用青铜铸造，总共有 3400 多个零部件。车马上用到竹、木、丝、革等易腐蚀的质料的部位，全部用金属逼真地仿制出来。车马通体施以彩绘变体龙凤纹、云气纹、菱形纹等，线

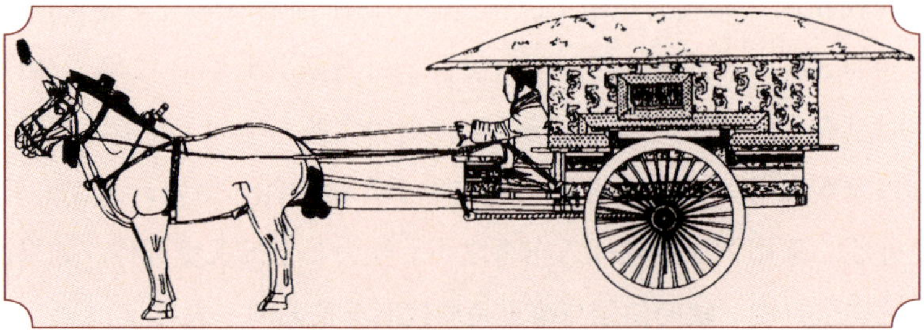

图 7–2　秦 · 铜安车（秦始皇陵西侧的车马坑出土）

条流畅，生动形象，整体显得富丽堂皇，华贵典雅。

西汉开始，逐渐盛行双辕车。双辕车使单马拉车成为可能，由此中国开始迈入了单马轻车时代。汉武帝以前，独辕车尚与双辕车并存。至西汉中晚期，双辕车逐渐普及。东汉以后，双辕车基本取代了独辕车。考古发现的西汉晚期与东汉的画像石、画像砖以及墓葬壁画上有大量双辕车的形象，可以说明这一点。

汉代的车主要有三大类：小车（马车）、大车（牛车）和手推车，其中，马车又有斧车、轺车、轩车、辎车、軿车、辎车、栈车等不同种类。汉代最高级的马车是皇帝乘坐的辂车和金根车。一般官吏乘坐的是单马拉的轻便小车，即轺车。贵族妇女乘坐的辎车是一种带有帷盖的大车。

汉代制车工艺取得了较大的进展。主要表现在：（1）装配技术的进步。如铁制车辆附件的使用，出现了铁缘车轮。（2）齿轮转动装置的运用。记里鼓车就是一种利用减速齿轮系统来计算车行里程的。

东汉和三国时期，独轮车开始出现。这是中国工匠的一项独特的发明创造。独轮车只有一个轮子着地，便于通过田埂、山区小道。它的货架安设在车轮的两侧，既能载货，又可载人。

魏晋南北朝时期，牛车逐渐受到了门阀士族的重视。东晋王朝南渡以后，江南马少牛多的客观情况，更刺激了牛车的发展。由于世家大族贪求安逸，沉湎于享乐，故牛车非常盛行，而马车近乎销声匿迹。这种情况一直延续到隋唐时期。晋代还有用羊拉车的记载。如晋武帝时，领军将军羊琇私乘羊车，还曾受到司隶校尉刘毅的弹劾。

隋唐时期，随着政治的统一和经济的繁荣，交通工具也有所进步，进入了一个稳定发展的阶段。如唐代高级车辆构造精密，行驶平稳，行车时可使车上水杯里的水不会溢出。总体来说，当时交通工具的特点是马车逐渐萎缩，牛车与骑马较为流行，舆轿得到了一定的发展。

宋代基本上以牛车为主，也有骡车、驴车。由于当时坐轿的风气日渐盛行，因而车主要以运货为主。载货的短途运输车称为“太平车”，用 5 ～ 7 头牛拖拉。长途运输的车称作“平头车”。由于当时对制车业不够重视，除了骑马、轿子发展迅速外，其余均处在一个平缓发展的状态。

明清时期，轿车获得新的发展。轿车是马车与轿子结合的产物，外形如轿，用马、骡拉挽。因为车上装有棚子、围子，如同轿子一般，故称为“轿车”。徐扬的《乾隆南巡图》中就画有此类轿车。而拉东西的大车因为没有棚子、围子，所以又称为“敞车”。

二、战 车

从广义上讲，中国古代战车是指为作战使用的各种战斗车辆，主要有商周车战时代的战车、辎重车、特种攻城车以及宋代以后装备各种兵器的战斗车辆。从狭义上来说，中国古代战车又可指车战时代的先秦战车。

夏代已出现最早的战车。商、西周至春秋，战车一直是军队的主要装备，因为车战是当时作战的主要方式。周武王在牧野之战中就动用了 300 乘战车。商周时期的战车形制基本相同。战车一般为单辕、两轮、长毂、后面有门的横长方形车厢。车辕前端有衡，上缚轭，用以驾马。战车作战的基本原则是：舆侧接敌，左右旋转。在接敌过程中，主要是车左以弓矢在舆侧射击杀伤敌人。接敌后，要与敌车接舆近战。要与敌车接舆，就必须先行“错毂”。两车错毂是一个互相闪避、寻找战机的复杂驾驭过程，需要不间断地进行旋转。战车为木质结构，其重要部位装有青铜饰件来加固，目的在于增加牢固度，以免在错毂交战中受到损坏。

商代战车的轮径较大，在 130 ～ 140 厘米之间，辐条有 18 ～ 24 根。车厢宽度一般在 130 ～ 160 厘米之间，进深 80 ～ 100 厘米。其特点是轮径大，车厢宽而进深短，又为单辕。为了增加战车的稳定性，保护舆侧不被敌车迫近，战

车的车毂一般要比民用车的车毂长得多。

西周中期以前，一般采用长型軎饰，其长度为 17 厘米左右。此后又流行短型軎饰，其长度在 8 ～ 10 厘米之间。车轴是战车驰骋时急剧转动的关键部件。为防止磨损，战国时期已开始在轴、毂之间装置铁锏，以减少轴、毂的摩擦。铁锏为半筒形瓦状，每轮 4 块，均以铁钉固定在轴杆上。枒饰是包在车轮辋上的铜片，用来加固车轮的。它的纵断面呈“U”形，固定在轮辋上的接缝处。

先秦时期战车结构的变化趋势为：车轨的宽度逐渐减小，辐条的数目逐渐增多，进一步加大了车辕的曲度，抬高了辕端，减轻了服马压力。这显然是为了提高战车的速度和灵活性。

春秋时期盛行车战，诸侯国常征调数百乘，甚至上千乘的战车作战。战车的多少成为一个国家强弱的标志，故有“千乘之国”“万乘之国”的不同划分。当时还出现了高架战车，如楼车、巢车，主要用于侦察和瞭望。

春秋中期以后，军队中出现了专职将帅，国君已经不必亲登战车指挥作战了。因而，戎车由原来国君的作战专乘便成为将帅的专用指挥车。一般是主帅居中，御者在左，护卫居右。而一般的兵车是御者居中，左边甲士一人持弓，右边甲士一人持矛，相互配合，协同作战。每辆战车上除了车上的三名甲士以外，还隶属固定数目的徒兵。这些徒兵和每辆战车编制在一起，再加上相应的后勤车辆与徒役，便构成军队的一个基本编制单位。这也反映出当时的军队是以战车为中心来进行编制的。

战国时期，虽然骑兵开始兴起，战车地位逐渐下降，但是诸侯国拥有战车的数量仍相当可观。如秦国的军队就拥有士兵百余万，车千乘，骑万匹。直到汉代初年，战车在战争中仍然发挥着一定的作用。

秦代的战车，在陕西临潼的秦始皇陵兵马俑坑中大量发现。根据兵马排列的形制推断，坑中的驷马战车大致有 100 多辆。庞大的兵马俑军阵形象地展现了秦军的兵种编列、武器车辆等实际情况。1980 年，在秦始皇陵西侧的车马坑中出土了两辆铜马车，其中一件为战车，长为2.25米，高为1.52米，重达1061千克。它为单辕双轭，套驾四马，即两骖两服。四匹铜马均饰金银络头。车舆呈长方形，车上置一圆形铜伞，伞下立一御马官俑，双手执辔。舆内有铜方壶、弓、弩、镞、盾等。（见图7–3）这种完全模拟实物而制成的车马器，反映了秦代战车制造的精湛技艺。

图7–3　秦·铜战车（秦始皇陵西侧车马坑出土）

汉代以后，马车一般不再作为战车使用，而是作为载客运货的运输车辆被普遍使用，并延续至今。后世所谓的“战车”也不特指马车了，而是指用于攻城、防御的专用车辆，例如曹魏使用的具有强大杀伤力，能弹发石块的霹雳车。它是一种具有活动机关的发射器。云梯冲车也是三国时期的一个重要攻城车具。南朝梁时，侯景造的楼车（见图7–4）、登城车、阶道车等攻城车辆高达数米，有的装有20个车轮。到清代时，又出现了铁甲车。它有4个轮子，轮的直径约30厘米，车厢的上下、四周都有铁叶防护。

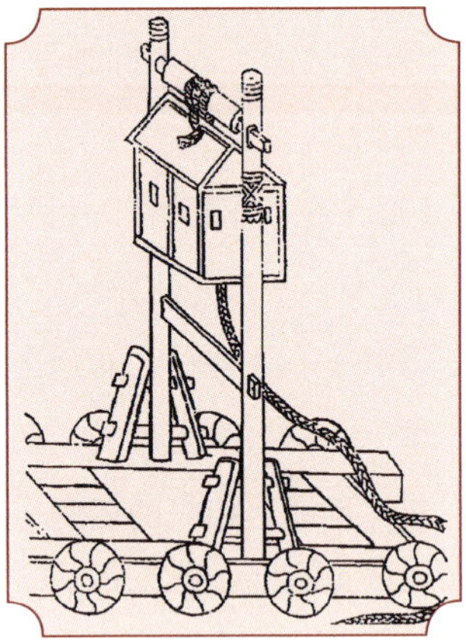
图7–4　楼车（宋·曾公亮《武经总要》）

三、牛　车

大约距今4000年前，牛车在中国就已出现了。牛车虽不如马车快捷，但也有自己的优势。尤其在马匹缺乏时，牛车便具有不可替代的作用。夏代时，牛

车就已用作运输工具。商代时，牛车的利用较为普遍。商人的祖先王亥就亲自赶着牛车，到有易氏的地界去贸易。

西周时，牛车成为民间流行的交通工具，在商业往来、农事活动中发挥着重要的作用。由于载重的牛车体形较马车大，故又称作“大车”。

春秋战国时期，牛车在设计、加工技术上有了重要突破，出现了一种全新的双辕无辐双轮牛车。秦代的牛车主要用于货物运输。它在沿袭前代双辕双轮大车的基础上，将实心板轮改进成一种有辐条的车轮。

汉初，马匹极为稀少，将相都乘牛车。汉代的牛车形制均为双辕，双辕前端缚半环状槅。槅中套驾一牛，车轮较小，有幅条 10 根。车厢为长方形，左、右有带横撑的边栏。后面为栏扳，略高于边栏。车上有驾车者执棒御车。汉代的这种牛车，由于采用直辕形式，其支点较低，因而在平地大道上行驶时，就要比曲辕的马车安全平稳。又因其辕为直形，制作时就可选用较粗大的木材直接加工。这样便加强了车辕的坚固性，从而增大了载重的能力。甘肃武威东汉墓中出土了一件木制牛车的模型，车舆前有门窗，门窗上、下有栏板。舆后栏有门两扇，可以开闭、出入。

图 7–5　陶牛车（山东邹城西晋刘宝墓出土）

魏晋南北朝时期，驾乘牛车成为富豪贵族的一种时尚潮流（见图 7–5）。由于牛性稳重，如果驾驭得法的话，其速度也相当可观，因而受到上层人士的青睐。当时皇帝的御轺车、御四望车、御衣车、御药车、御书车等，都是由牛驾着在御道中央行走。王侯乘坐的云母车，是用云母来装饰的，带有屏蔽，由 8 头牛驾辕，属于豪华级的牛车。此外，还有皂轮车、驾驷牛、油幢车、通幰车，都是功臣贵戚乘坐的牛驾车。由此可见，当时牛车的身价、级别相当之高。

当时，人们在长期行车的实践过程中，也练就了一身高超的驾牛技巧。《南史·刘瑀传》记载：何偃和刘瑀一起去参加郊祀。由于何偃善于驾驭牛车，竟然跑在刘瑀马车的前面。《宋书·刘德愿传》也记载：刘德愿特别擅长驾驶牛车。他曾在道上立两根柱子，宽度仅仅能通过一辆车。他在百步之外，振策长驱，打牛飞奔，从柱间直过而不触及柱子。他娴熟的驾驭技术，赢得时人的赞叹。

宋元时期，载人牛车的形制为长方形车舆，舆上建有封闭状的棚篷。车门后开，舆后垂遮帷帘。车舆周围开设棂格窗，舆顶呈拱形，前、后伸出长檐并向上翘起。舆顶四角各立一柱，四柱支撑一顶覆盖车舆的大帷幔。帷幔绣以精美图案，四周垂缀丝穗，极为华贵绚丽。

四、独轮车

东汉三国时期，一种手推的独轮车在巴蜀等地区开始出现。由于它行驶时“叽咯叽咯”响个不停，民间又俗称为“鸡公车”。车子系用硬木制造，长约1.3米，可前拉后推，载人载物。它虽然小巧，但是载重可达二三百公斤。这是一种既经济又实用的运输工具，是中国交通史上一项重要的发明。

起初，中国的陆路运输车为双轮车。这种车辆在较为平坦的道路上行驶，具有明显的优势。但是，在坎坷崎岖的道路上，双轮车行驶较为困难。而独轮车便于人力推动，适合在崎岖不平的山间小道上行走。

独轮车的形制为：独轮有辐条，居前部的中心。以轮毂为起点，向后连接一长方形双把手的木质框架，独轮夹在框架前沿中间。夹轮上部设一护轮架，使得独轮转动时能与架上所载人、物隔离。框架前部为主要承重点，连接有横撑竖条，构成货架以放置货物。框架后部双把，即人的握把推车之处。双把的下部又各下设一垂直的支脚。支脚略小于独轮的半径，使车子停放时略向后倾斜。当车子行驶停止或装卸货物时，双支脚和车轮便形成鼎足之势，以保持车辆的

稳定。（见图 7-6）

这种独轮车既可载物又可乘人，在交通运输、生产生活中发挥了不可或缺的重要作用。由于是依靠人力推动，故其使用对象多为普通百姓。尤其对于那些无力置办马车、牛车的下层百姓来说，独轮车是一种非常实惠、便捷的运输工具。它可以在乡村、城镇中随意行驶，不受道路条件好坏的限制。有些学者认为，三国蜀汉诸葛亮发明的“木牛流马”就是一种特殊的独轮车。

图 7-6 独轮车（明 · 宋应星《天工开物》）

宋代的独轮车为前后两人把驾，旁边两人扶拐，前用驴力牵拽，又称为“串车”。明代时，人们把前用驴拉，后以人推的独轮车叫作“双缱独轮车”。清代还出现了挂帆的独轮车，即在车上加帆，利用风力助车行驶。

五、舆 轿

舆轿是中国古代的一种特殊的交通工具。它是一种没有轮的“车”，用人抬着走，古时又称“肩舆”。最早的舆轿实物出现于河南固始侯古堆的春秋墓葬中。它制作颇为精巧，由底座、边框、立柱、栏杆、顶盖、轿杆、抬杆等部分组成。其底座呈长方形，顶盖仿四面坡的房顶形，轿身施围帷幔，前开小门，轿杆捆在底座边框上。

秦汉时期是舆轿的初步流行时期。当时的舆轿主要用于无法乘坐马车、牛车的特殊场合之中。汉代舆轿一般为长方兜篮形，舆身用竹料编制而成，舆底固定在两根长竹竿上。两根长竹竿的前后两端又有横竿固定。舆轿使用时，让乘舆者先安坐在舆中，然后由前后端各两个抬轿人肩扛抬杆，直立使舆轿升起。抬轿人一手扶抬杆，一手扶轿杆，这样舆轿便可安稳前行。

唐代的肩舆除了帝王乘坐之外，一般多为妇女和老弱有病的官员所使用。唐代画家阎立本的《步辇图》中，唐太宗端坐在步辇上，由两个宫女扛抬，四面还有宫女扶持。大诗人白居易年老退休后，与香山僧人结友，经常乘坐肩舆往来访问，说明肩舆是当时年老官吏的日常出行工具。

图 7–7　宋・张择端《清明上河图》（局部）

宋代时，轿子得到了较大的普及。在张择端的《清明上河图》画卷中，北宋京城汴梁的大街上就有许多轿子穿梭往来（见图 7–7）。宋元的轿子已由原来的肩舆、腰舆的形式改进为“高脚倚座”的长方形全遮蔽式。这种轿子使乘坐者的坐法由原来的席地而坐变成垂足而坐。此时的轿身增高，周围有席遮挡，轿上有四角上翘的盔帽式顶盖。轿身左、右开窗，门扉挂有帘幕。这种轿子大大增加了乘轿人的舒适感。再加之轿杆固定在轿身中部，既能保持轿子重心的稳定，也便于轿夫起放轿子。这种设计合理、舒适实用的轿子，对后世有着较为深远的影响。

明清的轿子在宋元的基础上又有新的发展。乘轿的风尚更加流行，制度趋

于严密。不同的官品，所乘轿子的形制、帷子的用料颜色等方面都有专门的规定。官吏一般用蓝呢、绿呢作轿帷，故有“蓝呢官轿”“绿呢官轿”之称。民间多为二人抬的便轿，而官员所乘的轿子，有四人抬、八人抬之分。如清朝规定，凡是三品以上的京官，在京城乘“四人抬”，出京城乘“八人抬”；外省督抚乘“八人抬”，督抚部属乘“四人抬”；三品以上的钦差大臣乘“八人抬”等。王公贵族之所以越来越偏爱轿子，是因为它安稳舒适，无车马劳顿之苦。

明清轿子不仅使用普遍，而且种类多种多样。按其用途的不同，有皇室王公所用的舆轿、达官贵人所乘的官轿、民间娶亲所用的花轿等。其中，官轿可细分为玉辇、凉步辇、大仪轿、大轿、明轿、折合明轿、凤舆、仪舆、翟舆、暖轿等等。民轿一般为平顶皂帏，由两人杠抬的小轿。其结构非常简单，由两根木杆或竹竿承上一块拼接而成的大板，上面铺上毯子，人坐在板上即可。

六、古船的演变

独木舟在原始社会末期已经出现。在浙江余姚河姆渡遗址的考古发掘中就出土了木桨。民间也流传着伏羲“刳木为舟”的说法。（见图 7–8）

夏商时期，由于人们的交流往来以及战争的频繁，舟船制造技术也有所发展。商代已经拥有一定数量的船只，有商王专用的，有权贵大臣使用的，也有用于军事的。

图 7–8　仰韶文化船形彩陶壶
（陕西宝鸡北首岭出土）

周代时，舟船的制造较为进步，水上交通运输逐渐发展起来。当时已经完全脱离了独木舟的时代，开始大量生产木板船，开辟了航海、河运史的一个新时代。政府设立专门的机构来管理舟船。

周代对乘船有严格的等级规定：天子乘坐“造舟”，诸侯乘坐“维舟”，大夫乘坐“方舟”，士乘坐“特舟”，庶人只能乘用“桴”。

至春秋战国时，水上交通更为发达，能够生产出大型的运输船。如政府用来运输粮草的方船，容积庞大，速度又快。当时，不但官府手工场能生产大型的船只，而且民间生产的运输船载重量也不小。

春秋中期以后，战船得到了迅速的发展。南方吴、楚等国建造了较为先进的战船。与民用船只相比，战船的性能明显要高出一筹。其种类有艅艎、大翼、中翼、小翼、突冒、楼船、桥船、大舶船等。其中，艅艎是王侯乘坐的大型战船，战时作为指挥的旗舰。大翼、中翼和小翼是主力战舰。大翼长 30 多米，阔 5 米，可以载士卒 90 多人，航行速度较快。吴国就是凭借这些先进的战船在汉水、太湖击败楚国、越国军队的。

秦汉造船工艺的创新集中表现在橹、风帆、舵的发明。首先，橹是汉代创造的效用较高的划船工具。它不但将桨的间歇划水改变为连续划水，以提高划船功效，而且巧妙利用杠杆原理，减轻了用桨划水的体能消耗。这种结构简单又轻巧高效的船舶推进装置，是中国造船技术的一项突出成就。其次，汉代风帆的结构、性能有了较大的改进，发明了升降帆幕和改变帆向的装置，解决了航船动力不足的问题，大大提高了船速。最后，舵是中国古代舟船的又一重大发明，出现于两汉之际。这种装在船尾的舵，可以利用舵压的作用，改变船舶的行驶方向，增强了航行的灵活性，是当时远途航行不可缺少的工具。

楼船是汉代最有名的船型，其高数十米，甲板上建楼数层。每层都设有防御的女墙，女墙上有发射弓弩的窗孔。（见图 7–9）1975 年，在广州发掘了一处规模巨大的秦汉造船工场遗址，发现了 3 个大船台，可以同时建造数艘重量达五六十吨的木船。无论在船台的建造、木材的拣选，还是风帆、舵、锚、橹的发明，都体现了秦汉造船业的高超工艺。

魏晋南北朝时期的造船业又有了新的发展。曹魏明帝时，在山东半岛和渤

海湾沿岸的青、兖、幽、冀四州建立了造船生产基地。同时，还在洛阳附近建立了造船厂和试船场。吴国境内江河纵横，湖泊密集，造船业自然蓬勃发展。东吴所造的大船有5层，可载3000余人。孙吴还多次派遣船队远航辽东及南海海域，其造船技术达到了当时的最高水平。

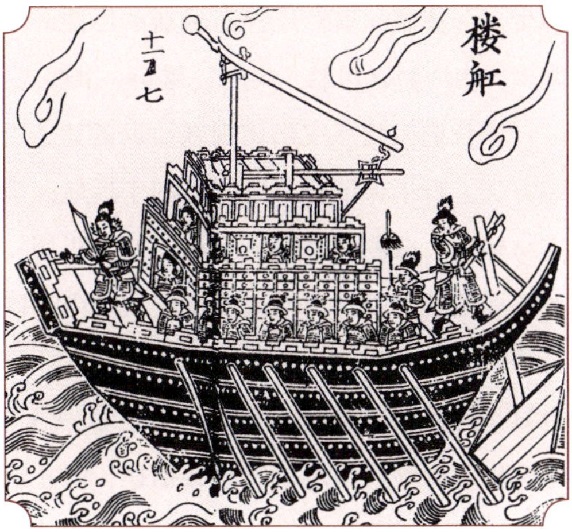

图7-9　楼船（宋·曾公亮《武经总要》）

到南朝时，江南政权已能建造1000吨的大船。为了提高航行速度，南齐科学家祖冲之发明了一种“车船”。它是利用人力以脚踏车轮的方式推动船舶前进，是中国古代船舶推进技术上的一次重要尝试。

隋唐时期，造船业又进一步得到发展。隋炀帝所乘的龙舟，有4层，高15米，长60多米。上层有正殿、内殿和东、西朝堂，中间两层有120个房间。它采用榫接与铁钉相结合的钉联方法，非常坚固牢靠。唐代的造船工场明显增加，能制造各种河船、海船、战舰等。唐代舟船采用了先进的钉接榫合的连接工艺，使船体的强度大大提高。江苏扬州出土的唐代木船，就采用了斜穿铁钉的平接技术。唐代的大海船还建有专门的水密隔舱，以增强船舶的抗沉能力，加大船体的横向强度。这是中国古代海船建造技术的一个重大突破。江苏如皋出土的唐代木船就建有9个水密隔舱。

宋代的造船和航海技术达到了一个新的高度，在当时世界上处于领先地位。宋代造船业有官营，也有民营的。官府造船业由造船务负责，在林木富饶且水路便利之地设置官船厂，专门制造船舶。民间造船业的整体规模不亚于官营造船业，其质量、技术并不逊色于官船厂。宋代民间船户数量很多，世代以制船

为生。一些民间富商还拥有远航的巨船。宋代造船不但量多、体大，而且种类繁多。内河船有川船、吴船、越船、淮船之分，海船有福建、广东之别。

宋代造船技术突出体现在海船的建造上：(1) 使用了比较先进的船体板组装方法。为了保证船只坚固，利于远航，当时的海船多使用松、杉、樟等优质木材建造。舷侧板用三重木板，船壳板用二重木板。由于海水的腐蚀性强，海船还要定期加固，即增加木板层数。中等以上大船的船板是用一定规格的板材交错重叠而成。(2) 普遍采用隔水舱的结构，以防止漏水。即使某个船舱漏水，也只是局部受到影响，不会浸没全船。(3) 大型海船一般是尖底造型，配合龙骨结构，能够抗击风浪，减轻摇摆，防止搁浅。(4) 创制了一种平衡舵。它的舵轴可以前后移动，能够缩小舵扇平面的摆动力矩，对控制船只的航向有着较好的效果。同时，又在舵叶上打了一些小孔，使舵的扭矩大为降低。(5) 采用了多根桅杆。一般为 2 ～ 4 根，可根据需要放倒或竖起。

宋代造船从设计到施工形成了一套成熟的工艺流程。通常是依据“样本”即图纸进行建造，或者先造出船模，再放大施工。当时造船、修船已经开始使用船坞，这比欧洲早了 500 多年。宋代在造船和航海技术方面的发明创造，为世界的航海事业做出了重要的贡献。

元代继承和发展了唐宋的造船技术，所造船只的数量与质量均超过了前代。当时运粮以海运为主，这大大刺激了国内造船业的发展。当时，在南洋、印度洋一带航行的几乎都是中国的四桅远洋海船。可以说，中国的造船、航海技术居于世界的首位。

明代的造船业有了很大的发展，造船技术也达到了历史上的一个高峰。当时的造船厂主要有南京龙江船场、淮南清江船场、山东北清河船场等。它们规模都很大。如南京的龙江船厂占地广大，建有巨大的船坞。船造成后，可直接在长江下水。年产船舶超过 200 艘，以建造大型海船而著称。船厂内部分工细致，除了主要的船体制造场所外，还有加工帆篷、绳索、铁钉等零部件的各类作坊。

淮南清江船场也有总部 4 处，分部 82 处，工匠达 3000 多人，规模相当可观。

明代的船舶种类繁多，有远洋航行的大海船，近海运粮的遮洋船、海鳅船，用于漕运的漕船，还有适合江河湖泊的巡船、快船、江汉课船、三吴浪船、东浙西安船、福建清流船、梢篷船、四川的八橹船、黄河的满篷梢船、广东黑楼船、盐船、黄河摆子船等等。明代官营造船厂的高超技艺以郑和下西洋的宝船为典型代表。同时，明代私人船厂的造船技术和生产能力也有所提高。不少官员军民自筹资金、原料，招募工匠，选设船场，制造大型的海船。

清代时，随着国内外市场的扩大，船舶的出租与买卖比较普遍，货运船以及农渔生产性用船增加较快。一些大商人直接投资开设船厂，制造船只，从事船运业。在一些造船比较集中的地方，还形成了一些专业性的船厂、舶坞。

随着商业、运输业及海外贸易的发展，清代兴起了一批新的港口和造船中心。沿海的厦门、黄埔、澄海、乍浦等港口的造船业十分发达。在内陆地区，随着东北的开发，黑龙江、松花江、辽河船运也开始起步。在长江中上游航路开辟之后，四川万县、江北、涪陵和湖北汉口、湖南的洞庭湖沿岸都成为船舶的修建地。

七、沙船、福船、广船

沙船 它是中国古代近海运输的一种优良船型，也称作“防沙平底船”。它在唐宋时期已经成型，是中国北方海区的主要船型。因其适于在水浅多沙的航道上行驶，所以又命名为“沙船”。早在 10 世纪初，就有中国沙船到达爪哇的记载。在印度和印度尼西亚都发现绘有中国沙船类型的壁画。

沙船的特点为：（1）船型特殊，为方头、方尾、平底，吃水较浅。它具有宽、大、扁、浅的外部特征。这种船型可以在沙质海底的海域航行，也可在江河湖泊中航行。由于沙船底平能坐滩，不怕搁浅，在风浪中航行较为安全。尤其在风向

与潮向不同时，由于其底平吃水浅，故受潮水的影响比较小。（2）航海性能优越。沙船上多桅多帆，可以逆风驶帆，适于海洋远航。由于沙船的桅高帆高，加上吃水浅，阻力小，因而能在海上快速航行。它不仅能顺风驶船，逆风也能行驶，甚至逆风顶水也能航行。即便遇到七级大风，也能抵御风浪，航行无阻。（3）载重量大。沙船一般的载重量为 4000 ～ 6000 石（约合 500 ～ 800 吨）。

福船 它是中国古代海船中的一种船型，为福建、浙江沿海的尖底海船的通称。福船船型的特点为：首尖尾宽，两头翘，尾封结构呈马蹄形。两舷边向外有护板。舷侧用对开的原木厚板加固，强度较大。船舱是水密隔舱结构，船体底尖上宽。福船的尖首尖底结构不但能吃水深，稳定性好，而且利于破浪，容易转舵改变航向。它适合在狭窄而多礁的航道中行驶。

有些福船的首、尾舱还是活水舱。随着船首尾的上升、下降，活水舱中的水可流出、流入，以减少船的摇摆，保持船的平衡。福船的用材主要是福建盛产的松、杉、樟、楠等优质木材。

明代水师以福船作为主要战船。福船能吃水 4 米，是深海的优良战舰。其高大如楼，底尖上阔，首尾高昂，两侧有护板。全船分 4 层，底层装土石压舱，二层住兵士，三层为操作驾驶场所，顶层是作战场所。作战时，能居高临下，弓箭火炮向下齐发，往往能克敌制胜。

广船 它产于广东，主要航行于中国南方港口和南海航线。广船起源于春秋时期，唐宋时期逐渐发展、成熟，最终定型于元明时期。广船用材特别珍贵，十分耐用。船的主梁、横梁等都是采用东南亚的珍贵木材，如铁梨木等。

它的基本特点为：头尖体长，上宽下窄，瘦尖底，梁拱小，甲板脊弧不高。船体的横向结构用紧密的肋骨与隔舱板构成，纵向强度依靠龙骨支撑。它结构坚固，有良好的适航性能和续航能力。多孔舵是广船最大的一个特点。这种舵的面积大，舵向好。舵叶上的孔为菱形，在帆船遇到急流时，可以通过舵孔排水。由于菱形的小孔减小了水流的阻力，故广船的回转性能好，操纵灵活方便。

八、郑和宝船

15 世纪，明代航海家郑和先后七次下西洋，在 20 多年里访问了 30 多个国家，在世界航海史上书写下了光辉的一页。每次出洋，郑和船队达到上百艘，其中大型宝船五六十艘，载人达 2 万多。当时是在江苏南京和太仓造船，从太仓的刘家港整队出海，南下西洋的。

宝船是郑和船队中的一种大型海船，是郑和船队中的主力舰（见图 7–10）。它的船身最长达 148 米，宽 60 米，是当时世界上最大的木帆船。宝船共有 4 层，船上的 9 桅可挂 12 张帆，锚重有几千斤，要动用二三百人才能起航。

图 7–10 郑和宝船模型（中国国家博物馆藏）

郑和宝船外形为小方首，宽平艉。建筑形式属于楼船，主甲板中部有一层甲板室形成舯，设了舷墙。艉部有 3 层艉楼，艏部有 2 层通透性的艏楼。自底舱到甲板上，共分为 5 层。船艏正面有威武的虎头浮雕，两舷侧前部有庄严的飞龙彩绘，后部有精美的凤凰彩绘。艉部板上方绘有展翅欲飞的大鹏。

宝船采用的是底尖上阔，首昂尾高的船形。为了进一步提高稳定性，它不仅在底舱压载了土石，还使用了梗水木和两舷披水板。这种面向船舷方向的木板可以减小船体向两侧晃动的幅度。因而，宝船在恶劣天气的海面上，控制平稳的性能也很强，在当时世界上可谓首屈一指。

宝船结构最为独特的设计是多道横舱壁，即用木板将船内隔成多个小舱，多的 28 个，少的也有 23 个，且彼此密封。这样不仅加强了船的结构，起到分

舱水密抗沉的作用，而且有利于分割舱段，分类载货。如茶叶、丝绸、各国进贡的宝物都可以分开存放在隔舱内。

与当时欧洲帆船的分段软帆不同，宝船的桅帆设计采用了纵帆型布局、硬帆式结构。这种帆虽然沉重而费力，但是拥有极高的受风效率，船速得到大大提升。其桅杆没有固定的横桁，因而调戗转向较为灵活，能够适应海上的风云突变，有效地借助多面来风。

宝船还在两舷和艉部设有长橹。与船桨不同，这种长橹入水较深，为多人操作。船橹在水下半旋转的动作类似今天的螺旋桨，推进效率较高。即便在无风的时候，也可以保持较快的航速。此外，橹在船外的涉水面积较小，也能适应狭窄港湾、拥挤水域的航行。

郑和下西洋是中国古代规模最大、时间最久的海上航行，比欧洲探险家的航海时间早了半个多世纪。郑和宝船在航海技术、船队规模、航程距离、持续时间等方面，均领先于同一时期的西方各国，创造了世界航海史的一个奇迹。

第八章 制盐业

盐业作为一种古老的行业，自从它产生以来，就与人们的生活息息相关。《管子·地数》云“无盐则肿”，已经认识到盐的饮食健身功能。《汉书·食货志》称盐为“食者之将，人人仰给”，说明盐在人们生活中的重要地位。

中国盐业的历史非常悠久。民间一直流传着神农时代“夙沙氏”煮海为盐的传说。夙沙氏也被后世尊崇为“盐宗”。夙沙氏大概是一个长期居住在山东半岛的古老部落，与传说中洪荒时期的炎帝部落可能有着密切的关系。

远古时期，人们已经发现和使用自然盐。人工煮盐在商代就已开始。到了周代，政府设立“盐人”一职，专门负责盐政。西周时期，盐业产量较为有限，仅是满足少数人的需要，普通百姓的饮食还是以卤为主。

进入春秋战国以后，大型的煮盐业开始兴起，盐的生产工艺也得到发展。不仅有海盐、池盐，而且四川地区还出现了井盐。盐的生产呈现繁荣景象的同时，政府也积极干预、控制盐业生产，从中获利。春秋初期，管仲出任齐相后，对于盐的运输、销售实现了部分官营的政策。自此以后，后世历代的盐业官营政策虽然屡有变化、调整，但是政府对盐业的管理与控制都给予高度的重视。

汉武帝时，为了掌握全国经济命脉，缓解面临的财政危机，抗击匈奴的军事侵扰，削弱地方的割据势力，推行了中国盐业历史上最为严格、彻底的盐铁官营政策。从《汉书·地理志》的记载可以看出，当时官营的盐官、铁官已经遍布全国各地。

唐宋时期是中国古代盐业发展的一个承前启后的时期。与前代相比，唐代盐业的生产技术有了较大的进步。如池盐的垦畦营种法逐渐成熟，井盐的凿井采卤法也得到发展。唐代盐产量继续增长。海盐产量居首，大历年间产量约为600万担；池盐次之，年产约100万担；井盐较低，年产约数十万担。此外，盐业专卖制度也实现了由直接专卖向间接专卖为主的变革性过渡，出现了一些新的专卖政策及运作方式。

宋代的盐业生产技术包括煎制和晒制两大类，其进步之处主要表现在海盐

和井盐的生产。宋代的一些海盐产区出现了晒盐的新技术。四川地区的井盐钻井技术有了重大突破，尤其是卓筒井的发明，使井盐生产取得了划时代的进步，在中国科技史上占有重要的地位。

元代时，海盐生产的晒盐法得到大面积的推广和使用。至元二十九年（1292年），江西行省的一份文书中就专门讲到煎盐与晒盐工艺的区别。明代的海盐生产仍然继承宋元旧法，分为晒灰取卤、淋卤、试卤、煎晒成盐四道主要的工序。晒盐法也得到进一步推广。嘉靖年间，淮北、长芦、山东海盐区都使用这一新型的晒盐法。明代盐的种类，按生产方法划分为海盐、池盐、井盐、土盐、硝盐、岩盐六类，以海盐、池盐、井盐为大宗。万历四十五年（1617年），袁世振在安徽淮南、江苏扬州一带还推行了纲盐法。

清代康熙年间，随着经济的逐步恢复，盐业开始有较大发展，逐渐呈现繁荣的景象。当时的食盐生产是一种严格的计划性生产，在各产盐区、盐场都有额定的产量限制。随着盐业生产的蓬勃发展，清政府的盐税收入大为增加。它与田赋、关税、厘金一起构成清朝后期财政收入的四大支柱。

一、海　盐

海盐是用海水加工而成，产于中国沿海地区。商周之际，或更早的时代，在山东地区，人工煮海水为盐已经出现。春秋时期，山东、辽东一带盛产海盐。《管子·地数》载：“齐有渠展之盐，燕有辽东之煮。”战国时期，产盐地区逐渐扩大，向北已扩展到了辽东半岛，向南到达东南沿海地区。

海盐是食盐中最重要的品种。由于它资源较丰富，分布地区广，生产成本低，成品质量高，因而受到历代统治者的高度重视。

秦汉时，海盐生产仍采用煮海水为盐的方法（见图8-1）。东郭咸阳就曾是齐地的大盐商，他利用卤水资源，雇佣大量工人煮盐。当时煮盐的工具主要为牢盆。汉武帝设置盐官，实行盐业官营，由政府统一控制食盐的生产、运输、销售。

图 8–1　海卤煎炼（明·宋应星《天工开物》）

三国时期，吴国偏安东南，濒临大海，以生产海盐为主。孙吴政权设置司盐校尉，专门负责盐业的垄断经营。盐铁之利成为吴国财政收入的重要来源，有效增强了经济实力，有助于三国鼎立局面的形成。南朝淮北地区的海盐生产单位称为“亭”，而北朝称之为“灶”，以柴草为燃料，一灶一锅，每灶日产食盐量与汉代持平。

隋朝统一南北之后，结束了中国长期以来的分裂局面，为盐业生产的恢复创造了良好的环境。隋文帝开皇三年（583 年），开放盐池、盐井的禁令，允许百姓开发、生产食盐，并免于征税。这种政策一直延续到唐代开元之前。这种较为宽松的政策使得盐区面积极大拓展，生产规模不断扩大，生产技术也有所提高。

唐代开元初年，开始征收盐税。安史之乱后，唐王朝陷入财政困境，不得不改变旧制，实施“榷盐法”，由官府垄断食盐价格。于是，盐利收入成为政府财政来源的支柱。唐代末年，天下大乱，藩镇割据。盐井、盐池为藩镇占有，盐利又为地方所控制。

隋唐五代的海盐生产继承了前代的煮制传统，在海盐积卤与煮制工艺上趋于成熟，主要分为取卤、试卤和煎煮等工序。大致可分为北方、江淮、岭南三

大海盐产区。

北方海盐产区主要包括渤海之滨的河北盐产区与黄海之畔的山东盐产区。它们在唐代分属河北道、河南道，生产历史十分悠久。据《新唐书·地理志》《元和郡县志》记载，河北道的盐产地有沧州的清池、盐山，棣州的蒲台、渤海，共4县；河南道的盐产地有密州的诸城、莒县，莱州的胶水、即墨、掖县，共5县。北方海盐区在唐代又有新的开发。据《旧唐书·良吏传上》记载，贞观年间，沧州刺史薛大鼎重新开通了隋末湮废的无棣河，“引鱼盐于海”，不仅改善了当地的漕运交通，也使河北海盐的生产大为改观。

江淮海盐产区包括淮南、两浙及福建等地的东南海盐产区。江淮自古就有鱼盐之饶。两汉以来，盐业生产得到一定程度的开发，至南北朝时已是盐田相望，产量惊人。据《新唐书·地理志》记载，唐时江淮盐区有淮南道扬州的海陵，楚州的盐城，共2县；江南道苏州的嘉兴，杭州的盐官，越州的会稽，明州的鄮县，温州的永嘉，台州的黄岩、宁海，福州的侯官、长乐、连江、长溪以及泉州的晋江、南安，共13县。诸盐区之中，淮南最盛，两浙次之。

岭南海盐产区即今天的两广、海南之地。据《新唐书·地理志》记载，产盐地为广州的新会、潮州的海阳、儋州的义伦、琼州的琼山、振州的宁远，共5县。与北方、江淮海盐产区相比，岭南产区发展比较缓慢。由于岭南经济一直相对落后，产盐最初主要是用于百姓自给。《元和郡县志》卷三十四记载，潮州海阳县的盐亭驿就是“百姓煮海水为盐，远近取给”。到晚唐时，随着中原经济的衰败及江淮赋税的缩减，岭南地区的盐业生产开始受到官府的重视和推广。

宋代盐业生产的分布十分广泛，尤其东南六路的海盐生产比前代有明显进步。除了传统的煮盐法以外，宋代海盐还出现了晒曝成盐的晒盐法。元代的产盐区、食盐品种与宋代没有大的变化。海盐仍产于沿海诸地，政府在沿海产盐地区设置盐场，由专门的拨盐户入场煮海水成盐。海盐在元代盐业生产中占有非常重要的地位。

明代海盐的生产中，晒盐技术得到了进一步的推广，盐业产量不断提高。当时的海盐在整个盐业体系中居于主导地位。海盐产区供给的区域广阔，属于一种跨地区销售的主要盐种。明代海盐北起辽东都司，南至广东、海北盐课提举司。在长江以北分别是长芦、山东及两淮盐课司，长江以南为两浙、福建盐运司。海盐的主要产区，因盐课收入多寡的不同，其国内地位也有高下之别。当时海盐产区由高到低的排序为两淮、两浙、长芦、山东、福建、广东、海北及辽东军盐。

清代的海盐划分为奉天、长芦、山东、两淮、浙江、福建、广东 7 个产区。各产盐区下设若干盐场。有清一代，产区虽无变化，盐场却时有合并调整。

清代海盐生产的方法有煎盐，也有晒盐。例如，淮南的海盐场主要以煎法制盐。所产海盐有梁盐、安盐、次盐三种。其中，梁盐称为“尖盐”，又可细分为“真梁”“正梁”“顶梁”；安盐又称“碱片”“碱盐”“盐片”；次盐又称“脚盐”“底盐”。这三种盐品的区分主要是根据盐卤的质量和煎盐的层次不同。

二、池　盐

池盐是从盐湖中直接采出，或者以盐湖卤水为原料在盐田中晒制而成。中国池盐生产的历史非常悠久。西周时，山西运城的池盐已开始生产。运城盐池地处运城盆地南部，中条山北麓，主要由安邑、解池两部分组成，故史书常称之为“两池”。又因其位于黄河以东，又称之为“河东盐池”。

春秋时期，晋国的郇瑕（今山西解州东）为重要的食盐产地。它已初具规模，产量较多，成为晋国的一大财政来源。当时池盐的生产方法较为原始，完全靠风吹日晒来自然成盐。这种池盐常常呈颗粒状，故称之为“颗盐”。战国时期，秦孝公夺取安邑盐池后，秦国也开始生产池盐。

汉时，人们开始人工筑池引水晒盐。河东盐池一带的人们在长期的农业生

产实践中受到启发，开辟了盐田，将盐水引入畦垄之中，利用水干成盐来获其利。从最初的完全依靠南风自然析盐发展到人工筑池引水晒盐，这是中国古代池盐技术的一个重大进步。

自曹魏至北周末年，中原历代政权都高度重视池盐生产。不仅设置盐官，而且常驻军队以控制盐池。其中，以河东解池最为有名。产量盛时，每年盐利可折合绢30万匹。河西走廊也开始产盐。当地官员积极修治盐池，用池盐来交换境外粮食，使得家家富庶，仓库充实。

隋唐时期，政府对盐池之利十分重视。这一时期的盐池开发与产地远远超出前代的规模。唐代池盐地区有河东、关内、陇右诸道，即今天的山西、陕西、内蒙古、宁夏、甘肃、青海、新疆等地。此外，在河北、河南等地也有少量盐池分布（见图8–2）。

图8–2 盐池（宋·唐慎微《证类本草》）

唐代河东道的池盐产区为蒲州的解县、安邑二县，即著名的两池所在地。经过历代的开发，至隋唐之际两池已渐入兴盛期。它们的盐产量一直在不断增长。据史籍所记盐利与盐价进行推算：大历年间，两池盐产量约为47万石，元和年间也在50～80万石之间，此后的大和、大中时期，应当也在33～50万石之间。

唐代，关内道的盐池以数量众多而闻名，其池盐生产仅次于两池。据《新唐书·食货志》记载，唐代盐池总共18所，其中关内道就有13所。比较著名的有盐州五原的乌、白二池，灵州回乐的温泉盐池以及会州会宁的河池等。

唐代陇右道地处西北边陲，是一个天然的池盐多生区。其中比较出名的有凉州姑臧的武兴盐池、黛眉盐池，伊州纳职的陆盐池，以及伊吾的盐池等。由于这些地区气候十分干旱，池盐大多为自生而成。

蒙古对金作战期间，解池遭受严重破坏。进入元代以后，逐渐得到恢复和发展。元代池盐产地都在北方，最著名的仍是河东解池。作为自古以来的重要盐产地，解池盐的生产仍是汲引盐湖水入池、畦，待其蒸发结晶后而成为比海盐颗粒大的“颗盐”。当时东北地区的辽阳也有池盐生产。

明代时，池盐主要分布在今山西、陕西、宁夏等地。在山西，除解州、安邑的河东大盐池以外，还出现了女盐池和六小盐池等。其中，女盐池为硝盐池，在解州盐池以西约 2.5 公里的地方。六小盐池位于女盐池西北约 1.5 公里处，由永小、金井、贾瓦、夹凹、苏老、熨斗 6 个小盐池组成。

清代的河东盐池均采用浇晒之法，盐品也有雨水盐、白盐、青盐（又称“青头盐”）的区别。其中，雨水盐被誉为上品，颗粒鲜亮，为盐成之时，偶得小雨所致；白盐是正常气候条件下所成之盐；青盐是在浇晒之时，恰逢雨多，日照不强而形成，外表为青头色。

三、井　盐

井盐产于中国的西南地区。它是在万山丛中开凿盐井，汲取地下盐矿水，再经煎煮而成。井盐的产量虽然一般不如海盐、池盐，但是在开发技术的要求上却要高得多。因为要开采地下的盐资源，必须要开掘深井提取卤水才行。

在生产工具较为落后的先秦时期，盐井的开掘并非一件容易的事情。直到战国后期，随着冶铁业的发展以及铁器的出现，埋藏在地下的盐资源才逐渐得到开发。因为铁器生产工具使得矿山开采和掘井工作的效率大大提升。再加之，辘轳一类汲水机械的广泛使用，也使得从深矿井中提取卤水成为可能。

秦国灭亡巴蜀之后，蜀郡太守李冰亲自勘察盐卤矿脉，在今天四川省双流县东南的华阳镇开凿了中国历史上第一口盐井——广都盐井，成功汲出盐卤，生产食盐。它的成功开掘，结束了以前利用自然盐卤的原始阶段，步入了井盐生产的开创时代。当时井盐的生产主要集中在四川一带。

汉代的井盐生产有长足发展，生产技术逐渐提高。当时人们已经能开凿出深达上百米的盐井。在四川成都邛崃出土的汉代画像砖上，清晰地再现了当时井盐生产的真实全貌（见图 8–3）。

图 8–3　井盐图（四川邛崃汉画像砖）

西汉宣帝年间，四川地区还出现了世界最早的天然气井——临邛火井。它是用井火（天然气）煮卤水而成盐。天然气煮盐不仅可以充分利用卤水资源，而且可以增加食盐产量，缩短成盐时间。它在中国井盐生产发展史上具有重要的地位。

魏晋时期，巴蜀的井盐继续发展，遍布于四川境内。东起朐忍，西至临邛，北到汶山，南至越嶲，都有井盐分布。在当时的井盐产区，家家几乎都有盐泉之井。

隋唐五代时，井盐的开采步入了一个新的阶段。凿井技术得到提高，深井开采卤水较为普遍。井火煮盐（见图 8–4）也有所增加，至今在四川邛崃还保存“自唐时古火井处”的碑刻。

到唐代后期，盐井生产已扩展到剑南东西川、山南东西、陇右以及江南西道的 76 个县，加上西南少数民族地区，全部产地已接近 90 处，涵盖了今四川大部、甘肃东南、云贵、湖南北部的许多地区。不过，虽然当时井盐的分布面积较广，但产量还是较低。它与海盐的产量根本无法相比。即便第二位的池盐，其产量也是井盐的 10 倍之多。

图 8-4 井火煮盐（明·宋应星《天工开物》）

北宋以前，川蜀地区的盐井一直处于比较原始的大口浅井阶段。由于此类盐井具有口径大、土石方量大的特点，故凿井的工程浩大，开采时间相当长。此类盐井的典型代表是陵州仁寿县陵井。它井口极为宽广，大大超过当时的一般盐井。为了加固井身，井的结构采取上下宽广，独中央稍狭的“杖鼓腰”式。除了上部装置木质井壁外，下部别设“小婴口”，既能防止井壁塌方，又可增加卤水渗出。这种大盐井不但开凿的难度大，而且耗时费力，成本高昂。

北宋庆历年间，在原有大口径浅井的基础上，人们创造发明了冲击式凿井法，开掘出一种新型的盐井——卓筒井，取得了具有划时代意义的突破。卓筒井技术的出现，使钻井技术跨入了一个崭新的阶段，为中国古代钻井技术的发展树立了一座丰碑。

卓筒井的推广和使用促进了宋代四川井盐生产的蓬勃发展。据文献记载，宋初川盐年产 810.66 万公斤。到卓筒井出现的前夕，由于减产而跌到 400 多万公斤的低谷。然而，在卓筒井产生之后的绍兴二年（1132 年），井盐的年产量一跃达到 3000 余万公斤。

到明代时，井盐钻井工艺又有所发展，主要表现在凿井的程序化、固井技术的提高和治井技术的发展三个方面（见图 8-5）。它不但丰富了宋代的卓筒井

图 8–5 凿井（明・宋应星《天工开物》）

工艺，而且为以后清代钻井工艺的进步奠定了基础。明代井盐分布在四川、云南境内。四川井盐主要集中在成都府一带。明初以成都、简州为中心。弘治以后，逐渐向富顺、遂宁、大宁、荣县、云阳、犍为、中江、彭水、仁寿等地转移。随着钻井技术的突破，四川地区的井盐生产在全国占据着重要的地位。

云南地区也是明代井盐的重要产地。它主要分布在楚雄、姚安、大理、安宁、鹤庆、武定等地区。盐井主要有楚雄的黑井、琅井、珂陋井、猴井，姚安的白羊井，大理的诺邓井、大井、石门井，安宁的大井、石井、河中井，鹤庆的弥沙井、桥后井，武定的只旧井等等。

清代四川的凿井技术得到了空前的发展，形成了一套完整的钻井技术，包括定井位、开井口、下石圈、凿大口、下木柱、凿小眼和修治井等多种技术。当地的井盐均用煎制法，主要分为花盐、巴盐两种。花盐是经过结晶、捞出、洗涤后，再晾干而成的散粒盐；巴盐则是熬干锅内卤水而形成的块状盐。

四、煮盐法

伴随着海盐生产的发展，其制作技术也不断提高。宋代以前的海盐制造，全出于煎炼，即煮盐法。元代出现了一本有关煮盐技术的著作《熬波图》。该书的编订者陈椿，曾担任松江华亭县下砂场盐司，熟悉当地盐业生产的情况。他得到当地人所作的《熬波图》后，重新加以修订，于至顺元年（1330 年）付梓问世。全书共有图 52 幅，每图附有文字说明及诗歌题咏，形象展现了煮盐生产的全部过程。《熬波图》是宋元煮盐生产技术的全面、系统的总结，也是中国现存第一部关于海盐生产的专著。根据《熬波图》的叙述，结合其他记载，当时海盐的生产程序具体为：

（一）建造房屋

修建房屋，组织盐户集中居住。此举既便于生产，又可以防止走私海盐。盐户必须以“团”为单位修筑生产场点。团外有围墙，团内筑凿池井，以盛贮卤水。只有将海水进行加工，取得卤水后才能煮盐。卤池、卤井都是贮存卤水的设施。卤井、卤池上还设有遮蔽物，以避免卤水受到雨水的稀释。

（二）开辟摊场

卤水的取得，靠晒草木灰而成。晒灰的场所称为“摊场”，也就是盐田。摊场必须要四下平坦，表面光净。只有经过牛犁翻耕，敲泥拾草，削土取平后，才能摊灰晒制。摊场的周围及中间要修有小渠，供引海水之用。摊场边还修有灰淋，其为四方形的土窟。灰淋旁掘卤井，供取卤所用。灰淋与卤井相通，是用土块筑垒。

（三）引纳海潮

海潮的引入是海盐生产的前提，而港口堤坝以及月河的修建是海盐生产的必要设施。在引进海水的过程中，要善于利用潮汐。由于潮汐与气象的密切关系，因而要选择合适的季节天气，才能达到较好的取卤质量。

（四）浇淋取卤

在摊场内均匀铺上草木灰或土灰后，引入海水，进行晒干。如此反复淋晒，使灰中盐分增加。再往其上浇入咸水，灰淋下面便有卤水通过管道流往旁边的卤井（见图8-6）。这种晒灰取卤的方法盛行于浙西地区的盐场。

图8-6　浇淋取卤（明·宋应星《天工开物》）

（五）煎炼成盐

摊场上取得卤水后，便用船运至团中，加以煎炼。浙西煮盐用铁盘，大的是用生铁几万斤制成。煮盐时，将卤水放入盘中，用柴薪煮煎。煮时根据卤水的浓淡，将没有结晶的湿盐捞出，置于铺有竹篾的木架上，沥去卤水，成为干盐。对于已结晶成盐的，直接捞出即可。

上述煮盐法中的取卤法也就是浙西地区常用的浇淋取卤法。实际上，中国古代还有一种刮咸淋卤法，又称为“刺土成盐法”，产生于隋唐五代时期。其海盐生产的基本程序为：

（1）刮咸取卤。首先要选择在“亭地”上刮取咸土。“亭地”就是海滩咸地或盐田。为了使亭地的土质疏松，便于吸收海潮中的盐分，需要如同农田那样进行修整。一般要在晴朗干爽的天气，用人力或牛畜牵引的刮刀来刮取咸土。然后，将所刮咸土堆聚成卤溜，大者高近1米、方3米以上。在卤溜底侧，挖成用来淋渗卤液的卤井，中间以芦管与卤溜连通。再手执芦箕，将咸水从卤溜上方缓缓浇下，使得饱溶土中盐分的卤水，自卤溜的底部渗入卤井。

（2）验卤。将石莲子 10 枚放入卤水中，如果全部漂浮，就说明卤水为浓度较高的纯卤；如果漂浮的莲子在 3 枚以下，则表明卤水的浓度不高，需重新取卤。这种验卤的土法能够大致确定卤水的含盐比例，一直沿用到今天。

图 8–7　煎煮海盐（宋·苏颂《图经本草》）

（3）煎煮。在正式煎煮前，要进行盐盘制作、搭砌灶火、蓄积柴薪等准备工作。据《太平寰宇记》记载，煎煮时的具体程序，包括输卤入漕、装盘煎煮、石灰封盘、皂角结盐、收盐伏火等一系列的环节。（见图 8–7）

五、晒盐法

煮盐法的缺点是耗费大量柴草，且费工费力。从宋代开始，海盐生产出现了一种低成本的新型晒盐法。当时南方的海南岛地区阳光充足，是比较理想的晒盐场所。当地的人民利用太阳晒干的海滩泥沙，在浇注海水过滤后，制成高盐分的卤水。然后，将卤水存放池中，在阳光下自然蒸发结晶成盐。不过，由于当地制盐技术不够成熟，产量不高，故晒盐法并未得到进一步的推广。

到元代时，晒盐法逐渐推广与应用。大德五年（1301 年），福建盐运司所辖盐场 10 个，其中有煎场 4 个，晒盐场 6 个。由此可见，福建盐区的晒盐法已占较大比重。当时的晒盐法在引纳海潮、浇淋取卤等工序上完全吸收了煮盐法，只是在卤水加工、成盐上，不用柴薪和铁盘，完全靠日光曝晒成盐。因其颜色与净砂相似，又称之为“砂盐”。和煎盐法相比，晒盐法的生产成本较为低廉，

是中国制盐工艺发展史上的一大变革。

明代的晒盐技术有较大的发展。其生产工序是直接用海水灌注卤池，分层曝晒取卤，然后引入晒盐池最终成盐。这种完全利用阳光蒸发水分的制盐工艺，脱离了传统的刮土淋卤方法，最终发展成为一种独立的盐业生产技术。

明代采取晒盐法的海盐产区有淮北、长芦、山东、福建、浙江、广东等地的部分盐场。到了清代，晒盐法进一步普及，晒制技术也有所进步。乾隆年间，随着煎煮燃料价格的不断上涨，各盐场纷纷将煎盐法改变为晒盐法。至此，延续了数千年的传统煎盐法，逐渐淡出了历史舞台。虽然利用太阳能量的晒盐法会受到阴雨天气的影响，但是其耗费的成本要比煎盐法低得多。

六、畦种法

中国古代池盐的生产最初采用自然晒制的做法，就是听任风吹日晒，自然成盐之后，再由人工捞取。大致在汉代时，出现了人工种晒法，即将盐池附近的土地开辟成畦，引入池水，再经风吹日晒，结晶成盐。经过这样的人工流程，盐的产量、质量都有较大提高。

这种人工种晒的方法不断发展、完善，演变成一种较为成熟的“畦种法”。它需要经过垦畦、引卤和晒制三道程序。一般先要修整土地，待雨后阳光充足之际，再引池水灌入畦田，最后晒制成盐。采用这种工序生产出的池盐，色如白矾石，质量相当高。

唐代，畦种法得到进一步的发展。人们已经懂得在盐池卤水中掺兑淡水，就可获得色白体大的优质盐品。同时，由于人们能够结合自然条件进行人工晒制，使得池盐的结晶时间大大缩短，5～6日便得成盐。这是中国池盐生产历史上的又一大进步。

到宋代时，池盐的生产技术变化不大，但生产规模有所扩大。池盐生产仍

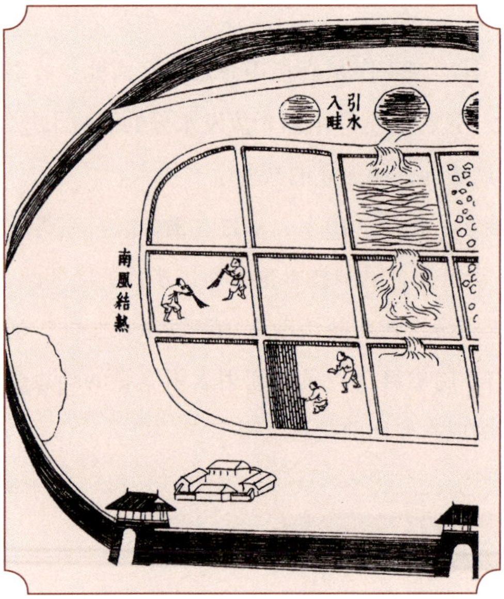

图 8-8　引水入畦（明·宋应星《天工开物》）

主要采用垦畦灌种的方法，借助夏秋之交的南风而凝结成盐。明代的池盐生产俗称“种盐”。《天工开物》一书中详细记载了明代池盐生产的具体方法（见图 8–8）。

清代时，河东池盐的生产技术有所发展。主要表现在：（1）实行“分段浇晒法”[①]，即在生产过程中，先治畦、淘沟、引水，再分段蒸发成卤，最后拓花成盐。这种生产技术大大提高了池盐的产量、质量。（2）打井浇晒法。乾隆二十二年（1757 年）黑河被淹没以后，河东池盐生产不得不进行适时调整，改用打井浇晒。这种方法的出现也标志着河东盐池传统引黑河水浇晒时代的终结。

七、自贡井盐

自贡的井盐发轫于东汉，闻名于唐宋，鼎盛于明清。东汉章帝时期，富世井成功开凿，成为自贡历史上的第一口盐井。在近 2000 年的漫长历史中，自贡地区先后开凿了 13000 多口盐井，被誉为“千年盐都”。在自贡悠久的井盐历史中，它一整套巧夺天工的治井、汲卤和煎煮工艺，最令人赞叹不已。

① 郭正忠：《中国盐业史》（古代编），人民出版社 1997 年版，第 717 页。不过，柴继光的《关于河东盐池“分段浇晒法”与“打井浇晒法”之我见》（载《盐业史研究》2002 年第 1 期）一文对“分段浇晒法”的存在进行了质疑。

（一）治井技术

到北宋仁宗时，自贡地区出现了“卓筒井”的凿井技术。卓筒井也叫“筒井”，是利用一种叫圜刃的特殊工具，将岩石开凿成碗口大小，深度远远超过以前的宽口浅井。与旧的盐井相比，它的进步之处表现在：

（1）卓筒井的井径很小，接近 30 厘米，接近于现代盐井口径。它的钻井深度达到数百米，可以说是世界钻井史上的一大奇迹。

（2）卓筒井的凿井工具为圜刃，属于一种带刃的冲击式钻凿工具。操作时，环转冲锉，向下钻进。它是深井开凿中必不可少的利器，也是近代钻井所用各式锉刀的先驱。与原来锸锹一类的工具相比，圜刃的开凿效率大大提升。

（3）人造井壁技术。将大楠竹去除竹节之后，使其中空呈管状，然后将巨竹首尾相连，构成一种人造井壁。与原来木板拼凑的井壁相比，这种井壁既能防止周围地层的淡水渗入井内，又能减少盐井的塌方和陷落，以延长盐井的使用寿命。

（4）汲卤技术。将小于井径的竹筒作为汲卤容器，用熟牛皮作为活塞置于筒底，入水则张，出水则闭，一次可汲大量卤水。这要比木桶一类的提卤器效率要高得多。这种汲卤器是世界上最早的液压活塞启闭装置，在科学技术史上具有重大的意义。

卓筒井的出现标志着小口深井开采时代的到来，是宋代井盐生产中最突出、最富有创造性的一项技术。11 世纪，它传入欧洲之后，大大推动了世界钻井技术的发展，为人类的文明和进步做出了卓越的贡献。中国的卓筒井被誉为“世界石油钻井之父”。

到清代时，自贡地区已经形成了一整套完整的钻井技术，成功开凿出深达千米的盐井。尤其在钻凿工具的改进以及补腔、打捞等修治盐井技术方面，表现最为突出。

（1）当时的钻凿工具主要为各式钻头（见图 8–9），已经能够适应不同地层和钻井深度的要求。

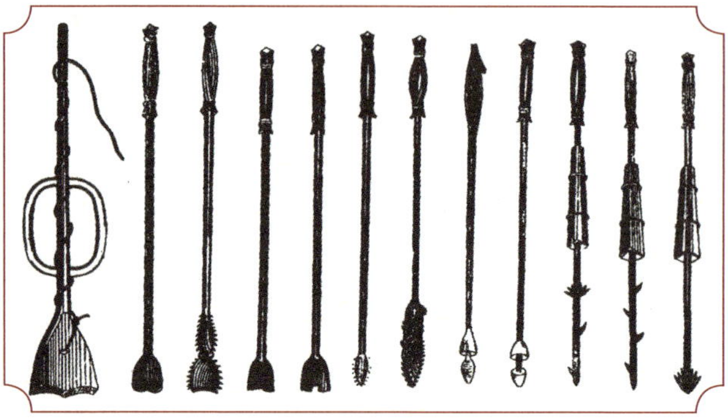

图 8–9　凿井工具（四川自贡盐业历史博物馆藏）

（2）补腔技术得到了完善。补腔是一个繁杂的工艺过程，主要是探明崩腔的位置，设法把油灰挤入腔内或水缝之中，以修复塌垮的地层和堵塞淡水的渗透，从而保证钻井工作的顺利进行。

（3）打捞技术得到了提高。钻凿深井时，“落难”事故时常发生。只有将落物打捞出来，才能继续钻凿。在明代，使用搅镰、铁五爪等工具打捞落物的技术已经出现。到清代时，打捞工具更加繁多，有提须刀、柳穿鱼、穿鱼刀、单刀、双刀、四股须、五股须、抱爪等等。它们分别用竹、木、麻、铁等材料制成，能够巧妙地把落入井中的物件打捞出来，及时排除钻井中的突发事件。

清代钻凿盐井技术的重大进步，自贡地区一大批深井被陆续开凿出来。道光十五年（1835 年），自贡盐区开凿的燊海井深度达 1001.42 米，是当时世界上第一口超过千米的深井，确立了中国井盐钻井技术的领先地位。10 年之后的 1845 年，美国人才在卡诺地区创造了当地钻井的最高纪录，仅仅为 518 米。光绪十八年（1892 年），盐商李伯斋的发源井在钻至 870 余米深时，首次发现盐岩。于是，发源井改用水溶法开采汲卤，成为中国第一口盐岩生产井。此后，自贡井盐向开采盐岩的方向发展。到光绪二十一年（1895 年），又开创了盐岩井下水溶自然连通的开采工艺，极大地促进了自贡盐业的发展。

（二）汲卤技术

汲卤设备是汲卤技术高低的关键。汉代时，人们采用楼架上安装定滑轮的方法来汲取卤水。在四川出土的汉画像砖的盐井图，就形象描绘出盐工利用定

滑轮挂着绳索，牵引两只盐桶上下提送卤水。然而，这种垂直的吊桶取卤方式较为费力，尤其不适宜深井汲卤。

唐代仍然延续了原来的滑轮汲卤法。在井口小、井身深的盐井上，滑轮车可以直接悬挂于井口的井架上，使用木桶来采汲卤水。杜甫在《盐井》一诗中写道“汲井岁搰搰，出车日连连。”形象描绘出当时人们运用滑车进行井盐生产的真实景象。

北宋时期，随着井盐业的发展，特别是盐井深度的逐渐加大与汲卤绳索的相应延长，原有的汲卤方式已经不能满足新的需求，因而逐渐遭到废弃。人们对汲卤工具作了改进，用人力或畜力转动的绞盘车取代建于井口的滑车或辘轳，用大型的卤桶或牛皮囊来汲卤。绞车的原理接近于辘轳，但工艺水平更胜一筹。绞车在井盐生产中的使用，不但提高了汲卤效率，节省了人工牵挽之劳，而且有效解决了盐井加深后的汲卤问题。

至明清时，随着开采深度的加深，地面上用于提取卤水、淘井、洗井的支架越架越高。这种由上千根质量轻、耐腐蚀的杉木捆扎起来制成的支架被称为“天车”。这种高大的天车矗立于各大盐井之中，蔚为壮观，成为自贡井盐业的标志性建筑。（见图 8–10）

图 8–10　汲卤（明·宋应星《天工开物》）

（三）煎煮技术

几千年来，中国的井盐一直

是煎煮为主。汉代时，人们已经采用温锅热卤的方式来蒸发水分，起到了节约燃料的一定作用。到唐代时，除传统的煎制技术外，还出现了卤水提纯技术。

图 8–11　井火煮盐（明·宋应星《天工开物》）

宋代煎制井盐出现了提高卤水浓度、浸滤卤水杂质和加快入锅成盐等生产技术。具体做法是：将盐井的卤水多次洒淋于煮盐柴薪的灰上，在风吹日晒水分蒸发后，将富含盐分的灰装入坑池，再用盐井的淡卤将其盐质浸滤出来。在盐水中的灰及杂质沉淀、过滤后，卤水的浓度就会大大提高。最后，入锅煮制，加快成盐，就可以节省不少的燃料。

明清时，自贡地区使用天然气煮盐较为盛行（见图 8–11）。柴草的火力不旺，又不够稳定，而天然气相对持久、稳定，用它煎煮卤水的产盐量是用柴草煎煮的 2 倍还要多，大大提高了卤水的出盐率。

在继承传统煎煮法的基础上，自贡地区逐渐形成了一套完整的竹笕输卤工艺。起初人们多是靠近盐井，设灶煎煮。随着盐业生产的发展，井、灶开始分离，卤水输送距离逐渐增大。于是，人们用楠竹或大斑竹去节做成首尾衔接的笕管，经竹篾、细麻、油灰缠涂后，用作输送卤水的管道。竹笕纵横穿插在井与井、井与灶、灶与灶之间，有的甚至绵延 10 公里之远。

到清代咸丰、同治年间，自贡已成为四川地区的井盐生产中心，其产品遍

销四川、云南、贵州、湖南、湖北诸省，供应全国近 1/10 的人口食用。当地也出现了一些大型的盐业手工工场。如富荣盐厂中号称“四大家族”之首的“王三畏堂”，在极盛时拥有黄、黑卤井数十眼，各灶天然气锅 700 余口，常年雇工多达 1200 余人。

在自贡井盐生产过程中，分工协作越来越细，多达四五十个工种，井、灶、笕中都有专门的工匠。譬如，负责凿井、治井的有山匠，煎盐的有烧盐匠，设卤笕的有笕山匠，安火笕、置火圈的有灶头，运卤的有担水匠。他们按照专业程度和不同工种取得相应的工资。其中，灶头、山匠最受井盐主的重视，甚至山匠还被赋予一定的招工权，以维护井灶的正常生产。在井、灶、笕中，分别置有掌柜、经手、管事、外场等管理人员，并采用“龙门账”的固有复式账法，代表了当时中式会计的最高水平。

第九章 农产品加工业

中国的酿酒至少有三四千年的历史。当时酿酒已经使用了长有微生物的谷物（曲）和发芽的谷物（蘖）。这种利用淀粉原料的制曲法，是一种利用固体培养物来保存微生物的先进工艺。直到19世纪90年代，西方从中国的酒曲中提取出一种毛霉，在酒精工业上才开始实行淀粉发酵法。中国古代还有许多发酵技术方面的创造，如用酸浆调节发酵，加热杀菌以防止酒变质，加蜡、加油以消除泡沫等。

早在西周时，中国的先民就使用酱、醋了。制酱是利用曲中微生物产生的蛋白酶，把豆类、肉类等食品中含有的蛋白质分解成氨基酸等水解产物。它是中华饮食文化所特有的一种咸味调料。使用谷物固体来发酵酿醋，是中国酿醋工艺的独特之处。由于曲中微生物种类较多，除醋酸外，醋中还能含有乳酸、葡萄糖酸等一类的有机酸，因而中国醋的风味十分醇美。

中国先民很早就知道从鲜果、蜂蜜、植物中摄取甜味食用，后来又从谷物中制取饴糖，从甘蔗中提取蔗糖。中国制糖业的历史大致经历了早期制糖、手工业制糖、机械化制糖三个阶段。

中国古代糖的品类主要有饴糖类、蜜糖类、蔗糖类。饴糖类是以粮食为主要原料，一般是利用植物种子在出芽过程中产生的淀粉酶，将粮食淀粉水解成糖类；蜜糖类是通过野生蜂蜜或人工养蜂取蜜，制成的各种花蜜糖；蔗糖是利用甘蔗榨汁而提纯炼制出来的食糖产品，主要有砂糖、冰糖等。

中国是茶树的原产地之一，也是世界上发现茶树和使用茶叶最早的国家。中国茶叶一向以品质优良、种类繁多而闻名。现在世界上各个产茶国家最初都是直接或间接从中国引种茶树、茶籽的。5世纪，中国茶叶开始输入亚洲的一些国家。17世纪，它运往欧美各国，立即受到国外人士的珍视和青睐。从此，中国茶叶的功能和饮用方法为世界各国所了解，饮茶的风尚逐渐风靡全球。中国的制茶业具有悠久的历史，传统的制茶技艺在世界上也长期引领潮流。直到19世纪末，中国的优质茶叶一直独占着国际市场。

油料作物是中国最早种植的农作物之一。中国先民对油料作物的加工、利用也有着悠久的历史，主要是利用油料作物来压榨取油。榨油技术直接影响着人们对油料作物的利用。中国榨油法是一种具有独特工艺的制油方法。早在北魏贾思勰的《齐民要术》中，就有压榨取油的记载。在元代王祯的《农书》，明代徐光启的《农政全书》、宋应星的《天工开物》中，也都有榨油机和榨油工艺的详细记载。

一、酒

随着农业生产的进步及粮食产量的提高，酿酒才开始慢慢出现。在商代，酿酒的原料出现了多样化的趋势。除了黍以外，人们还用麦、稻等来酿酒。商代的酒类主要有酒、醴、鬯。其中，酒是以黍、稻为原料，采用酒曲发酵酿成的一种滓少而澄清的酒；醴是以蘖酿成的甜酒，糖化程度大，酒化程度小，是一种酒味较薄的酒。这种甜酒用黍酿成，酿酵时间较短，没有经过过滤，一般连渣食用。鬯是一种黑小米加上香草酿成的带有香味的酒，专用于祭祀。商代运用以曲酿酒的技术，提高了原料的利用率和出酒率。

鉴于殷商贵族嗜酒亡国的教训，周代限制私人饮酒的风气。不过，酒仍是祭祀、宴飨之礼中不可或缺的物品。官府也很重视对酒的酿造，设置专门的机构来管理酿酒事务。随着农业生产的发展，周代酿酒原料的种类增多，主要有黍、稷、稻、粱等。同时，酿酒技艺有所进步，酒的种类增多。酿制方法采用自然发酵法，即谷物经过蒸煮后，再和以曲、蘖，经过一段时间的发酵而最终成酒。

至春秋战国时，制酒工艺更加纯熟，技艺标准较为严格。当时已经能生产出一些重酿的酒。随着工商业的繁荣和商品货币经济的发展，酿酒业不再为官府所垄断，民间的酿酒小作坊普遍存在，其产品可以在市场、酒肆中出卖。一些作坊还雇佣工人酿酒，如高渐离在秦统一六国后，乃隐姓埋名，在酒坊里做

雇工。至战国末期，在一些大城市中还出现了大型酿酒作坊。不过，一些诸侯国为保障粮食生产，开始对私营酒业采取重税的抑制政策。

秦汉时期，农业生产进一步发展，谷物种类逐渐增多。酿酒的原料有大麦、小麦、稷、黍、粟等。在汉崔寔《四民月令》中，就记载了用小麦为原料作曲的过程，包括磨麦、溲面等具体流程。四川新都出土的画像砖也有人们酿酒的生动画面（见图 9–1）。汉代还出现了新的酿造原料，如葡萄、甘蔗等，既增添了新的酿酒原料来源，又为粮食匮乏地区提供了新的酿酒原料。

图 9–1　汉·酿酒图（四川新都汉画像砖）

秦汉酿酒质量、产量的提升，与当时酒曲制造技术的进步是分不开的。先秦时期的酿酒方法是曲、蘖并用。至秦汉时，随着酿酒技术的进步，逐渐走向以曲代蘖，初步形成了中国特有的酿酒技术体系。这一变化至迟在西汉末年就已经完成。

以曲代蘖对汉代酿酒业的发展有着重要的促进作用。因为曲中含有混杂生长的真菌和酵母菌，分别起到糖化和酒精发酵的作用。如果用曲酿酒的话，就可使酿酒的糖化和酒精发酵两个过程连续而交叉进行。这是中国古代酿酒生产的一项重大发明，至今仍在一些酒类生产中使用，被称为“复式发酵法”。这种酿酒工艺的好处在于：（1）提高了出酒率和原料利用率。（2）使用了糖化剂，使得由粗料代替细料成为可能。（3）由于出酒率的提高，酒度也相应地有所提高。

从东汉开始，中国出现了酒度较高的酒品。这与酿造工艺的改进有密切关系，如连续投料的工艺、提高发酵的加热法以及滤酒工艺的改进等。酿酒使用连续投料的方法，可以有效防止糖度过高而抑制发酵，因而酿成的酒自然就更加醇厚了。东汉末年的杜康酒就是酒度较高的酒，为人们所推崇，故有曹操“何以解忧，唯有杜康”的诗句留传。由于这些名酒的度数高，醇香甘冽，时人誉之为“美酒”。

魏晋南北朝时，酒的品种明显增加。尤其将饮酒与食疗巧妙地结合在一起，成为我国先民的一项独特的发明，对后世有着重要的影响。如菊花酒是当时颇受民间欢迎的保健酒。松酿酒是以松树为原料酿造的酒，也逐渐为世人所广泛接受。

唐代时，酿酒业继续兴盛，政府对私人酿酒的管制较为宽松。当时的酒类品种非常丰富，荥阳有土窟春，富平有石冻春，剑南有烧春，郢州有富水酒，乌程有若下酒，岭南有灵溪酒，宜城有九酝酒，长安有西市腔酒。此外，随着葡萄栽培的推广，葡萄酒也得以广泛发展。长安城内不少酒肆以经营葡萄酒为主。“葡萄美酒夜光杯”等诗句，表明葡萄酒在唐代广受欢迎。

宋代酒的生产规模扩大，酿造技术显著提高。其中不乏名酒佳酿，如北方河东路生产的葡萄酒最受欢迎。根据生产的原料，宋酒可分为黄酒、果酒、配制酒三大类。

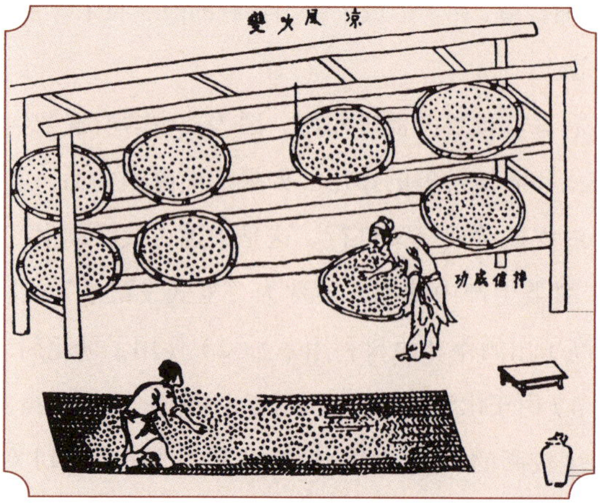

图 9–2　酿酒（明・宋应星《天工开物》）

宋代的黄酒是以大米、黄米等谷物为原料，经过蒸煮、糖化和发酵、压滤而成的酿造酒。（见图 9–2）当时两浙一带在酿制黄酒时，常常加入适量的石灰，来降低醪液的浓度，避免酒压榨后产生的酸败。

宋代黄酒根据原料、酒

曲以及品味的不同，又可分为米酒、红酒、羊羔酒、火迫酒、钓藤酒等。其中，米酒是用大米为原料，兼用酒药、饼曲，采用三次投料的“喂饭法发酵”，然后将酒醪压榨澄清而成酒。红酒是以红曲酿制，红曲霉溶解后的酒液呈红色，故名“红酒”。红曲的发明与应用是中国制曲酿酒史上的又一个重大进步。羊羔酒，也称“白羊酒”，是一种滋补养身的酿造酒。火迫酒是采用温热来加快酒的成熟，酿成后可生成多量的乙醇等物质，缓慢产生化合反应后，酒味变得醇和爽口。钓藤酒是将糯米、小麦、小米、稗子上锅蒸熟，然后用酒药搅拌均匀，晾晒以后略喷水分，再放入瓮中，置于火旁发酵，一昼夜后由酸变甜而成酒。

宋代的果酒有葡萄酒、梨酒、荔枝酒、石榴酒、椰子酒、橘酒、黄柑酒以及蜜酒。其中，宋代葡萄酒的酿制方法在《北山酒经》中有详细记载。椰子酒在唐代已有记载，当时是用椰子花酿制的。至宋代，椰子酒又有所改进，是用椰子浆酿制而成。梨酒与椰子酒相似，都是原始发酵的自然果酒。荔枝酒的酿制方法为曲蘖发酵法，与葡萄酒的酿造法大致相近。

图 9–3　明·制酒工艺图

宋代的配制酒是以发酵原酒、蒸馏酒为酒基，加入花、果成分，或动植物的芳香物料，或药材，或配以呈色、呈香及呈味的物质，采用浸泡、蒸馏等工艺调配而成。宋代配制酒的生产比较发达，品种明显增加。其制作方法多以浸泡法为主，较知名的有菊花酒、海桐皮酒、蝮蛇酒等。

元代酒的品种很多，按酿制原料可分为马奶酒、葡萄酒、粮食酒、果酒和药酒等。最具特色的当属马奶酒、阿剌吉酒。游牧民族最喜欢的是马奶。他们将马奶贮放在皮囊中，加以搅拌，使之发酵，便成为了马奶酒。阿剌吉酒是粮食酒或果酒经蒸馏而成的高纯度酒，故又称“重酿酒”。它所含的酒精成分比其他酒要高得多，也就是今天所说的“烧酒”或“白酒”。当时酿酒中的最大种类还是粮食酒，主要是由稻、粱酿制而成。药酒是指用药材酿成或将药浸泡在粮食酒中而成的酒。

明清时期，酿酒业的生产规模日益扩大（见图 9–3）。如浙江绍兴地区家家开酒店，酿酒行业呈现一片繁荣的景象。湖南衡阳地区的酿酒生产作坊多达上万家。当时茅台酒、汾酒、绵竹大曲、泸州老窖、洋河大曲等中国名酒已经声名鹊起，享誉全国。

二、酱

西周时期，随着农产品种类的增多及手工业技术的发展，制酱业逐渐开始发展。当时酱的生产主要为官府所垄断，成为贵族享用的一种调味品。与今天的纯液体豆酱不同，当时生产的酱是用肉或蔬菜等加以盐、酒酿制而成，可以分为肉酱和菜酱两大类。其中，肉酱是先将肉类切成薄片晒干为脯后，再切成细末，加上曲、蘖、酒、盐等，放置于小口罐中，密封贮存而成；菜酱不必切细，但要晒干，之后的制作工艺与肉酱类似。菜酱与肉酱既可以搭配食用，也可用于其他饮食的调味品。当时菜酱与肉酱的种类较多，制酱技艺达到了一定的水平。

春秋战国时期，随着商品经济的发展，民间的制酱作坊悄然兴起，林立于街市之中。至秦汉时，由于生活水平的提高，人们对酱的需求量增大，大型制酱作坊便应运而生。与当时的私营大酿酒作坊主一样，这些制酱大作坊主也能富甲一方，累至千金。这在司马迁的《史记·货殖列传》中有详细的记载。

魏晋南北朝时，酱的品种明显增加。北魏贾思勰《齐民要术》中所谓的“豆酱清”便是一种豆制酱，到今天仍是酱的主要品种之一。酱是粮食发酵物添加

上盐而加工成糊状的调味品，是满足食物色、香、味俱全的必备佐料。一经发明之后，便受到社会各阶层的广泛欢迎。当时，不但有以黄豆为原料制成的豆瓣酱，而且有以牛、羊、鹿、兔肉等为原料制成的肉酱，有以鲤鱼、青鱼、刀鱼、河豚、虾等为原料制成的鱼酱、虾酱，还有以麦、榆子、芥子等为原料制成的植物酱。不过，由虾、鱼、肉等原料制成的高级酱，并非寻常百姓所能品尝，只有贵族富人才能享用。

酱在六朝时期已经成为居民不可或缺的菜肴佐料，制作精美的酱甚至成为馈赠亲朋好友的佳品。当时酱的生产不但讲究口感，而且注重营养成分。

隋唐时期，酱的制作已相当成熟。按当时原料的不同，酱可分为小麦酱、豆酱、榆仁酱、芜荑酱、麝酱、雉酱、兔酱等。酱菜已经成为人们日常生活的必需品。根据《唐会要·诸使杂录》记载，对于服役“团练”的百姓，政府每日要提供粮食、酱菜。由此可见，酱菜已经成为军民须臾不可离的生活必备品。甚至酱菜也成为两税法中地方留使额中的基本内容之一。

酱在唐代既作为调味品使用，又可与其他药物配合治病，集营养和药疗于一身。对于各种酱的性能，人们认识较为清楚。如榆仁酱味道辛美，可以杀虫利便。芜荑酱若过多食用，则容易导致落发。

宋代时，人们将酱和豉加工后，得到了各种酱汁，并称之为“酱油”。“酱油”一词，最早出现在南宋的《山家清供》《吴氏中馈录》中。它作为调味品在饮食中逐渐流行开来。到清代，酱油的普及程度远超过酱。从成书于1790年的《随园食单》中可以看出，酱油已经占据了主要地位。

纵观中国酱的发展历史，可以总结如下：（1）酱由传统咸味、酸味的肉酱与菜酱，逐渐独立成为咸味的非肉料调味品，确立了以大豆为主要原料的中国酱的特性。大豆作为制酱的基本原料，有效调节了百姓的饮食生活，成为人们日常生活中重要的蛋白源。（2）传统的肉酱在品种、数量上逐渐减少，在饮食生活中退居为次要角色。（3）酱油已成为中华饮食文化圈所共用的咸味调料品。

作为食盐以外的第二大咸味调料，酱在中华民族饮食生活的历史舞台上，长期扮演着举足轻重的角色。

三、醋

中国是世界上用谷物酿醋最早的国家。作为古代重要的调味品，醋的生产既有官府的内部生产，也有个体作坊的商品生产，还有农民自给自足的家庭消费生产。

制醋在周代已经出现。醋在古代称为“醯”或“酢”。醋本是酿酒的副产品。酒败为醋，故又称为“苦酒”。春秋战国时，随着人们对醋的需求量的增加，私人的制醋作坊开始出现。

汉代时，醋的生产原料增加，酿造地区扩大，民间用醋逐渐普及。东汉许慎的《说文解字》中将“醯”解释为酸的意思，崔寔的《四民月令》中还专门记载了醋的具体酿造时间。

魏晋南北朝时，酿醋工艺日益进步，食醋生产得到较大发展。醋已经成为人们日常生活中普遍使用的调料。考古发现的魏晋画像砖上的滤醋图，形象直观地表现了人们生产醋的过程，体现了当时较为成熟的造醋技术。北魏贾思勰的《齐民要术》记载酿醋的原料多达 23 种，包括粟、米、大麦、豆、糟糠、酒精、乌梅、蜜等原料。这已经与今天醋的原料大体相当。当时的人们已经意识到陈醋存放的时间越长，味道越好。

隋唐时期人们常常“醋盐油”并称，这表明当时醋已成为日常生活的必需品。醋的生产规模一般不是很大，对场地、季节、技术要求都不太高。因而它不仅适合于城市作坊的大规模生产，也能成为家庭副业手工业的生产对象。当时的醋，除了米发酵外，还有大麦、小麦发酵之分。由于各地醋的生产原料不同，各地称呼也不尽相同。长江以南多用米来发酵醋，常称为“米醋”；北方则多以麦麸

等来发酵醋，故称为“糟醋”。与酱一样，当时的人们不但将醋视为调味品，还对其营养与药物价值有一定认识，已经发现醋具有祛除邪毒的功效。

宋代时，醋仍是人们饮食生活中的必备之物。“醋”的名称开始广泛使用，正式取代了原来的“酢”。南宋时，都城临安府以醋调味的菜肴不断增多，如“西湖醋鱼”相传就是当时的名菜。

北宋前期，政府允许百姓买酒糟来造醋，醋坊大多由民间开设。到北宋后期，醋被政府列入禁榷范围。南宋以后，政府对醋利的垄断越来越严格，榷醋成为一项固定的制度。如高宗绍兴年间，禁止民间私造酒醋。即使私造“斗升”的醋，一经发现，也要拘没其家财。

元明时期，随着酿造工艺的进步，醋的品种琳琅满目，风味多种多样。李时珍的《本草纲目》记有米醋、麦醋、曲醋、柿子醋、糠醋、糟醋、饧醋、桃醋、葡萄醋、大枣醋、糯米醋、粟米醋等数十种。至清代中叶，仅长江中下游地区就盛产佛醋、糯米醋、大麦醋、乌梅醋、米醋、粟醋、小麦醋、大麦醋等众多品种的醋。清代学者袁枚在《随园食单》中评论道：“镇江醋颜色虽佳，味不甚酸，失醋之本旨矣。以板浦醋为第一，浦口醋次之。”

四、食　糖

中国是世界上最早制糖的国家之一。早期的糖主要为饴糖。它是用淀粉和麦芽经过糖化熬煮而成，呈黏稠状，俗称“麦芽糖”。由于谷物必须先进行糖化，才能酿造成酒。从这个意义上讲，中国古代饴糖与酿酒一样历史悠久，源远流长。《诗经·大雅·绵》记载：“周原朊朊，堇荼如饴。”大意指周原的土地十分肥美，连生长的苦菜也如同饴糖一样甜美。由此说明，西周已经开始制作饴糖了。

秦汉时期，人们仍食用饴糖。当时的饴糖是用稻、麦、黍、粟之类，浸湿生芽曝干后，煎炼调制而成。汉代饴糖制作在民间较为普遍，制作饴糖的作坊也为数不少。

魏晋南北朝时期，饴糖的生产技术继续发展。北魏贾思勰的《齐民要术》中对饴糖的制作方法作了详尽的记载，为后世所长期沿用。在南方的交州地区，人们开始利用甘蔗来生产蔗糖，甘蔗成为以后食糖生产的重要来源。蔗糖的生产原料为甘蔗。最早在战国时期《楚辞·招魂》中提到的“柘浆”，极有可能就是甘蔗汁。但是，当时人们还不会用它制糖，只是将它熬成浓浆来增甜。

《三国志·吴书·孙亮传》记载当时交州贡献“甘蔗饧”。它属于一种液体的糖，呈黏稠状，是将甘蔗汁浓缩加工至较高浓度，易于贮存与食用。陶弘景所著的《名医别录》中又写道：“广州一种数年生，皆大如竹，长丈余，取汁为砂糖，甚益人。”这种糖是将蔗汁浓缩至自然起晶，成为带蜜的糖。这就比先前甘蔗饧的加工技术又前进了一步。不过，从史料记载来看，当时的糖还是十分珍贵的，是一种奢侈品，并非人们日常生活所食用。

隋唐时期，制糖业发生了重大变化。除了饴糖继续发展外，蔗糖开始大量生产，逐渐进入寻常百姓家。唐代初期，北方只有饴糖，蔗糖生产主要局限于南方地区。随着手工业技术的改进、商品经济的相对活跃及交通运输条件的改善，蔗糖开始在北方地区出现，成为当地人们食糖的一种。

唐初，由于制糖技术水平不高，煎制的蔗糖多为未曾脱色的赤砂糖、黄糖块。647 年，唐太宗派人去印度学习熬糖法。通过学习印度的先进技术，唐代一些地区开始制作出纯洁而脱色的白砂糖、冰糖。674 年，中国发明了用滴漏法来制取土白糖。该法是用一套漏斗形的陶器，配以瓦缸等设施，将蔗汁熬至相当浓度后倒入瓦溜（漏斗形陶器）中，然后从上淋入黄泥浆，借助黄泥浆的吸附脱色，最终制成土白糖（见图 9–4）。这种土法制糖在中国沿用了千余年。白糖的出现标志着中国制糖技术达到了一个新的高度。唐大历年间，四川遂宁一带又出现了用甘蔗制取的冰糖。冰糖的制作为中国古代制糖业增添了一个独特的品种。

到了宋代，伴随着社会经济的发展，百姓的食糖消费不断增加，糖的品种、产量都有较大进步，出现了专门制作食糖的糖坊。宋代，蔗糖已成为当时的主要食糖品种，此外还有砂糖、石蜜和糖霜等。宋代蔗糖生产技术的发展具体表现在：

图 9-4　滴漏制糖法（明·宋应星《天工开物》）

（1）在甘蔗的种植、收割方面，人们积累了丰富的技术和经验，对甘蔗的划分、特点有了相当认识，主要有昆仑蔗、夹苗蔗、青灰蔗等多个品种。

（2）在榨糖方面，已形成完整的工艺流程。榨糖所用工具有蔗削、蔗镰、蔗凳、蔗碾、榨斗、枣杵、榨盘、榨床和漆瓮等。南宋王灼的《糖霜谱》是中国现存最早的关于种植甘蔗和制糖的专著，书中记述了四川遂宁的糖霜制作工艺，包括提汁、蒸发煮炼、结晶去蜜、贮藏等工序。

（3）当时还涌现了一些著名的蔗糖产区。福建福唐、浙东四明、广东番禺和四川广汉、遂宁都是著名的甘蔗种植区。在这些地区，榨糖生产主要由蔗户、糖霜户和糖坊共同承担。从文献记载来看，蔗户不仅种植甘蔗，还制作砂糖。有的糖霜户也治办良田，种植甘蔗。他们都是集种植与榨糖于一身的专业户。

宋代虽然已生产白糖，但是脱色技术和凝固技术都不够完善，特别是不擅长除酸法，使得糖分的结晶极不稳定，生产的多为稀糖，需要用坛一类的容器盛装。据《糖霜谱》记载，当时主要用浸泡法生产冰糖，质量往往难以控制。有时浸泡数月也得不到一点冰糖，使生产者头痛不已。

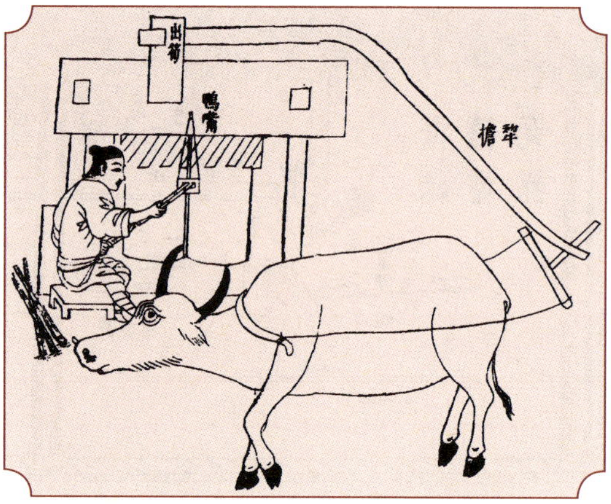

图 9-5　轧蔗去浆（明·宋应星《天工开物》）

直到元代以后，这一技术难题才得到解决，白糖、冰糖的生产技术也逐渐达到成熟。明代宋应星的《天工开物·甘嗜》中记载了甘蔗的栽培技术、制糖设备和工艺流程（见图9-5），具有相当高的科学价值。书中总结的压榨取汁、石灰澄清法、浓缩煮糖等制糖工艺，成为现代机械化制糖技术的基础。尤其是运用石灰澄清法处理蔗汁的工艺，至今仍是世界公认的最为经济的方法。

五、茶　叶

茶叶一开始是用野生鲜叶直接作为药用或饮用的，后来才出现了人工栽培茶树。中国已有 2000 多年的种茶历史了。西汉蜀人王褒的《僮约》中就记有“买茶”“烹茶”，这是关于饮用茶叶的较早记载。魏晋南北朝时期，茶叶加工业开始起步。晋代常璩的《华阳国志》中有在园中种植“香茗”的记载。香茗应是人工栽培的茶树。至于饮茶在全社会的普及，则是在唐代及以后的事。

唐代是中国茶文化史上一个极为重要的时期。经过一代代饮茶雅人的极力倡导，更兼唐人陆羽《茶经》一书的行世，到中唐后，饮茶才蔚然成风，风靡全国，成为全社会的时尚文化。

唐代的茶叶加工方法已有很大改进，发明了蒸青制法。它是把鲜叶采回后，用蒸汽杀青，然后捣碎、制饼、穿孔，贯穿起来烘干。这样不仅消除了以前茶

饼的青臭气味，也便于贮藏和运输。因而，唐代的江南茶叶可以大量运销华北以及塞外。唐代陆羽《茶经》中讲到唐代“风俗贵茶,茶之名品亦众”。(见图 9–6)其中，剑南的蒙顶石花、湖州的顾渚紫笋、福州的方山露芽、寿州的霍山黄芽等都是唐代的名茶。

图 9–6　元 · 赵原《陆羽烹茶图》

两宋时期，茶叶作为重要的经济作物，迅速地发展起来。其中，江东、江西、两浙、福建、荆湖南北诸路是产茶最多的地方。按照加工方法，宋茶主要分为片茶和散茶。其中，片茶是把采摘的茶叶先加以焙蒸，然后研磨成膏，再放进模子中压制成饼状。散茶是只把茶叶蒸后烘干，不研不压，仍然保持其叶状。

宋代片茶的加工工艺上乘，技术要求较高。它以福建出产的腊茶最为著名。因其产地主要集中在建州，故又称“建茶”。其焙制的过程为：首先，将茶芽洗涤干净，入甑蒸煮。既不可不熟，又不可过熟，要蒸得恰到好处。其次，将蒸熟的“茶黄”反复冲淋冷却后，先上“小榨”榨出其水，再上“大榨”榨去其膏。最后，用木杵、瓦盆进行研制，最终成茶。建茶的制作分工细密，做工细致，代表了宋代制茶工艺的最高水平。宋代仅福建一地的贡茶,就有“万春银叶”“上品拣茶”等 40 多种。(见图 9–7)

至元代，制茶又出现了新的工艺，发明了炒青绿茶。其制法简单，省工省时，茶叶的色、香、味、形都有很大改进，一直沿用到今天。当时的茶既可用来单

图 9-7 茶道（河北宣化辽墓壁画）

独饮用，也可与其他物料混合饮用。

元代宫廷中饮用的茶主要是福建和湖州进贡来的，并称“建芽浙茗”。元代的片茶就是唐宋时的团茶和饼茶。因其加工以后表面光润如蜡，故又称“蜡茶”。散茶是蒸、煮以后不加压制的茶叶和茶末。元代以制造散茶为主。当时，人们为了简化制茶过程，保持茶叶真味，逐渐由蒸青饼茶、团茶向蒸青散茶转变。茶叶蒸青后不揉不压，直接烘干制成。由此，全叶茶逐渐流行于世，古老的饼茶制法开始走向衰落。

元代茶叶生产者拥有自己的茶园、茶磨，称为“茶户”“磨茶户”。茶户要另立户籍，一部分由榷茶提举司管理，一部分则直隶于皇室。茶户不能擅自生产茶叶，必须先认纳茶课。在茶户领到政府发放的生产许可证后，才能制茶出售。

明代时，政府在部分地区实行茶引制度，由商人领引配茶，按指定地区行销。政府还在一些地区取消了茶叶控制，促进了民间制茶业的发展。当时，花茶和红茶的制法相继发明。现在的绿茶、红茶、花茶等主要茶类，在明代就都已经出现了。

清代时，随着人口的增加和茶叶出口的扩大，茶叶需求量激增，大大刺激了国内茶叶的生产，其发展规模超过以往任何一个朝代。例如，清光绪十二年（1886 年），中国出口茶叶达 2217199 担（约合 110860 吨），值银 33501820 两，占出口商品总值的 43.40%，居所有出口商品的第一位。[①]

① 参见姚贤镐:《中国近代对外贸易史资料（1840～1895）》第 3 册，中华书局 1962 年版，第 1606、1609 页。

清代的制茶技艺显著提高,茶叶品种数目繁多。当时茶叶的加工工具以焙锅、箩筛为主，制法主要包括人工炒、揉、焙制等。清代茶叶不乏名品，如西湖龙井、庐山云雾、黄山毛峰、武夷岩茶等，还有相当多的经过改进而新创的茶品。

随着茶叶国内外需求的增长，清代民间制茶业达到历史的鼎盛时期。为适应茶叶生产、销售的需要，在一些水陆交通运输便利的地方，逐渐形成了一些以茶叶加工与转销为中心的城镇。茶叶生产分为粗制与精制两种。粗制是对鲜茶进行炒焙，制成毛茶。清代前期内销的茶叶主要为粗制茶。这一过程往往由种茶者负责完成。为避免鲜茶发生变质，采摘烘焙必须在短期内完成。因而，粗茶加工的季节性较强,加工时间比较集中。精制是对粗制毛茶进行挑选、熏香、焙制等再加工，以适应消费者的不同需求，尤其是满足外销的需要。商人往往将收购的毛茶运至附近的城镇进行精加工。

六、榨　油

在历史的长河中，人们最初利用的是动物油。通常所说的榨油业，是指植物类作物的榨制加工。伴随着榨油技术的发展，植物素油才开始出现。素油的提炼,大约始于汉代。到魏晋时,张华的《博物志》记载了用麻油制豆豉的方法。由此可知,当时的素油应为芝麻油。北魏贾思勰的《齐民要术》也记有“白胡麻”“八棱胡麻”两个品种，并注明“白者油多”。

唐代时，芝麻油成为人们普遍使用的烹饪素油。时人孟诜《食疗本草》中明确说道：“白麻油，常食所用也。”随着油料压榨技术的进步，植物油料的数量不断增加。当时的油料已经成为日常买卖的商品，初步形成了一定规模的油料市场。

北宋时期，随着大型先进的木制榨油机的运用，专业榨油作坊开始出现，形成了独立的榨油手工行业。随着芝麻等油料作物种植面积的不断扩大，榨油产量也稳步上升。在宋代的城市中，卖油的私人店铺为数众多。封建官府也经营油坊，在首都汴京设有规模较大的官油坊——油脂库。

图 9–8　榨油（明 · 宋应星《天工开物》）

明代已用胡麻、黄豆、菜子、茶籽等榨制食用油，用乌桕子、桐子、棉子、蓖麻子等榨取灯油、车油。宋应星在《天工开物》一书中所列出的油料作物就达到 16 种。在北方，除了麻油用磨之外，大都采用压榨法。麻、菜子须先用平底锅炒热，用石碾压碎后，过筛取细，入釜蒸熟，装入大包，然后入榨。榨是用无纵纹的大木，中间挖空，置油包其中，用大木椎连续撞入木楔子，将油榨出。榨油的劳动强度很大，须三人作业，均为青壮劳力，且要轮班休息。（见图 9–8）除了生产的油外，所得的油饼也可出售。在明代，浙江崇德县石门镇是重要的榨油中心。当地油坊的规模较大，每家有雇工数十人之多，都是按天计算工资。

在清代，各种油品在生活、生产中已经广泛使用。用油渣制成的油饼，经常被用作肥料、饲料。油饼也成为榨油的一个重要的附带产品。清代榨油业的原料品种增多，油料产量增加。当时的常用油料作物有芝麻、油菜籽、大豆、棉籽、茶籽、柏子、桐子、花生等。

花生的引进和推广是清代榨油业的一个重大进展。明代宋应星的《天工开物》中之所以没有提到花生，是因为花生是明代末期才传入中国的。到清代时，

花生种植才逐渐向内陆推广，正式成为一种重要的油料作物。一般来说，在清代，北方食用油多为麻子油、芝麻油、豆油，南方多为菜籽油、豆油、芝麻油、花生油等。

清代榨油业发展的另一个重要进步是桐柏树木种植的扩大与桐柏油业的发展。桐油、柏油可以燃灯、造烛、入漆、造纸、造船、涂饰门窗家具，用途较为广泛。在清代，随着人口的增加和经济的发展，整个社会对桐柏油的需求日益增长。同时，为了解决百姓的生计问题，政府也鼓励他们多种桐树、柏树。由此，清代的桐柏业得以迅速发展，从江浙沿海一直拓展到南方的内陆山区。

清代在油料加工的生产方法上改进不大。大多数油料仍然是用木榨榨制。传统的手工榨油设备主要有木榨、石碾、石磨、蒸炒用的锅釜等。榨油一般须经过炒、碾、蒸、包、榨几道工序，工艺技术并不复杂，只是所需人力较多，尤其是强壮劳动力。当时榨油行业的生产组织形式分为两种：一种是专门的“油坊”“油车”。这是当时榨油业的主要生产形式；另一种是农民自磨自食、多余出售的家庭副业手工业，主要生产芝麻油、麻子油等。由于农民家庭分散加工油料，也没有必要专门购置一套榨油工具，因而每家产油的数量并不是很多。

鸦片战争之后，由于国外对油与油饼的需求增加，中国的豆油、桐油等油类以及油饼的出口量扩大，榨油业呈现强劲发展的势头。随着国内油菜、棉花种植向北拓展以及北方大豆种植面积的扩大，清代的榨油业蓬勃发展，油品的产量不断增加。道光时期，江苏、湖南、湖北、四川、辽宁、山东等地区的榨油业达到了一个鼎盛期。

第十章 机械技术

中国是世界上机械技术发展最早的国家之一。中国古代的机械技术不但历史悠久，而且成就辉煌。它不仅促进了中国社会经济的发展，而且对世界技术文明的进步做出了重大贡献。

新石器时期，中国先民在石器的切割、磨制和钻孔等方面都达到了一定的水平。当时还出现了原始纺织机、制陶转轮等相对复杂的机械，反映了这一阶段机械水平有了一定的提高。

夏商周时期，中国已经开始使用畜力和风力作为原动力。农业机械的种类增多，出现了桔槔、辘轳等复合机械工具，青铜工具、器械也开始得到应用。人们不仅利用杠杆、尖劈等原理，而且学会对惯性、摩擦、弹性和重力等原理的利用。

春秋战国时，中国传统机械进入了一个新的发展阶段。铁器的开始使用，使古代机械在材料方面取得了重大突破。冶铁技术的进步为制造高效、耐用的机械工具创造了良好条件。随着冶炼、锻造工艺的发展，人们不但用生铁来铸造农业工具，而且采用锻造方法来制作刀剑、器械。

至汉代，人们开始利用水力作为动力，制造了水排、水碓等水力机械。纺织机械方面，还出现了手摇纺车、织布机、提花机等复杂机械。更为难得的是，许多机械还创造性地使用了齿轮、凸轮和曲柄连杆等高级的传动机构。当时运用齿轮传动的连磨、水碓、指南车、浑天仪、地动仪等的出现，反映了这一时期的机械设计已经达到了相当高的水平，初步具备了原动机、传动机等现代机器的基本要素。

唐代出现了水力筒车，从原来的人力提水发展为水力自动汲水。机械制造技术有了较大进步。例如，陕西西安出土的唐代银盒，其内孔与外圆同心度较高，子母口配合严紧，螺纹刀痕细密，起刀落刀点清晰，表明当时已使用简单的金属切削车床。

北宋时期，苏颂和韩公廉等制成的水运仪象台，能用多种形式展现天体时

空的运行。它由水力驱动，设有一套先进的擒纵机构。水运仪象台代表了宋代机械制造的高超水平，是当时世界上先进的天文钟。

元代木工名家薛景石所著的《梓人遗制》，详细记述了当时流行的纺织机具以及车辆部件，以经典的木制机械技术而闻名于世。在宋元木风扇鼓风的基础上，明代又发明了活塞式风箱。这种风箱是靠活塞推动，利用空气的压力来自动启闭活门。它是当时金属冶铸中最为高效的鼓风设备。

明代时，西方的一些机械技术也通过传教士传入中国。明末，王征在 1627 年编译的《远西奇器图说录最》一书中，介绍了西方机械工程的概况。当时西方的自鸣钟表和水铳等也带到中国，在一定范围内得到流传。

明代科学家宋应星的《天工开物》初刊于 1637 年，在日本及欧洲各国受到普遍重视，被誉为“中国 17 世纪的工艺百科全书”。书中记载了大量中国古代机械制造的技术、工艺，其机械部分所占篇幅超过全书一半，在众多古籍中是最为全面、丰富的。

一、巧匠鲁班

鲁班（前 507 ～前 444），为春秋末期人，本姓公输，名般，因为他是鲁国人，古时“般”“班”二字通用，故又称鲁班。由于中国古代工匠的地位始终不高，处于社会的底层，因而鲁班的生平事迹史书中没有确切而详细的记载。

据传说，鲁班平时注意对自然事物的观察，勤于思考，善于动手。他一生致力于发明创造，在建筑、机械等方面取得了很大的成就。由于成绩斐然，后世工匠尊他为“祖师爷”。

（一）木工工具

曲尺最早的名称为“矩”。传说是鲁班发明，又名“鲁班尺”。据《墨子·天志上》记载，曲尺由尺柄及尺翼组成，相互垂直成直角，主要用作量直角、长短。

墨斗是木工用以弹线的工具，传为鲁班发明。它是以一斗型盒子贮墨，线绳由一端穿过墨穴染色，染色的线绳末端为一个小木钩，通常离地面约 2 厘米。木钩固定之后，将染色线绳向地面弹动，就可以墨线的痕迹作为地平直线的标准。同样，它也可以将木钩固定于高处，墨斗悬垂，以墨斗之重量作坠力，将染色的线绳向壁面弹动，以墨痕作为立面的直线标准。

据传说，锯子也是鲁班所发明。不过，早在新石器时代，中国先民就已加工、使用带齿的石镰和蚌镰，这可能就是锯子的雏形。在河南安阳殷墟的发掘中，在一个骨料坑内出土了加工骨器的青铜锯等工具。后来，鲁班极有可能对锯子作了进一步的改进。

（二）古代兵器

云梯是古代攻城用的器械，为鲁班所发明。《墨子 · 公输》记载，公输般为“楚造云梯之械”，准备攻打宋国。《战国策 · 公输般为楚设机》中也有类似的记载。云梯是用来攀登城墙的攻城器械，一般由车轮、梯身、钩三部分组成。梯身可以上下仰俯，靠人力架靠到城墙壁上；梯的顶端有钩，用来钩抓城墙；梯身下装有车轮，可以推动行驶。（见图 10–1）

图 10–1　攻城云梯

钩强也称“钩拒”“钩巨”，是古代水战用的争斗工具。它是鲁班所发明，主要用来钩住、控制敌方的战船。据《墨子·鲁问》记载，鲁班从鲁国出游到楚国，为楚王制造了舟战的必杀之器——钩强，最终帮助楚国打败了越国。

（三）其他发明

据《世本》记载，石磨也是鲁班发明的。传说鲁班用两块比较坚硬的圆石，在上面凿成密布的浅槽，然后合在一起，用人力或畜力使它转动，就可以把粮食磨成粉状了。在此之前，人们加工粮食是把谷物放在石臼里用杵来舂捣，而石磨把原来杵臼的上下运动改变成旋转运动，使杵臼的间歇工作变成连续工作。这样不但大大减轻了劳动强度，而且提高了生产效率。这是古代粮食加工工具的一大进步。

木鸢是鲁班发明的一种用竹子做成的飞行器，可能是现在风筝的雏形。据《墨子·鲁问》记载，鲁班削竹木做成木鸢，让它在天空中飞翔了三天三夜而不下落。时人都赞不绝口，服其精巧。

二、张衡与浑天仪、地动仪

张衡（78 ～ 139），字平子，南阳郡西鄂县（今河南南阳）人，是东汉著名的天文学家、文学家，曾担任过太史令。他著有天文学名篇《灵宪》，制造了浑天仪、地动仪等仪器，在历法方面也颇有建树。张衡一生锲而不舍、无坚不钻的探索精神，是他取得杰出成就的动力源泉。

（一）浑天仪

张衡主张浑天说，并著有《浑天仪图注》。浑天说是一种以地球为中心的宇宙理论。在当时历史条件下，它能比较近似地解释、演示天体的运行。

他不仅倡导浑天说，还亲手制作了用于演示浑天理论的仪器——浑天仪。它是以一个直径 1 米多的空心铜球，用来表示天球。当天球转动时，球上星体有的露出地平环之上，即表示星出；有的正过子午线，即表示星中；有的没于地平环之下，即表示星没。铜球上还刻有黄道圈和赤道圈，相交成 24 度角。其上各有二十四节气刻度。从冬至点起，将黄道均分为三百六十五又四分之一度，表示太阳每天在黄道上移动 1 度。浑天仪不仅形象地演示了浑天学说，也可以解释一些基本的天文现象。

张衡在制作浑天仪的过程中，巧妙地把计时用的漏壶与浑象结合起来。浑天仪以漏水为原动力，利用漏壶的等时性，通过齿轮机构的传动，使得浑象每日均匀地绕轴旋转一周。如此这样，它就可以自动、准确地把天象的变化演示出来。

张衡的浑天仪在中国天文仪器史上占有重要的地位，对后世影响很大。到宋代时，它又被进一步改进为水运仪象台。

（二）地动仪

由于汉时地震频发，危害甚大，张衡又开始着手地震的监测研究。阳嘉元年（132 年），他研制成功了地动仪。它由两个系统组成：一是接收地震的信号系统，由都柱和八个轨道组成；另一个是报告地震的信号系统，由内部机关、龙头、铜丸及蟾蜍组成。2008 年，由多学科专家参加的“张衡地动仪科学复原课题组”历经数年的结构设计和科学试验，完成了张衡地动仪的最新复制模型（见图 10–2）[①]。

图 10–2　最新地动仪模型（“张衡地动仪科学复原课题组”复制）

地动仪的外形如同酒尊，类似于现在封闭的酒坛子。其外观华美，装饰着精美的山龟鸟兽等图案。都柱是地动仪的关键部件，也是地动仪的动源。当哪一个方向发生一定强度的地震时，都柱即向地震方向倾斜运动。然而都柱只能向八个方向运动，这是因为地动仪内只有八个轨道的原因。

地动仪内的机关，是由都柱的倾倒来触发的。机关的制作不但非常巧妙，而且深藏在地动仪之内，保护得十分严密。当地震发生时，都柱倾倒触发机关启动，导致地动仪外壳上的龙头张口，吐出铜丸，铜丸随即掉入蹲在下面张着

① 参见武玉霞等：《地动仪复原模型的造型设计》，《自然科学史研究》2011 年第 1 期。

大嘴的蟾蜍口中，立即“振声激扬”起来，守护者便知晓地震发生了。然后，根据地动仪铜丸坠落的方向，来确定地震发生的具体方位。

东汉永和三年（138 年）二月三日，地动仪上的一个龙头，突然吐出了铜丸。在首都洛阳的百姓，丝毫没有地动的感觉。于是，人们议论纷纷，质疑地动仪的准确性。没过几天，有人快马报告陇西（今甘肃境内）发生了地震。陇西距离洛阳有 500 多公里，地动仪能准确地报告地震，说明其监测地震的灵敏度还是较高的。

张衡的地动仪是世界上第一台观测和报告地震的仪器，比西方的地动仪要早约 1700 年。海外学者李约瑟称赞张衡为地震监测的鼻祖。

三、杜诗与水排

水排是一种水力鼓风机械。其原动力为水流，通过曲柄连杆机构将回转运动转变为连杆的往复运动，来推动一排鼓风管或风箱将风喷入炉内，以提高冶铁炉火的燃烧度和温度，提升冶铁的工作效率。据《后汉书·杜诗传》记载，建武七年（31 年），南阳太守杜诗最先制作水排，铸造农器，“用力少，见功多”，成效很大。

三国时期，水排又得到进一步的推广。据《三国志·魏书·韩暨传》记载，魏国的监冶谒者韩暨发现用马排冶铁效率低下，熔化一次矿石甚至需用马百匹。于是，他“因长流为水排”，即利用河水的急流来激动轮轴鼓风，将马排改为水排后，工作效率迅速得到提高。

现存元代王祯所写的《农书》中，也记有水排的构造及其使用方法（见图 10-3）。它以水流为原动力，推动下部大绳轮转动，用绳套带动小绳轮。在绳轮上装曲柄，再由连杆和另一曲柄将动力传到卧轴，使其发生摆动。然后由卧轴上的曲柄和另一连杆推动木扇，使它往复摆动，最终达到鼓风冶炼

的目的。在其设计原理中，连杆装置是水排运作的主要传动机构，起着将旋转运动转换为往复运动的作用。

这种由杜诗首创，经韩暨加以改进的水排，解决了中国古代冶铁技术中由铸铁到锻铁转变的一个关键问题。他们的发明创造，在世界冶铸技术史上谱写了光辉的一页。

图 10-3 水排（元 · 王祯《农书》）

四、诸葛亮与连弩、木牛流马

诸葛亮不但是名贯古今的政治家、军事家、谋略家，而且还是一个重视科技的发明家。据《三国志 · 蜀书 · 诸葛亮传》记载，他“长于巧思，损益连弩，木牛流马，皆出其意”。文中提到的“连弩”“木牛流马”就是在他主导设计下研制成功的。

（一）连弩

诸葛亮曾创制了一种连弩，在当时十分先进。连弩又称为“元戎”，能连发 10 矢。矢为铁制，长 20 余厘米。作为一种古代的远射武器，它可以分为两种：一种是连发式，即扣动扳机后，就能把箭连续不断射向敌人；另一种是多发式，可以同时发射多支箭。魏国的大发明家马钧看到连弩时，大赞其巧，并且认为还可改进为连发 50 矢。他建议朝廷立项，让他试验、推广，结果未引起政府的重视。西晋镇南将军刘弘曾参观过诸葛亮的古宅，亲眼见过连弩，称赞其为“神弩”。

连弩一次能发射 10 支箭，攻击力很强，而且可以在瞄准目标后，再适时发射。这就有利于选择、捕捉射击的最佳时机，命中率比弓箭高。它的缺点是体

积与重量较大，单兵无法使用，主要用来防守城池和营塞。因为连弩生产很复杂，所用的箭矢也必须特制，所以当时没有大量生产，后世逐渐失传。

（二）木牛流马

木牛流马是诸葛亮的巧妙发明，是蜀军北伐时运输粮食所用的工具。据《三国志》记载，木牛和流马是两项不同的发明。木牛在建兴九年（231 年）二月投入使用，以后不见记载；流马可能是木牛改进后的产物，在建兴十一年（233 年）投入使用。根据《诸葛亮集》中的《作木牛流马法》，它能一次“载一岁之粮”，重量大约 300 公斤，每日行程为数十里，能够为蜀国 10 万大军提供粮食。

魏晋之后，木牛流马逐渐失传。关于它的具体形制，后世众说纷纭，迄无定论。《南齐书·祖冲之传》记载木牛流马是“不因风水，施机自运，不劳人力”的自动机械工具。而宋代陈师道在《后山丛谈》记载，“蜀中有小车，独推，载八石，前如牛头。又有大车，用四人推，载十石，盖木牛流马也”，认为它是一种独轮车。此外，《宋史》《事物纪原》《历代名臣奏议》等书中都将木牛流马定性为独轮车。

英国李约瑟博士在《中国科学技术史》一书中认为，木牛流马实际上是木制的独轮车。刘仙洲也指出木牛流马就是后世的独轮小车。1983 年，陈从周、陆敬严两人发表了《木牛流马辩疑》一文，认为木牛流马是一种具有特殊外形、特殊性能的独轮车，并解释了木牛流马比普通独轮车更引人注目的原因。他们所复原的木牛流马的模型，现陈列于中国人民革命军事博物馆。然而，1984 年，谭良啸的《木牛流马考辨》一文认为，木牛流马是一种木制的运输四轮车，而不是独轮车。[①] 目前，全国复制的木牛流马的各种模型已达到 10 多种。

---

① 参见［英］李约瑟：《中国科学技术史》第 1 卷，科学出版社、上海古籍出版社 1990 年版，第 121 页；刘仙洲：《我国独轮车的创始时期应上推至西汉晚年》，《文物》1964 年第 4 期；陈从周、陆敬严：《木牛流马辩疑》，《同济大学学报》1988 年第 3 期；谭良啸：《木牛流马考辨》，《社会科学》1984 年第 2 期。

近年来，木牛流马为独轮车的说法已经遭到许多学者的广泛质疑。目前，学术界的一般观点为：诸葛亮的木牛和流马是两种依靠人力推动的木制为主的运输军粮的交通工具。木牛和流马是密切相关的，但又是两种明显不同的运输工具。其中，木牛的载重量至少在 300 公斤以上，日行里程很短，而流马的载重量为 70 公斤左右，是用两个箱子来平均分装的，其运行速度肯定比木牛要快。当时的木牛是在崎岖山路上使用，而流马主要是在褒斜道的古栈道上使用的。[1]

无论木牛流马的具体形制如何，它的巧妙设计适应了战争中蜀国粮食运输的紧迫需要。它应是在诸葛亮的主导设计下，由蒲元等能工巧匠具体制造完工的。在中国历史上，诸葛亮以卓越的政治才能、高超的军事谋略光耀后世，这在一定程度上掩盖了他在科学技术方面的独具匠心。

五、马钧的发明

马钧，字德衡，三国时魏国扶风（今陕西兴平）人，是中国古代杰出的机械专家。他善于思索，勇于实践，一生取得了突出的成就。

（一）织绫机

据《三国志·魏书·杜夔传》裴松之注文的记载，马钧首先改进了原有的纺织机械。他对织绫机的构造进行深入钻研，勤于思索，创制了新式织绫机。这种织绫机简化了踏具，改造了开口运动机件，将原来 50 根经线的 50 蹑、60 根经线的 60 蹑全部改变成 12 蹑。经过这样的改进，新式织绫机不但简单易用，生产效率比原来提高 4～5 倍，而且改进了产品质量，织出的图案精致美观，花型变化多样。这种新式织绫机的问世，加快了中国古代丝织业的进步，促进了家庭纺织业的发展。

---

① 参见赵彬：《木牛、流马研制现状及问题》，《成都大学学报》2006 年第 6 期。

图 10–4　龙骨水车（明 · 宋应星《天工开物》）

（二）改进翻车

东汉时期，毕岚发明了翻车，但较为粗糙。马钧在前人的基础上，又进一步改进了旧式翻车，重新设计了一种新式翻车，也称为“龙骨水车”（见图 10–4）。新式翻车是运用齿轮传动的原理来完成汲水灌溉的。它不仅效率大大提高，而且操作起来相当轻松，连儿童也能胜任这一工作。在现代电力浇灌农田以前，我国的一些地区仍然使用这种龙骨水车。

（三）复制指南车

到三国时，前代的指南车早已失传。在魏国担任给事中的马钧，对传说中的指南车极有兴趣，决心要把它复制出来。在没有资料、没有模型的情况下，他苦苦钻研，反复试验。没过多久，他利用差动齿轮的构造原理，成功制成了指南车。这种指南车不管如何转动，车上木人的手指始终指向南方。三国时的名士傅玄高度评价马钧的才能，认为无论先秦的鲁班、墨翟，还是汉代的张衡，都不能与他高超的技术水平相媲美。

此外，马钧还奉诏制作了一种能活动的木偶百戏，称之为“水转百戏”。它不但设计精巧，造型优美，而且其中的木偶人能载歌载舞，做出许多复杂的动作。水转百戏的研制成功，说明马钧已能熟练掌握和巧妙利用水利和机械方面的传动原理，在中国木偶艺术发展史上占有重要的地位。

六、杜预与连机碓

水碓在汉代已经出现。到晋代时，又被改进为连机碓。连机碓是以水力为动力的多碓式的谷物加工工具。它的原动轮是一个大型卧式水轮，轮轴上装有一排互相错开的拨板，用来拨动碓杆。水轮转动后，通过拨板与碓杆的相互传动，使得多个碓头一起一落，能够连续不断地舂米。

据东汉末服虔撰《通俗文》记载："杜预作连机碓。"杜预（222～284年），西晋著名将领，初为河南尹，继督荆州，拜镇南大将军，博学多才，治军有方。西晋时，由于洛阳地区使用了连机碓来加工谷物，生产效率大大提高，导致了这一地区的米价大幅下跌。到东晋时，连机碓得到进一步推广。

元代王祯的《农书·农器图谱·机碓》云"今人造作水轮，轮轴长可数尺，列贯横木相交，如滚枪之制。水激轮转，则轴间横木，间打所排碓梢，一起一落舂之，即连机碓也"，详细记载了元代连机碓的具体形制和运作方法（见图10–5）。

到了近代，连机碓仍然是人们加工谷物的主要工具。它不仅用于粮食加工，还可用于舂碎陶土、香料等，至今有的地方仍在使用。连机碓对于中国古代乃至近代的粮食加工业的发展，满足人们日常的生活需求，起到了较为重要的作用。

图10–5　连机碓（元·王祯《农书》）

七、漏壶、记里鼓车

漏壶是古人利用滴水、沙子等来计量时间的一种仪器。它可分为箭漏、称漏、沙漏等几种。由于每种漏壶的原理不同，在结构上也存有差异。

记里鼓车是中国古代用于计算道路里程的车，由记道车发展而来。关于记里鼓车的记载最早见于汉代的《西京杂记》一书中。由此说明，它至少在汉代就已经出现了。

（一）漏壶

中国古人计时的主要工具为“漏壶”。漏壶一般由铜制成，是利用滴水的原理来计算时间,后人又称作“水钟”。漏壶的历史十分久远。《周礼·夏官》有“挈壶氏”一职，负责“以水火守之”。其中，“水守”指在漏壶旁备水，水少时往壶里添加；“火守”指夜晚时用火照明以观察箭上的刻度。冬天时还要以火温水，防止漏壶之水冻结。由此可知，周代已经有了漏壶。

春秋时期,漏壶的使用已很普遍了。齐国统帅司马穰苴就曾在军中设置漏壶，规定时限，将没有按时到达的监军庄贾，依照军令处斩。考古曾出土过西汉漏壶的实物，壶身刻有“千章铜漏一，重卅二斤，河平二年四月造”的铭文。[①] 这是至今出土最完整且刻有纪年的漏壶。

箭漏是最常见的一种漏壶，又名“漏刻”。“刻”指刻箭，是一种标有时间刻度的标尺。箭漏是以壶盛水，利用水的均衡滴漏原理，来观测壶中刻箭上显示的数据来计算时间。它又可以分为两种：

沉箭壶 目前出土的一些西汉漏壶，都属于沉箭壶。它们属于铜制的单只泄水型漏壶。壶的形状是圆筒，下有三足，在接近底部的侧面有小孔，安装滴水管。

① 参见伊克昭盟文物工作站：《内蒙古伊克昭盟发现西汉铜漏》，《考古》1978年第5期。

壶上有提梁，梁中央有长方形的孔，用以扶箭直立。

沉箭壶的基本原理为：在壶底部钻一个孔，壶的中间竖着一根标有刻度的箭杆。使用时，壶里装满水。随着壶里的水慢慢地从小孔里往下滴漏，壶里的水平面也逐渐下降，箭杆露出水面的部分则越来越长。古人就用箭杆露出水面的长度来计算时间，水面上箭杆的刻度就表示时间数字。单只泄水型沉箭壶的特点是结构简单，使用方便。

但是，这种壶在水位高时，压力变大，水漏得快；水位低时，压力变小，水又漏得很慢。这种漏速不均的现象就会影响到计时的稳定性和精确度。

后来，人们想到在漏水壶上另加一只补给壶，用上面流出的水来补给下面壶的水量，就可以提高下面壶流水的稳定性。因而，泄水型的沉箭壶就逐渐被受水型的浮箭壶取代了。

浮箭壶 在发明增加补给壶的办法之后，人们自然会想到可以在补给壶之上再加补给壶，形成多级漏壶，以保证计时的稳定性。由于泄水型漏壶改成受水型的漏壶之后，水位中的箭杆是上升的，因而这种漏壶被称为“浮箭壶”。

它的基本原理为：在不同的高度上放置三个漏壶，然后在它们的下面再放一个接水壶，有刻度的箭杆便放在这个受水壶中。使用时，最上面的漏壶里的水先滴入中间壶里，中间壶里的水又滴入下面的补给壶里，而补给壶里的水则滴入受水壶中。随着受水壶内水平面的升高，箭杆便逐渐上升。人们根据水面上箭杆的刻度，就可以知道具体的时间。

浮箭壶的使用大概始于西汉末年。东汉时，张衡已使用二堵，即一只漏壶和一只补给壶（不包括最下面的受水壶）。唐初，吕才设计了四只一套的漏壶。北宋时，燕肃又发明了另一种方法。他在中间一级壶的上方开一孔，使上面来的过量水自动从这个分水孔溢出，以保持水位的恒定。燕肃创制的漏壶称为“莲花漏”，曾风靡一时，流行各地。

目前，中国历史博物馆就保存了一套元代延祐三年（1316 年）的三级漏壶，北京故宫博物院也收藏一套精美的清代大型漏壶。

除了上文的箭漏以外，还有称漏、沙漏。称漏的最早制造者是5世纪的北魏道士李兰。称漏盛行于唐宋时期。它的构造是设置一杆吊着的秤，将受水壶挂在秤钩上，以壶中受水的重量来计量时间。按照李兰的设计，流水一升，重增一斤，时经一刻。

沙漏的最早记载见于元代。由于箭漏之水会因气温变化而影响计时的精度，因而人们发明了沙漏。它的原理是通过流沙推动齿轮组，使指针在时刻盘上指示时间。明初，詹希元创制了五轮沙漏，后来周述学又改进为六轮沙漏。不过，由于流沙很容易阻塞，沙漏的使用并不很普遍。

中国发明的漏壶是世界上最早的计时器。虽然西方雅典的法庭中用来限时的水池钟与中国漏壶的功用基本一致，但是在产生时间上要比我们晚得多。

（二）记里鼓车

记里鼓车又有“记里车”“司里车”等别名。《晋书·舆服志》记载：“记里鼓车，驾四。形制如司南。其中有木人执槌向鼓，行一里则打一槌。”由于车行一里路，木人要打一下鼓，故名“记里鼓车”（见图10–8）。它的形制与指南车的基本原理相同，都是利用齿轮机构的差动关系。当时，记里鼓车与指南车同为天子大驾出行时的仪仗车，时常排列在相同位置，外观装饰非常精美。417年，东晋刘裕率军打败后秦军，将缴获的记里鼓车、指南车等运回建康（今江苏南京）。

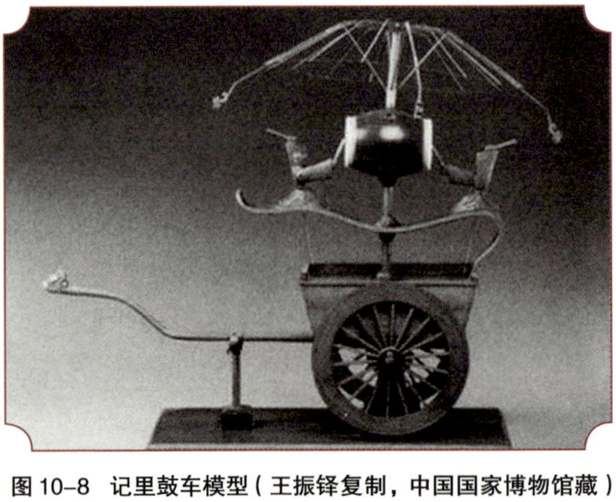

图10–8　记里鼓车模型（王振铎复制，中国国家博物馆藏）

北宋时，记里鼓车又得到复制和改进。1027年，内侍卢道隆造记里鼓车。1107年，吴

德仁又重新简化和设计新的记里鼓车。关于北宋记里鼓车的形制，《宋史·舆服志》有详细的记载。它的外形是独辕双轮，车厢内有立轮、大小平轮、铜旋风轮等，轮周各有齿若干。“凡用大小轮八，合二百八十五齿”，“犬牙相制，周而复始”。当车行 1 里路时，车上木人击鼓；行 10 里路时，车上木人击镯。

宋代记里鼓车的记程功能是由齿轮传动完成的。车中有一套减速齿轮系，始终与车轮同时转动。其最末一只齿轮轴在车行 1 里时正好回转一周，车子上层的木人受凸轮牵动，由绳索拉起木人右臂击鼓一次，以表示 1 里。至于“十里击镯”的记程原理，同击鼓记里的机械原理大同小异，只是这一减速齿轮系的末端齿轮是在车行 10 里时正好回转一周。这一原理与现代汽车里程表的原理相同。记里鼓车的发明是近代里程表、减速器发明的先驱，是中国科学技术史上的一项伟大的创造。

八、桔槔、辘轳、翻车、筒车

中国以古老的农业文明而闻名世界。在几千年的实践过程中，积累了大量的农业生产经验和科学技术，尤其在汲水灌溉的机械制造方面，一直走在世界的前列。

（一）桔槔

桔槔是一种利用杠杆原理来汲水的机械，是中国古代的一种主要灌溉工具。（见图 10–9）春秋战国时期，桔槔就已经普及了。据《庄子·天地》记载，孔子的弟子子贡南游楚国，经过汉阴时，见一丈人抱瓮汲水，便上前建议他使用桔槔。子贡说道：“凿木为机，后重前轻，挈水若抽，数如泆汤，其名为槔。”

桔槔相当于一个普通的杠杆。在其横长杆的中间由竖木支撑或悬吊起来，横杆的一端用绳索与汲器相连，另一端绑上石头一类的重物。将前端绳索往下一拉，水桶就可打水。然后，把手放松，由于后重前轻，水桶便被提上来了。

图 10-9　桔槔（明·宋应星《天工开物》）

这种机械要比完全靠人力提水，要轻便得多。它的应用较为广泛，在近代农村中有人仍使用桔槔打水。

（二）辘轳

辘轳是中国古代利用轮轴原理制成的起重机械，属于绞车的一种类型。作为一种起重机械，辘轳很早就产生了。1974 年，在湖北铜绿山春秋战国铜矿遗址中发现了两根木制的辘轳轴，其中一根全长 250 厘米，直径 26 厘米。它应是用来提升铜矿石的辘轳残件。

南朝宋刘义庆的《世说新语》记载，三国魏明帝在建筑凌霄观时，误将尚未题字的匾额钉在高处。于是只能让书法家韦诞站在筐子里，用辘轳升到几十米的高处书写匾额。这种轱辘有时也称作“绞车”。东晋永和三年（347 年），石虎发掘赵简子墓时就曾用绞车来清理墓中的积水。北宋曾公亮的《武经总要》绘有绞车图，并云此绞车可起重 1000 公斤。

古人最常使用的是井辘轳。它是用于井中汲水的起重装置，由辘轳头、支架、井绳等部分构成。井上竖立井架，上装可用手柄摇转的轴，轴上绕绳索，绳索一端系水桶。摇转手柄，使水桶一起一落，以提取井水。井辘轳是古人汲水饮用以及农田灌溉的常用工具。

元代的《农书》和明代的《天工开物》都绘有井辘轳图。其中，王祯在《农

书》中还专门记述了一种复式辘轳（见图 10–10）。它是在环绕轴筒的绳子两端各系一个容器，“虚者下，盈者上，更相上下”，也就是空、实容器交替汲水，效率很高。这样不但省去了空容器的行程时间，而且复式容器的设计也起一定的平衡作用。井辘轳的应用时间较长，一直延续到中国近代。

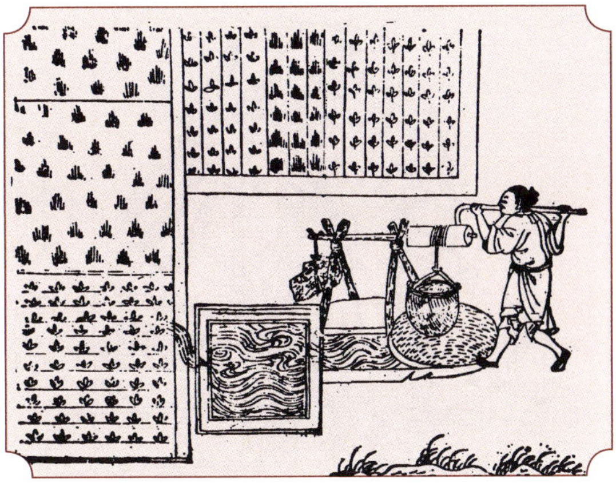

图 10–10　复式辘轳（元 · 王祯《农书》）

（三）翻车

翻车是一种效率较高的灌溉机械。最早的翻车是由东汉毕岚发明的。按动力的不同，它可分为人力、畜力、风力、水力等类型。其中，人力翻车又分为手摇式和脚踏式两种。脚踏式翻车是由三国时期的马钧发明的。不过，无论哪一种翻车，都是由上、下两个链轮和传动链条作为其主要组件的。

翻车以木制零件为主，以木板制成长槽，一般长 3 ～ 6 米不等，槽宽 30 厘米左右，槽中安置行道板。槽的前端安有轮轴，上装拨链齿轮。槽入水的尾端，装有小链轮。大、小链轮一般都有 6 个以上的拨齿板。环绕两链轮架设有木制链条（即龙骨）一周，上装有许多板叶作为刮水板。当用人力、畜力、风力装置来驱动轮轴旋转时，大链轮随之转动，带动木链及其上的刮水板循环运转，不断将水刮入槽内，并沿槽流入田间，完成汲水灌溉工作。

在翻车使用期间，要格外注意保养、维修，必须常用桐油涂抹以防止木质腐烂。翻车的刮水板等部件还要经常更换。如果精心维护的话，翻车的寿命一般在 30 年以上。

图 10–11　筒车（元·王祯《农书》）

翻车的操作、搬运较为方便，既可以用来灌溉，又可以排涝。它独特的设计能够实现连续不断地汲水，其功效比桔槔、辘轳等工具大大提高。它是古代运用链条传动原理的典型实例，也是中国农业机械史上的一项重大改进。

（四）筒车

筒车也称“水转筒车”，是一种以水流作动力，取水灌田的工具（见图 10–11）。筒车在唐代已经出现。唐人陈廷章的《水轮赋》中所描述的水轮灌溉装置，即为筒车。宋代以后，它逐渐得到推广。南宋张孝祥的《竹车》诗云:“转此大法轮，救汝旱岁苦。”南宋大将郭浩在安康营田时，就曾利用筒车来引水入渠。

图 10–12　水转高转筒车

筒车的原理为：在水流很急的岸旁打下两个硬桩。接着制作一个大轮，将轮轴放置在桩叉上。大轮上半部高出堤岸，下半部浸在水里，可自由转动。大轮轮辐外的受水板上斜系有一个个的竹筒。岸旁靠近轮上水筒的位置，设有水槽。当大轮的受水板遇到

急流冲激，轮子发生转动时，竹筒进入水中灌满水。当盛满水的竹筒转过轮顶时，筒口向下倾斜，筒水恰好倒入水槽，并沿水槽流向田间。这种筒车可以日夜不停地汲水浇地，不耗费人畜之力，功效极高。即便到现在，筒车在一些地区仍然能见到。

此外，唐代还出现了高转筒车。它的提水高度比一般筒车要高得多，适用于水面低而堤岸高的地形。唐人刘禹锡的《机汲记》形象描绘了高转筒车的功效。它是一种具有搬运链性质的汲水机械，由上、下轮及竹筒、支架等部件组成。下轮的一半埋于水中，提水高度可达 20 多米。汲水竹筒长 20 多厘米，筒的间距为 10 厘米左右，以索相连成链环状。从传动方式上看，高转筒车也是链传动原理的应用。它以上轮为主动轮，以人力或畜力为动力。明代《天工开物》中还介绍了一种水转高转筒车（见图 10–12），其结构与唐代高转筒车基本类似。不同的是，水转高转筒车用水力代替了人力或畜力，其主动轮在水面，岸上的轮为从动轮。

九、《考工记》《梓人遗制》《天工开物》

中国古代的统治者一直实行重本抑末的大政方针。作为末业的手工业长期不受重视，工匠的文化程度普遍偏低，造成了古代手工业著作并没有如同史籍文献一样汗牛充栋，浩如烟海。虽然流传至今的古代手工业书籍寥若晨星，屈指可数，但是对于中国古代手工业技术的传播与普及，发挥着不可替代的重要作用。

（一）《考工记》

《考工记》（见图 10–13）大约成书于春秋末期，收录在《周礼》一书中。它是目前所见到的最早的手工业文献。书中保存了大量的手工业工艺资料，对于研究中国古代手工业技术具有重要的价值。

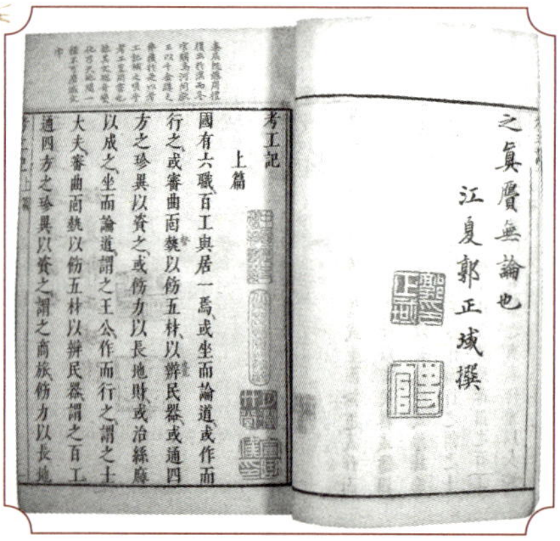

图 10–13 《考工记》书影

春秋时期，随着生产关系的变革，“工商食官”的格局被逐渐打破，手工业内部出现了分工的细致化与技术的规范化。《考工记》中包括 6 大技术门类共 30 个专业，号称“百工”。其中，有“攻木之工七，攻金之工六，攻皮之工五，设色之工五，刮摩之工五，抟埴之工二”，涉及运输、生产工具、兵器、乐器、容器、玉器、皮革、染色、建筑等许多行业。每个行业又有更细的分工。例如，车辆的制作，除“车人”外，还有专门造轮子的“轮人”、制车厢的“舆人”等。这种手工业内部分工的细化，是生产力发展到一定阶段的必然产物。同时，它又反过来促进了手工业技术的进一步发展与提高。

《考工记》是先秦时期一部手工业技术规范的汇集。书中不仅仅拘泥于一般经验的叙述，而是对手工业技术的多个环节进行总结，力图阐明其内在的运用原理。书中的技术精华是作者从长期直接的生产实践中提炼而来，代表着先秦时期生产技术的最高水平，对后世手工业的发展有着重要的指导意义。

（二）《梓人遗制》

《梓人遗制》的作者是元代的薛景石，字叔矩，河东万泉（今山西万荣）人。他长期从事木工行业，利用自己多年的实践经验，充分总结了当时的木工技术，完成了这部举世闻名的木工专著。

这部技术著作问世后，由于未能得到社会的重视，后来逐渐失传。明代时，《永乐大典》中收录了该书，但可能已不是全貌。该书记有 6 种纺织机械：华机子（提花织机）、立机子（立式织机）、小布卧机子（较小的丝麻卧式织机）、罗机子（专门织罗类的织机）（见图 10–14）以及两种用于维修的机具。书中

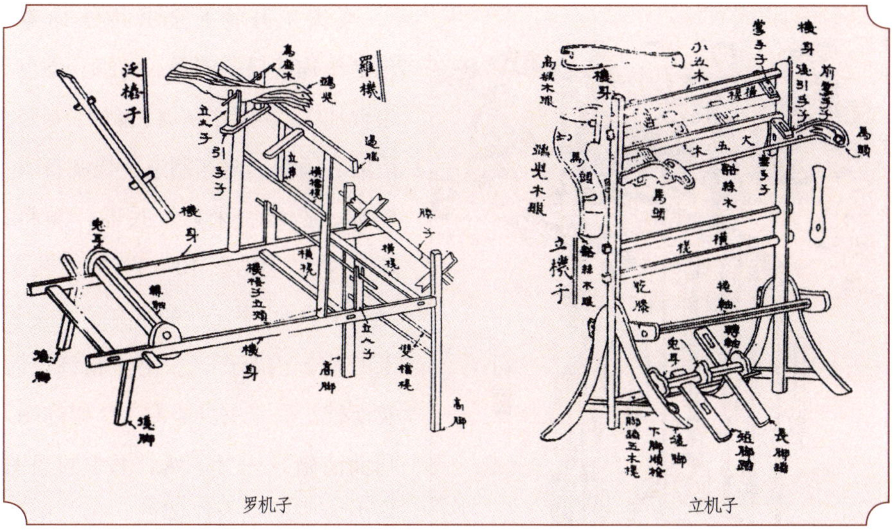

图 10–14　元 · 薛景石《梓人遗制》插图

详细介绍了这些机械的起源、沿革、功能、材料、工时等，并逐一作了详尽的评述。该书图文并茂，内容翔实，具体说明了机械及部分零件的尺寸与结构，许多内容成为现存的唯一技术资料。因而，《梓人遗制》一书具有极高的科学价值和历史价值。

（三）《天工开物》

宋应星，字长庚，江西奉新人，生于明万历十五年（1587 年），卒于清初。宋应星博学多才，其撰写的《天工开物》是中国古代一部杰出的科技著作，也是世界上第一部关于农业及手工业生产的百科式的全书。

在明代八股取士的制度下，当时的知识分子习惯于崇尚空谈，脱离实际。然而，宋应星却能摆脱这个观念的桎梏，痴迷生产技术，追求真才实学。他一向对八股文不感兴趣，把精力放到调查研究生产技术方面，取得了重大的成就。他把自己的《天工开物》称为“家食之问堂”，并直言“此书与功名进取毫不相关也”。

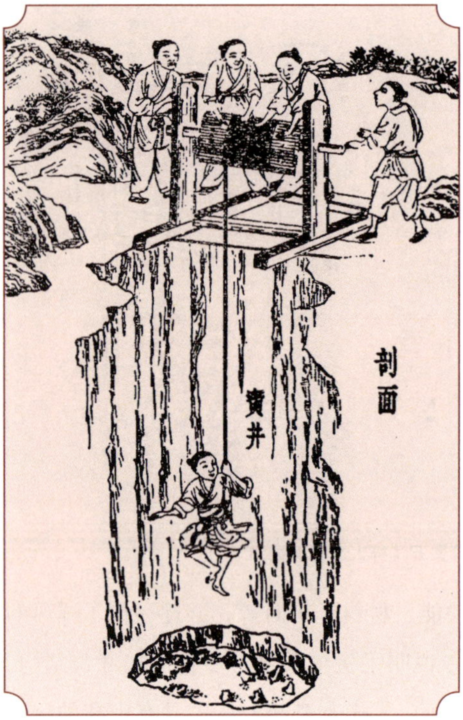

图 10–13　采宝石（明 · 宋应星《天工开物》）

《天工开物》全书共分 18 卷，包括作物栽培、养蚕、纺织、染色、粮食加工、熬盐、制糖、酿酒、制瓷、冶铸、锤锻、舟车制造、烧制石灰、榨油、造纸、采矿、兵器、颜料、珠玉采集（见图 10–15）等，几乎涵盖了农业、手工业的所有领域。《天工开物》内容严谨，语言精练，涉及面较广。全书共绘有 123 幅插图，画面清晰，一目了然。书中的插图与内容紧密结合，浑然一体，生动形象地展现了古代生产工艺的具体流程。

《天工开物》一书问世后，自然而然地受到了世界各国的重视，很快地传到了日本，接着法国又出现了摘译本。时至今日，《天工开物》在海外有日、德、英等多种文字的译本，仍然是研究中国古代生产技术的最为宝贵的文献。

主要参考书目

1. 蔡锋:《中国手工业经济通史》(先秦秦汉卷),福建人民出版社 2005 年版。

2. 魏明孔 :《中国手工业经济通史》(魏晋南北朝隋唐五代卷),福建人民出版社 2004 年版。

3. 胡小鹏 :《中国手工业经济通史》(宋元卷),福建人民出版社 2004 年版。

4. 李绍强、徐建青 :《中国手工业经济通史》(明清卷),福建人民出版社 2004 年版。

5. [英] 李约瑟著,《中国科学技术史》释译小组译 :《中国科学技术史》第 1 卷《总论》,科学出版社 1975 年版。

6. 中国科学院自然科学史研究所 :《中国古代科技成就》(修订版),中国青年出版社 1995 年版。

7. 路甬祥主编 :《走进殿堂的中国古代科技史》(全 3 册),上海交通大学出版社 2009 年版。

8. 杜石然等 :《中国科学技术史稿》(修订版),北京大学出版社 2012 年版。

9. 曹焕旭 :《中国古代的工匠》,商务印书馆国际有限公司 1996 年版。

10. 曲彦斌 :《行会史》,上海文艺出版社 1999 年版。

11. 夏湘蓉、李仲均、王根元编著 :《中国古代矿业开发史》,地质出版社 1980 年版。

12. 田长浒主编 :《中国铸造技术史》(古代卷),航空工业出版社 1995 年版。

13. 华觉明：《中国古代金属技术——铜和铁造就的文明》，大象出版社 1999 年版。

14. 马承源主编：《中国青铜器》（修订本），上海古籍出版社 2003 年版。

15. 杨宽：《中国古代冶铁技术发展史》，上海人民出版社 2004 年版。

16.《中国军事史》编写组编：《中国军事史》第 1 卷《兵器》，解放军出版社 1983 年版。

17. 王兆春：《中国火器史》，军事科学出版社 1991 年版。

18. 杨毅、杨泓：《兵器史话》，社会科学文献出版社 2011 年版。

19. 李知宴：《中国古代陶瓷》，商务印书馆 1998 年版。

20. 冯先铭主编：《中国陶瓷》（修订本），上海古籍出版社 2001 年版。

21. 骆文亮：《中国陶瓷文化史》，中央编译出版社 2012 年版。

22. 谢端琚、马文宽：《陶瓷史话》，社会科学文献出版社 2012 年版。

23. 陈维稷主编：《中国纺织科学技术史》（古代部分），科学出版社 1984 年版。

24. 吴淑生、田自秉：《中国染织史》，上海人民出版社 1986 年版。

25. 张保丰：《中国丝绸史稿》，学林出版社 1989 年版。

26. 孙佩兰：《中国刺绣史》，北京图书馆出版社 2007 年版。

27. 刘克祥：《蚕桑丝绸史话》，社会科学文献出版社 2011 年版。

28. 刘克祥：《棉麻纺织史话》，社会科学文献出版社 2011 年版。

29. 张秀民：《中国印刷史》，上海人民出版社 1989 年版。

30. 戴家璋主编：《中国造纸技术简史》，中国轻工业出版社 1994 年版。

31. 潘吉星：《中国科学技术史：造纸与印刷卷》，科学出版社 1998 年版。

32. 冯济泉、马贤能：《文房四宝古今谈》，贵州人民出版社 1983 年版。

33. 樊嘉禄、方晓阳、吴丹彤：《文房四宝》，大象出版社 2009 年版。

34. 诸葛铠：《墨朱流韵：中国古代漆器艺术》，三联书店 2000 年版。

35. 张荣：《古代漆器》，文物出版社 2005 年版。

36. 王世襄编著 :《中国古代漆器》，三联书店 2013 年版。

37. 王今栋编绘 :《中国古代车马》，河南人民出版社 1984 年版。

38. 金秋鹏 :《中国古代造船和航海》，中国青年出版社 1985 年版。

39. 白寿彝 :《中国交通史》，商务印书馆 1993 年版。

40. 王崇焕 :《中国古代交通》，商务印书馆 1996 年版。

41. 郑若葵 :《交通工具史话》，社会科学文献出版社 2012 年版。

42. 林元雄等 :《中国井盐科技史》，四川科学技术出版社 1987 年版。

43. 郭正忠主编 :《中国盐业史》（古代编），人民出版社 1997 年版。

44. 洪光住 :《中国食品科技史稿》上册，中国商业出版社 1985 年版。

45. 王尚殿编著:《中国食品工业发展简史》，山西科学教育出版社 1987 年版。

46. 陈宗懋主编 :《中国茶经》，上海文化出版社 1992 年版。

47. 刘军、莫福山、吴雅芝 :《中国古代的酒与饮酒》，商务印书馆国际有限公司 1995 年版。

48. 赵荣光 :《中国饮食文化史》，上海人民出版社 2006 年版。

49. 陆敬严、华觉明主编:《中国科学技术史:机械卷》，科学出版社 2000 年版。

50. 陆敬严 :《中国古代机械文明史》，同济大学出版社 2012 年版。

后　记

书稿搁笔之际，郁结于心的话还是想一吐为快。目前我的研究方向为中国经济史，导师马新先生在约我参加其“中国文化四季”丛书编写时，为我“量身定做”，嘱我撰写其中《大匠良造：中国传统匠作文化》一书，借此来夯实我的学术功底，拓宽我的研究视野，可谓用心良苦！不过，近年来，囿于琐事缠身，名利困扰，我始终无法凝神如一，精诚为学，惭愧至极！

写罢此书，最大感触是自己读书太少，知识欠缺。此前，硕士、博士都习读秦汉史，对于这段历史的史料颇感自信。然而，在撰写过程中，却发现一些专业的秦汉手工业技术竟然是以前不曾掌握的，顿感汗颜、惶恐！坦言承认，通过此书的写作，收获最大的首先是我自己。

我在给研究生教授《中国经济史》课程中，将“中国古代手工业专题”作为课后作业布置给学生，这也算一种新式教学方法的探索吧。我定期搜集、整理参考书目，转发给学生，让其领会搜集、整理资料的基本方法；同时，我们也在课堂上一起讨论。虽然最终的资料汇编成果，远没有达到我的预期，但是对于经济学背景的研究生来说，他们的精神是完全值得褒奖、赞誉的。在此，我要感谢张新颖、刘方瑶、刘玉超、杜怡璇、王淑媛、史春秀、白雪青、崔玉永、苏召雨同学对于此书前期资料搜集所做的努力！

最后，在书稿即将付梓之际，希望这也能成为我今后静心读书、享受学术的一个新的起点。

郭　浩

2017 年 2 月于天舜阁

图书在版编目（CIP）数据

大匠良造：中国传统匠作文化／郭浩著．
—济南：山东大学出版社，2017.10
（中国文化四季／马新主编）
ISBN 978-7-5607-5725-4

Ⅰ．①大…　Ⅱ．①郭…　Ⅲ．①手工业史－
研究－中国　Ⅳ．① F426.899

中国版本图书馆CIP数据核字(2017)第198824号

责任编辑：刘森文
装帧设计：牛　钧

出版发行：山东大学出版社
社址：山东省济南市山大南路 20 号
邮编：250100
电话：市场部（0531）88364466
经销：山东省新华书店
印刷：山东华鑫天成印刷有限公司
规格：787 毫米 ×1092 毫米　1/16
　　　16.75 印张　235 千字
版次：2017 年 10 月第 1 版
印次：2017 年 10 月第 1 次印刷
定价：42.00 元